JN207480

「語り直す力」を育てる 文学教育の構想

——ナラティブを援用して——

佐々原　正樹

溪水社

はじめに

　次期学習指導要領は，以下の点が強調されている。1）言語活動からアクティブ・ラーニングへ　2）コンテンツ・ベースからコンピテンシー・ベース（汎用性の高い能力）へ　1）においては，「主体的な学び」「対話的な学び」「深い学び」の三つの視点が取り上げられている。

　トップダウン的に教育改革が行われることには反対であるが，「主体的な学び」「対話的な学び」「深い学び」は，基本的に筆者は賛成である。日本の教育は大正自由教育の木下竹次の「学習原論」をはじめ，戦後の，末吉悌次の「自発協同学習」，高旗正人の「自主協同学習」等の「社会学」を中心とした「小集団学習論」，さらに，名古屋大学の塩田芳久の「心理学」を中心とするバズ学習方式等，「対話的な学び」「主体的な学び」には長い実践の歴史がある。これらの実践の蓄積の上に，よりよい実践を追求すればよいと考えている。筆者の研究は，これらの実践の延長線上の研究と捉えている。（これらの実践の成果を取り入れ，実践をしている）。

　「主体的な学び」となるためには，自分の周りで起こっていることを「自分事」（自分と関係がある，自分の課題等）と捉える力が必要と考える。つまり，社会の課題と個人的な体験を繋ぐ力が必要と考える。「自分の個人的な経験は，実は，遠い世界で起こっているあの出来事と関係がある」と捉えられる力である。自分事と捉えられるようになった時，人は学びの主体者，学びの責任者となり得ると考える。国語教育でいうならば，文学作品で起こっていることを「文学作品の中の出来事，私には関係ない」と捉えるのではなく，「文学作品の中の出来事，登場人物の生き方」を媒介（自分を映した鏡と捉え）として，「現実世界の自分自身の出来事，生き方を捉え直す，意味づけ直す」ということである。道徳的に問い直すという意味ではなく，「文学作品」を鏡として，自分の人生という物語を問い続けるという意味である。（この意味において，reflectionを「省察・内省」だけでな

く，「反映，映す」というもう一つの意味をもっと強調すべきと筆者は考えている。）

　しかも，それを1人で行うのではなく，「協同的な関わり＝対話的な学び」を通して，自分の物語を捉え直す，見直すのである。具体的には，作品を媒介として，他者と対話的ディスカッションをしながら，「物語世界の登場人物の自己像・世界像」や「現実世界の読み手自身の自己像・世界像」を語り直すのである。このような力を「語り直す力」と考えており，語り直しに至ることを「深い学び」と捉えている。

　「語り直す力」は汎用性の高い能力である。文学教育での学びを文学の授業という狭い「作品世界」に限定することなく，日常の「現実世界」に生かすことができる。そのような力である。また，文学作品という領域に限定する必要もない。自分の書いた作文を媒介として，自分の見方・考え方を見直すことにも通じる。あるいは，話し手の話し方を媒介として，「自分の聴き方は，話し手が話しやすかっただろうか」と自分の聴き方を見直すことにも通じる能力である。

　本研究では，まず，「語り直す力」を育てるための理論構築を，ナラティブ・アプローチを援用して行う。次に，具体的な授業場面の分析を通して，「対話的学び＝対話的ディスカッション」等の，「認知の変容，メタ認知の変容」（語り直し）への効果を検証し，理論の有効性を検討する。さらに，授業実践から得られた実践的な知見，及び，残された課題の考察を進め，「語り直す力」を育てる文学の授業を構想する。

　本書は，筆者の学位博士論文を加筆・修正したものである。「語り直す力」を育てる文学の授業を，小学生を中心に構想した。文学の授業が「主体的な学び」となり，他者との「協同的な関わり」を通して，「深い学び」へ至るための授業を提案した。残された課題も多いが，一定の研究成果が得られたものと思っている。

　本書を手に入れた方々から，ご批判，ご意見をいただければ，幸いである。

目　次

序　章　研究の目的と方法

第Ⅰ部　理論的研究

第1章　「語り直す力」育成の必要性とその捉え直し

第2章　「語り直す力」を育成するための理論構築1
──ナラティブ・アプローチを検討して──

第3章　「語り直す力」を育成するための理論構築2
——「語り直す力」を育てる文学の授業の理論構築——

Ⅱ部　実践的研究
「語り直す力」を育てる文学の授業理論の提案

第4章　「語り直す力」を育てる文学の授業理論の検証
──中学年を事例として──

第5章 「語り直す力」を育てる文学の授業の構想

終　章　　本研究の成果と課題

「語り直す力」を育てる文学教育の構想
——ナラティブを援用して——

序　章
研究の目的と方法

1　問題の所在

　中央教育審議会答申は2008年1月に，「次代を担う子どもたちに必要な力を一言で示すとすれば，まさに平成8年（1996）の中央教育審議会答申で提唱された「生きる力」にほかならない」（中央教育審議会　2008, pp. 9-10）と述べている。日本の教育は「生きる力の育成」を目指している一方，OECD（経済協力開発機構）は，1997年から2003年にかけて，「知識基盤社会」の時代を担う子どもたちに必要な能力を，「主要能力（キー・コンピテンシー）」として定義付け，国際的に比較する調査を開始した（中央教育審議会　2008）。キー・コンピテンシーで定義・選択された新しい学力観・能力観は，世界に影響を与えつつある。

　キー・コンピテンシーは三つのカテゴリーに分類されているが，そのキー・コンピテンシーの三つのカテゴリを結び付ける中核とされているのが「思慮深さ／省察力（reflectiveness, OECD 2005, p. 8／reflectivity OECD 2003 p. 184）」である。「思慮深さ／省察力」とは「メタ認知的スキル，批判的なスタンスの確保や創造的な能力を活用する」（ライチェン＆サルガニック 2006, p.208）という思考や行為を意味する。筆者は，この「思慮深さ／省察力」は，これからの変化に富む時代を生きていくために不可欠な能力と考える。この力の育成のための研究が急務と考える。しかし，「思慮深さ／省察力」は，以下の点で不十分と考える。

　自己や世界の認識は，「私という目」を通して行われる。その認識の背後には，それを支えている「自己像・世界像」がある。私が認識したもの

を批判的に検討し，新たな考えを創造するだけでは不十分と考える。その考えを背後で支えている自己像・世界像をも相対化し，批判的に検討し，新たな自己像・世界像を再構築する力が必要と考える。つまり，自己の認識の背後にある自己像・世界像を語り直す力が必要と考える。

　そこで，筆者は，「思慮深さ／省察力」を「自己の考え及びその背後にある自己像・世界像（自己）を相対化し，批判的に検討し，新たな自己像・世界像（自己）を再構築する力」と捉え直すことを主張する。そして，そのような力を「語り直す力」と呼ぶ。

　このような「語り直す力」は「生きる力」に繋がる力である。「語り直す力」の育成を探究することは，極めて重要な課題と考える。

2　研究の目的と方法

2-1　研究の目的

以上の問題意識を受けて，本研究の目的を次の四点に設定する。
1）「語り直す力」を育成することの必要性を論じ，育成するためには，「語り直す力」をどう捉えればよいかを明らかにする。（第1章）
2）「語り直す力」の育成は，文学教育で行うべきことを論じ，その上で，「語り直す力」を育てる文学の授業の理論を構築する。（第2・3章）
3）　授業実践を行い，授業理論の有効性を検証する。（第4章）
4）授業実践から得られた実践的な知見，及び，残された課題の考察を進め，理論の修正を行い，「語り直す力」を育てる文学の授業を構想する（5章）

2-2　研究の方法

2-2-1　各部の構成

　難波（1999）は，研究アプローチを没価値的な因果論に基づく実証的ア
プローチと価値的な目的論に基づく実践的なアプローチの二つに整理し，
両者が出会う場として，国語科教育研究を位置づけている。そして，記
述・説明研究→実践研究という道筋を示している。

　本論文では，難波（1999）を援用し，論文を二部構成とする。第Ⅰ部で
は，ナラティブを理論的枠組として援用し，「語り直す力」を育てる文学
教育について理論構築を行う。理論構築のための方法としては，特定の分
野の事例研究をサンプルとし理論化し，それを他の分野に援用し理論を修
正していく方法である。

　第Ⅱ部では，一部で得た理論的成果をもとに，授業実践を行い，理論の
妥当性，信頼性を検証する。さらに，得られた実践的な知見，及び，残
された課題の考察を進め，「語り直す力」を育てる文学教育の実践を構想
する。ここでの授業実践の検証では，授業記録の談話（語り）及び感想文
（ノートも含む）等を研究対象とし，量的及び質的手法で分析する。

　実践者が自らの授業を対象に研究を行う意図は，授業実践の豊かさと複
雑さを捉えるためには，研究者の外側の目からだけでなく，実践者の内側
の目から捉えることが必要であり（Lampert 2000），そうすることでより
実践を豊かにし，より多くの教師や児童に貢献できると考えたからである。

　同時に，そのことは，実践者の主観的な解釈に陥る可能性も持ってお
り，分析の妥当性，信頼性を確保することが重要である。事例分析に関し
ては，厳密性と妥当性を保証するために，相互主観性と解釈可能性を担保
することが指摘されている（南 1991）。そこで，事例分析では，上記の点
を踏まえ，（a）課題や授業展開，（b）教師の意図や児童への判断，（c）
学習者に関する情報の三点を明示した。

2-2-2　各章の研究の方法

（1）第1章の方法

　第1章の目的は，「語り直す力」を育成することの必要性を論じ，その力を育成するためには，「語り直す力」をどう捉えればよいのかを明らかにすることである。そこで，第1節では，「生きる力」を育てるためには，キー・コンピテンシーの核心である「思慮深さ／省察力」を拡張した「語り直す力」の育成が必要であることを論じる。続いて，第2節では，ナラティブ（narrative）に関する研究を概観した上で，「語り直す力」育成のための理論的枠組みとして，ナラティブに依拠することの有効性を明らかにする。第3節では，ナラティブを援用し，自己を「物語」と捉え，「自己（自己像・世界像）を語り直す力を育成すること」を，「自己物語を語り直す力を育成すること」と捉えればよいことを論じる。

（2）第2章の方法

　第2章の目的は，ナテラィブ・アプローチによる「自己物語」の語り直しの実践及び理論を考察することによって，「語り直す力」を育てる文学の授業を構想するための知見を明らかにすることである。そのために，まず，第1節では，人生において，「自己物語」の語り直しを必要とする場面を考察し，語り直しが起こる条件を示す。次に，第2節では，「自己物語」の語り直しが起きる時，学習者の内部では何が起こっているのかを示し，「自己物語」の語り直しが起こる過程を明らかにする。第3節では，ナラティブ・アプローチにおいて，「自己物語」の語り直しが具体的にはどのような方法で進められているのを考察する。第4節では，そこでの考察をもとに，「語り直す力」を育てる文学の授業を構想するための知見を明らかにする。

（3）第3章の方法

　第3章の目的は，先行研究の知見及び課題を踏まえ，「語り直す力」を

育てる文学の授業の理論を構築することである。そのために，まず，第1節では，ナラティブ・アプローチから得られた知見を教育に援用する際の課題を明らかにする。第2節では，「語り直す力」育成の視点から，国語教育の先行研究を検討し，課題を明らかにする。第3節では，「語り直す力」育成をなぜ，文学教育で行うのかを論じる。第4節では，先行研究の知見及び課題を踏まえ，「語り直す力」を育てる文学の授業の理論を構築する。

（4）第4章の方法

　第4章の目的は，第3章で構築された理論の有効性を検証することである。大きく二つに分けて検証する。第1節から第2節では「作品世界」の「登場人物の自己像・世界像」の語り直しを，第3節では，「現実世界」の「読み手の自己物語（自己像・世界像）」の語り直しを，研究対象とする。具体的には，第1節から第2節では，「教室という場」「コミュニケーション過程」「道具（教材）」の変化が「作品世界」の「登場人物の自己像・世界像」の語り直しに及ぼす効果を検討する。第3節では，「言論の場」の変化が「読み手（＝学習者）の自己物語（自己像・世界像）」の語り直しに及ぼす効果を検討する。

（5）第5章の方法

　第5章の目的は，第4章の授業実践から得られた実践的な知見，及び，残された課題の考察を進め，「語り直す力」を育てる文学の授業を構想することである。そのために，第1節では，第4章で得られた知見及び発達段階に関する先行研究をもとに，「語り直し」体験，三つの視点＜コミュニケーション過程・場づくり・道具＞における各学年の到達目標を示す。第2節から第5節では，小学校の低学年，中学年，高学年，の発達段階に応じた授業構想モデルを示す。

第Ⅰ部　理論的研究

第1章
「語り直す力」育成の必要性とその捉え直し

　第1章の目的は，「語り直す力」を育成することの必要性を論じ，その力を育成するためには，「語り直す力」をどう捉えればよいのかを明らかにすることである。そこで，第1節では，「生きる力」を育てるためには，キー・コンピテンシーの核心である「思慮深さ／省察力」を拡張した「語り直す力」の育成が必要であることを論じる。続いて，第2節では，ナラティブ（narrative）に関する研究を概観した上で，「語り直す力」育成のための理論的枠組みとして，ナラティブに依拠することの有効性を明らかにする。第3節では，ナラティブ概念を援用し，自己を「物語」と捉え，「自己（自己像・世界像）を語り直す力を育成すること」を，「自己物語を語り直す力を育成すること」と捉えればよいことを論じる。

1　「語り直す力」育成の必要性

　本節では，「生きる力」を育てるためには，キー・コンピテンシーの核心である「思慮深さ／省察力」を拡張した「語り直す力」を育成することが不可欠であることを論じる。そのために，まず，学習指導要領と「生きる力」の関係を概観する。続いて，キー・コンピテンシーの三つのカテゴリーを連関させる核心として，「思慮深さ／省察力」があることを示し，この力の育成が急務であることを論じる。さらに，「思慮深さ／省察力」概念には，自己の考えの背後に「像・観」を育成するという視点は明確ではないことを論じる。最後に，「生きる力」育てるためには，「語り直す力」の育成が不可欠であることを示す。

1-1 学習指導要領と「生きる力」

日本の教育が目指してきたことに「生きる力の育成」がある。中央教育審議会答申（2008年1月）は，次のように述べている。

「次代を担う子どもたちに必要な力を一言で示すとすれば，まさに平成8年（1996）の中央教育審議会答申で提唱された「生きる力」にほかならない。このような認識は，国際的にも共有されている。経済協力開発機構（OECD）は，1997年から2003年にかけて，多くの国々の認知科学や評価の専門家，教育関係者などの協力を得て，「知識基盤社会」の時代を担う子どもたちに必要な能力を，「主要能力（キー・コンピテンシー）」として定義付け，国際的に比較する調査を開始している。このような動きを受け，各国において，学校の教育課程の国際的な通用性がこれまで以上に強く意識されるようになっているが，「生きる力」は，その内容のみならず，社会において子どもたちに必要となる力をまず明確にし，そこから教育の在り方を改善するという考え方において，主要能力（キー・コンピテンシー）という考え方を先取りしていたと言ってもよい。……後略」（中央教育審議会答申 2008年, pp.9-10 ）

「生きる力」という言葉は，1996年の第15期中央教育審議会の第1次答申「21世紀を展望した我が国の教育の在り方について—子供に「生きる力」と「ゆとり」を—」において，初めて登場する。その後，1998年に新しい「小学校・中学校学習指導要領改訂」が告示され，2002年4月「新学習指導要領の全面実施」となる。さらに，2003年3月，2008年1月「中央教育審議会答申」，2008年3月「小学校・中学校学習指導要領」が告示されている。この間，一貫して「生きる力の育成」が教育の基本理念として継承されてきた。だが，「生きる力」という言葉は引き継がれてはいるものの，その内実は変化している（高橋 2009, 布村 2008）。例えば，1996年では，「生きる力」は問題解決能力と考えられていたが，2003年からは，確かな学力に力点がおかれるようになっている（布村 2008）。また，その

「確かな学力」も，2010年までは，「基礎・基本を身に付け，いかに社会が変化しようと，自ら課題を見つけ，自ら学び，自ら考え，主体的に判断し，行動し，よりよく問題を解決する資質や能力」と説明されていたが，2011年からは，「基礎的な知識・技能を習得し，それらを活用して　自ら考え，判断し，表現することにより様々な問題を積極的に対応し，解決する力」と微妙に変化している。「生きる力」の内実が変化した要因としては，「学力低下」論者からの「ゆとり教育」批判，政財界からの人材確保の要請等が考えられるが，もう一つの大きな要因として，キー・コンピテンシーの能力概念の影響が考えられる。

1-2　「生きる力」とキー・コンピテンシー

　キー・コンピテンシーは，OECD（経済開発協力機構 = Organisation for Economic Co"operation and Development）が1997年から着手したDeSeCo（キーコンピテンシーの定義と選択 = Definition and Selection of　Key Competencies）プロジェクトが提唱した能力概念である。本プロジェクトは，複雑化した社会に人々が適合するために，「個人の人生の成功（quality of life）」と「うまく機能する社会」の両方を達成するために必要な資質・能力を定義し選択し，時代に対応した学力の国際標準化をはかることを目的としている。キー・コンピテンシーは，図1に示すように，「相互作用的に道具を用いる」，「異質な集団で交流する」，「自律的に活動する」，の三つにカテゴリー化され，それぞれのカテゴリーは各三つのコンピテンシーによって構成されている（図1）。

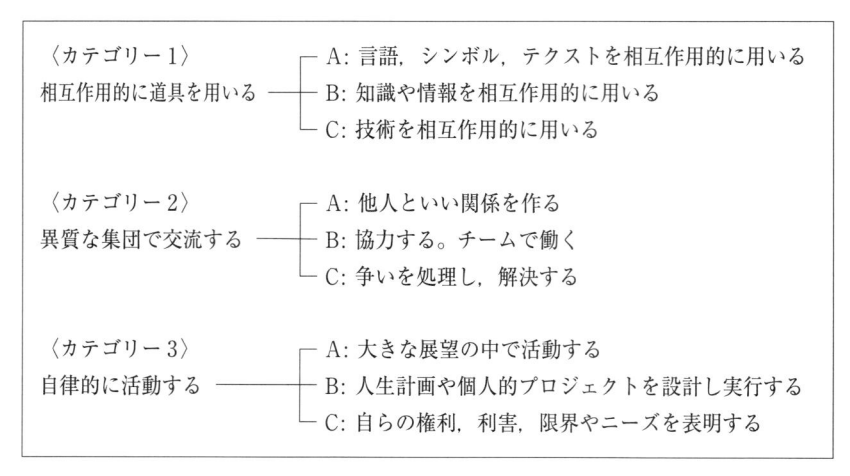

図1　キー・コンピテンシーの三つのカデゴリー
（ライチェン・サルガニック 2006, pp.210-218 より）

　このキー・コンピテンシーで定義・選択された新しい学力観・能力観は，国際的に大きな影響力を持ち始め，2000年からは，この新しい学力観・能力観に基づいて作成されたPISA学力調査（Programme for International Student Assessment）が，各国の義務教育修了段階の15歳児を対象に行われている。2006年の調査では，57の国・地域，約40万の人が参加している。また，DeSeCo（キー・コンピテンシーの定義と選択）プロジェクトでは，最も基礎的なレベルで「生きるとは，自ら行動すること，道具を用いること，他者と交流することを意味する」（ライチェン＆ サルガニック 2006, p.103）と述べ，それに従い，キー・コンピテンシーも三つのカテゴリー（図1）に分類されている。その意味において，「『生きる力』こそが次世代を担う子どもたちに必要な力である」という認識を，多くの国で共有しているといえる。キー・コンピテンシーで定義・選択された新しい学力観・能力観が世界で影響を与えつつある現在，同じ「生きる力」として，それらを吟味・検討し，日本の教育の中に取り入れようとするのは当然であり，重要なことである。問題は，キー・コンピテンシーをどの

ように理解し，何を取り入れたかである。

1-3　「語り直す力」育成の必要性

1-3-1　学習指導要領の「生きる力」の問題点

　学習指導要領の「生きる力」の問題点について述べる。一つは，学習指導要領の「生きる力」が「確かな学力」，特に，キー・コンピテンシーのカテゴリー1に偏っている点である。学習指導要領の「生きる力」の重点が，「確かな学力」に変化したのは，このPISA学力調査の結果と無関係ではない。PISA学力調査は，キー・コンピテンシーに準拠して評価の枠組みがつくられているが，キー・コンピテンシーのカテゴリー1（相互作用的に道具を使用する能力）を中心に測定しているにすぎない。しかし，学習指導要領では，PISA調査問題に対応できる力を育成しようとしたため，キー・コンピテンシーの〈カテゴリー1〉ばかりが注目される（永田2011）。その結果，「生きる力」は「確かな学力（特に，測定可能なカテゴリー1の学力）」に偏ってしまった。つまり，「日本型のPISA学力は，三つの主要キー・コンピテンシーのなかの『②異質な集団で交流する能力』，『③自律的に活動する能力』が，結局数値化可能なリテラシー（『①相互作用的に道具を用いる能力』）に回収されて切り捨てられる結果としてしまった。」（佐貫 2011, p.75）　そのため，学習指導要領では，「生きる力」の捉えが狭く，不十分なものになってしまっている。

　もう一つは，「生きる力」として選択された能力の選択基準が示されていない点である。中央教育審議会（2008）によれば，「『生きる力』は，その内容のみならず，社会において子どもたちに必要となる力をまず明確にし，そこから教育の在り方を改善するという考え方において，主要能力（キー・コンピテンシー）という考え方を先取りしていた」（中央教育審議会答申 2008, pp.9-10）と述べている。そうすると，学習指導要領は，「社会に必要となる力」をまず明確にし，その上で，「教育の改善を行った」ということになる。そうであるならば，「社会に必要な力」をどうやって選

んだのか，その選択基準を示す必要がある。その中から，さらに，教育改善するための主要能力を選択したのならば，その選択基準も示すべきである。だが，その選択基準が示されていない。

　そこで，キー・コンピテンシーの定義・選択はどのような方法で行われているのを考察する。DeSeCo プロジェクトでは，1）OECD が準拠する「個人の目標と集団の目標の相補性」という価値観が確認される，次に，2）現代社会の特性が分析され，そこから，「個人の目標」と「集団の目標」の達成のために要請（demand）されることが，「フレームワーク」として示される，最後に，3）その「フレームワーク」を基準としてキー・コンピテンシーが「選択」される（宮嶋 2010）。

　ここで，注目すべきは，「フレームワーク」である。なぜならば，「個人の目標と集団の目標」の両方が達成するための「鍵」となるのも「フレームワーク」であり，既存のコンピテンシーからの選択基準になるのも「フレームワーク」だからである。だが，学習指導要領には，選択基準となるべき「フレームワーク」が示されていない。「現実社会が必要としている切実な要請」を析出し，そこから，「必要な能力」を「選択する」という意識が弱いのではないか。そのことと，キー・コンピテンシーの一部を測定しているに過ぎない PISA 学力調査（カテゴリー 1 ＝「相互作用的に道具を使用する」を中心に測定）の結果によって，PISA リテラシーの向上に特化し，教育改革が進められているということとは無関係でないであろう。PISA 学力調査が，〈何を測定して，何を測定していないのか〉〈何を見せて，何を隠しているのか〉を自覚し，測定されていないもの，隠されているものに目を向けることが必要であろう（松下 2011, p.49）。そこで，DeSeCo プロジェクトの「フレームワーク」を考察することとする。

1-3-2　DeSeCo プロジェクトと「思慮深さ／省察力」 （reflectiveness/reflectivity）

　DeSeCo プロジェクトでは，「フレームワーク」として，三つの視点が挙げられている。一つは，「単独で発揮されるものではなく，状況や文脈

により，組み合わせて発揮する」（ライチェン＆サルガニック 2006, p.209），二つ目は「キー・コンピテンシーは教えられた知識や技能を超えている」（ライチェン＆サルガニック 2006, p.207），三つ目は，「思慮深さ／省察力」（reflectiveness, OECD 2005, p.8　／reflectivity, Rychen & Salganik 2003, p.184）である。DeSeCo プロジェクトでは，現代社会の特徴を「変化」「複雑性」「相互依存」の三つの観点で理解している（ライチェン＆サルガニック 2006, p.205）。つまり，現代社会は，「複雑」で，「変化」に富んだ社会であり，これまで無関係だった地域社会が「相互依存」を形成するような社会，と捉えている。このような社会では，教えられた知識やスキルがいつまでも通用するとは限らない。そこで，新しい知識やスキルを習得するだけでなく，状況や文脈において重要性は変化するため，他者や道具を媒介して，知識や技能を組み合わせたり，再構成したりすることも必要とされている（フレームワーク1）, また，積極的に活用し，具体的な状況や文脈に応じて，新しい知識や技能を創造する力も必要とされている（フレームワーク2）。

　その中でも中核とされているのが，「思慮深さ／省察力」，フレームワーク3）である。「思慮深さ／省察力」とは，「メタ認知的スキル，批判的なスタンスの確保や創造的な能力を活用する」（ライチェン＆サルガニック 2006, p.208）という思考や行為を意味する。個人には，「一定水準の社会的成熟に達すること，つまり自分を社会的な抑圧から一定の距離を置くようにし，異なった視点をもち，自主的な判断をし，自分の行いに責任をとるようになること」（ライチェン＆サルガニック 2006, p.208）が求められている。現代社会は，「複雑」で「変化」に富む社会である。これまでの固定的な考えが通用する社会ではない。このように社会においては，「単に柔軟な知識や技能を活用するだけでなく，それらをより広い視野の中で組み合わせ的確に運用していく手法，統合的アプローチを用いる必要がある」（Rychen & Salganik 2003, p.6）また，「相違や矛盾」「あれかこれか」の場面に対処するためには，「二者択一的な解決法で即決する」のではなく，異質な他者との「対話」・「協同」の中から，新たな考えを創造することも必要である。

そのためには，自己の視点から相手を評価するのではなく，相手の立場に立ち，相手の目で見，耳で聴き，心で考える，さらに，状況や文脈に応じて，「自らの固定した行動やそれを支える思考そのものすら反省の対象となし，それらに批判的な目を向け，それらを創造的に超えていく」（宮島 2010, p.45），「思慮深さ／省察力」が前提として必要となる。つまり，「思慮深さ／省察力」は，キーコンピテンシーの三つのカテゴリーを連関させる核心に位置する。しかし，学習指導要領の「生きる力」には，キーコンピテンシーの核心である「思慮深さ／省察力」を育成するという視点は明確ではない。

1-3-3　メタ認知の変容

　以上のことから，筆者は，キー・コンピテンシーの能力概念から学ぶべきは，「思慮深さ／省察力」であり，「生きる力」を育てるには，「思慮深さ／省察力」の育成が不可欠と考える。しかし，「メタ認知的スキル，批判的なスタンスの確保や創造的な能力を活用すること」（ライチェン＆サルガニック 2006, p.208）という「思慮深さ／省察力」では，以下の点で不十分と考える。

　難波（2008）は，言語活動の認知過程を3つのモード（モードは設定された目標とその目標によって成約を受けた言語活動のありようの全体とを含めた概念）で説明している。一つ目は，メタ認知によるモニタリングとコントロールを受ける言語活動のモードである（モードⅠ）。ここでは，①目的意識，②相手意識，③修辞意識，④自己意識，⑤世界意識，⑥思考意識，六つのメタ認知的知識へのアクセスが行われる。二つ目は，自動化モードである（モードⅡ）。自動化モードでは，メタ認知にアクセスすることがほとんどなく言語活動が進んでいく。三つ目は，メタ認知そのものの変容を伴う言語活動のモードである（モードⅢ）。国語教育の場面で考えると，日常の言語活動（母語教育の場面）は，多くが自動化モードで占められており，それに対して，国語科教育の場面は，メタ認知モードの言語活動が中心ということになる。

　その中で，難波は，メタ認知が抱える二つの問題点を指摘する。一つは，「教室／学校という偽装された空間のメタ認知」（問題A）である。例えば，教師の意図に沿った作文を書いてしまったり，周りの目を気にし，自分の本音の発言ができなかったりなど過度なメタ認知へのアクセスが招く問題である。もう一つが，「偽装された言語知識によるメタ認知」（問題B）である。例えば，文章の状況，相手に関わらず，主張文は双括型で書くべきという言語活動の統制などが招く問題である（難波 2009, pp.194-197）。それらを乗り越えるためには，「メタ認知そのものの変容」を目指す授業，「モードⅢの言語活動」が必要である（同上書, p.201）と主張している。

　「変容」を，難波（2008）のモード論を援用し論じるならば表1に示すようになる。自動モードの結果，「考えの変容」が起こる場合（①）と起こらない場合（②）がある。また，メタ認知にアクセスした結果，「考えの変容」が起こる場合（③）と起こらない場合（④）がある。さらに，メタ認知そのものの変容を目指す言語活動によって，「メタ認知の変容」が起こる場合（⑤）と起こらない場合（⑥）がある。

表1　モードと「変容」

	モードⅡ	モードⅠ	モードⅢ
	自動化	メタ認知アクセス	メタ認知変容
変容あり	①	③　　○	⑤　　○
変容なし	②	④	⑥

　この中で，「思慮深さ／省察力」と関わるのは，③の「認知の変容」と⑤の「メタ認知の変容」であろう。③の「認知の変容」とは，「自己の解釈が変容する」場合であり，自己の認知を認知する（メタ認知）必要がある。それに対して，⑤の「メタ認知の変容」とは，「自己の世界像，自己像等が変容する」場合であり，自己のメタ認知を認知する（メタメタ認知）する必要がある。

　そう考えると，「思慮深さ／省察力」の反省の対象は，「自己の解釈」だけでなく，「自己の解釈」を背後で支えている「像や観」も対象とする

必要があることがわかる。例えば，ある人が，「自分は，絶対失敗してはならない」「私は，常に優秀でなくてはならない」等の自己像（観）・世界像（観）を持っていたとすれば，そこから導かれた行為を省察することは，よりその人を生き苦しくするだろう。私が認識したものを批判的に検討し，新たな考えを再構築する力を育成するだけでは不十分である。その考えを背後で支えている自己像（観）・世界像（観）をも相対化し，批判的に検討し，新たなものに再構築する力を育成することが必要である。だが，「思慮深さ／省察力」は，自己像（観）・世界像（観）の再構築という視点が明確でない。明確でなければ，育成も曖昧になる。そこで，筆者は，「思慮深さ／省察力」を「自己の考え及びその背後にある自己像・世界像（自己）を相対化し，批判的に検討し，新たな自己像・世界像（自己）を再構築する」と捉え，そのような「語り直す力」の育成を主張する。そして，「生きる力」を育成するためにも，この「語り直す力」の育成が急務と考える。

2　方法論としてのナラティブ（narrative）

本節では，ナラティブ（narrative）に関する実践・研究を概観した上で，「語り直す力」を育てるための理論的枠組みをナラティブに依拠することの有効性を明らかにする。そのために，まず，ナラティブ，及び，日本語の「物語」の定義を整理する。続いて，これまでの諸研究分野におけるナラティブの学際的動向を概観する。最後に，「語り直す力」を育てるための理論的枠組みをナラティブに依拠することの有効性を論じる。

2-1　ナラティブの定義

ナラティブという概念は，多様な文脈で多義的に用いられている。「物語，語り」と訳されることが多い。未だ統一した定義が存在しないのが

現状である。Polkinghorne（1988）は，以下のどれかを意味すると述べている。1）物語を作る過程，2）物語の認知的枠組み，あるいは，stories, tales, あるいは histories とも呼ばれる物語を作る過程の産物。野口（2009）は，「具体的な出来事や経験を順序だてて語る行為，およびその産物を同時に表す言語行為の一形態」と定義し，行為としての「語り」と，産物としての「物語」を使い分けている。また，やまだは，「広義の言語によって語る行為と語られたものの両方」（やまだ 2006, p.437）と定義し，広義の言語を「身体や表情による非言語的語り，イメージや絵画や音楽や映画などの視聴覚的語り，建築物，都市，風景など文化的表象や社会的表象なども含まれる」とし，言語に限定していない。岡本らは，「ナラティブとは，個々の事象を一つのストーリー的構造の中に位置づけることによって意味づけ，そのストーリーによって自己の世界と経験を代表し表現する営み（またはその創出物）」（岡本ら 2004, p.311）と踏み込んだ定義をしている。ナラティブは，産物としての「物語」だけでなく，出来事を繋ぐ行為としての「語り」の両方を意味していることがわかる。

　日本語の「物語」も，研究者によって多義的に用いられている（野家 2005）。野家は，「複数の出来事を時間的に組織する言語行為」（野家 2005, p.324）と定義し，やまだはナラティブと互換的に用いることが多いとし，「物語」を「二つ以上の出来事をむすびつけて筋立てる行為」（やまだ 2000c, p.147）とし，行為に注目する。また，河合（2001）も「何かと何かをつなぐ役割をもっているとともに，何かと何かがつながることから生まれてくる」としている。鳶野は，さらに具体的に，「ある出来事を，その始めから終わり至る時間の流れに沿って筋立てて意味づけていく行為」（鳶野 2003, p.3）とする。これらのことから，研究者の多くは，「物語」の定義として，「産物」としてよりも，「行為」に注目していることがわかる。

　やまだ（2006）は，「物語」の定義を，三つに整理している。1）時間的シークエンスを重視する定義，2）構造（始まり—中間—終わりなど）を重視する定義，3）物語の生成的機能を重視する定義。1）は，二つの命題が時間的に順序だてて秩序づけられることを重視し，出来事を時系列に配

置することを「物語」の特徴と捉える定義である。それに対して，2）は，調和的時間構造を重視し，時間的に配列するものの，そこに見られる因果関係を「物語」の特徴と捉える。野家（2005），鳶野（2003）らの定義は，ここに入ろう。3）は，「むすび」によって，新しい意味が生成されたり，ズレによって変質したりすることが，物語の本質として重視し，動的な変化，生成を「物語」の特徴と捉える。やまだ（2000c），河合（2001）は，ここに入るであろう。

　以上のことから，ナラティブは，「つなぐ」ことに本質があり，産物としての「物語」だけでなく，出来事をつなぎ，「経験を組織化し，意味づける行為」（Bruner 1990）として重要といえる。また，日本語の「物語」は，ナラティブと互換的に用いることが多いが，行為としての「語り」に注目しているといえる。そして，日本語の「物語」の定義は，「出来事の時系列の配置」，「出来事の因果関係」，「新たな筋立て，生成」の三つの特徴を含むが，どの特徴を重視するかによって，三つに分けられることがわかった。そこで，本論では，産物を「物語」，行為を「語り，物語る」と区別する。「物語」「語り，物語る」の両方を意味する時のみ，「ナラティブ」とする。

2-2　ナラティブの概観

2-2-1　「物語」から「語り」へ

ナラトロジー（narratologie）　　〜文学分野〜

　ナラティブはナラトロジー（narratologie）を源流とする。ナラトロジーは，ウラジミール・プロップの「昔話の形態学」（1928）を源とし，レヴィ・ストロースの神話の構造分析の影響を受け，物語の構造や機能を研究し，物語り能力（narrative competence）の記述を試みようとした（プリンス 1991）文学理論である。これらの研究の背景には，構造主義，言語論的転回（linguistic turn＝意識が言語に先行するという「意識分析」から，言語が意識を構成するという「言語分析」への転換を果たした哲学的潮流，（西村

2003, p. 286）がある。つまり，言語論的転回において，言語は実在論的な言語観から関係概念的（記号，構造）言語観へ変容したといえる（やまだ2006）。そのため，ナラトロジーは，「静態的な」物語の記号的構造に関心があった。それに対して，後のナラティブは，記号的構造の作り方という「動的な」行為に関心が移っていく。

　ポスト構造主義を経たロラン・バルトは，物語の特徴として，「可能性の隠蔽」を浮き彫りにする。「物語」は，語り手が過去の出来事をあるがままに語るものではない。語られる出来事はみな，結末をどのように考えるかにしたがって，また結末を納得の行くものとするように，配置される（浅野 2001, p.10）。語り手の意図・目的に向かって，出来事は配置されることになる。しかも，その出来事は，結末から逆算された形で，選択・編集され，配置される（浅野 2001, p.10）。しかも，「物語文は複数の出来事の間の因果関係のコンテクストを設定する」（野家 2005, p.85）のである。つまり，語り手は，「現在」のある意図・目的に沿った出来事を，「結果」（現在）→「原因」（過去）の順で探り，選択・編集する。しかし，語りにおいては，「原因」（過去）→「結果」（現在）のように配列し，それ以外の語りの可能性がないように隠蔽する。「物語」は，常に他の出来事の選択・配列によって，「別の物語になる可能性を隠蔽」している（バルト1985）ことになる。ロラン・バルトは，記号的構造の作り方に関心が移っている。

歴史哲学・歴史学　　～歴史分野～

　ナラトロジーが文学理論の枠組みを超えていくきっかけとなったのが「歴史哲学」の分野である。アーサー・ダント，ルイス・ミンク，ヘイドン・ホワイトらは，「解釈」という方法によって出来事の「意味」を探求することが，歴史学の仕事と考えた。Mink（1974）は，人間の関わる出来事は，何らかの意味を帯びて現れ，何らかの解釈の結果でしかあり得ないと考えた。そして，歴史学は，一般法則などを引き出すことではなく，出来事の間の意味的関係を見出し，その意味的なまとまりに向けて，出来事を配置することと論じている。歴史的な出来事を意味的なまとまりへと組み立てていくための枠組みを「物語」と考えていた（浅野 2001）。

ダント（1989）は，「物語としての歴史」（1965, 邦訳 1989）の中で，「歴史は物語を語るのだ」と表明している。Danto（1965）によれば，出来事の意味は「出来事が，それら自身を構成要素とするより大きな時間的構造に関連づけられる時」（ダント 1989, p.20），つまり，出来事を時間軸の中に配置し，構造化すること（物語という文脈の中に位置づけること）によって立ち上がってくることになる。しかも，「過去」→「現在」という記述の順とは逆に，後の時点から振り返って，事後的な視点からの出来事の選択・配列，構造化が加えられることになる（浅野 2001）。

　これらの「歴史学」に共通している点は，一つは，歴史を「静態的」な世界を「説明する＝一般法則を引き出す」こととは考えず，世界を「理解する」主体的な行為と考えたことであろう。理解するためには，出来事を選択し関係づけ，そこから意味を立ち上げる必要がある。立ち上がった意味は絶対的なものではなく，他の解釈の可能性を残す。つまり，他の解釈の「可能性が隠蔽」されている。二つには，歴史を，「現在」の位置から過去を振り返り，そこから出来事を選択・配列し，構造化する過程と考えたことであろう。これらの共通点こそ，歴史が物語たるゆえんである。そして，これら「歴史学」研究が，やがて，ポール・リクールの解釈学と繋がることになる。

2-2-2　「論理・実証モード」に対置する研究方法としてのナラティブ

日常世界を認識する方法論として
〜「論理・実証モード」と「物語モード」〜

　歴史学の研究者は，歴史を認識する方法論としてナラティブを捉え，ナラティブを文学以外の領域へと広げていった。それを，人間が日常世界を認識する方法論までに拡張していったのは，「心理学」の分野においてである。その中心的論考がBruner（1986, 1990, 1997）である。

　ブルーナー（1998）は，人間が物事を理解し思考する方式として，「論理・実証モード」（Logic-scientific mode）と「物語モード」（narrative mode）の二種類が存在することを指摘している。前者は，「このような条

件下では，このようなことが起こるはずだ。」という法則を求め，検証可能な「可能世界」を描き出そうとする。つまり，「一般化」した「普遍的」な知を抽出しようとする。それに対して，後者は，「人は，いかに経験を意味づけるのか」を問い，固有で多様な「可能世界」を描き出そうとする。つまり，経験の中から，見事なストーリー，人の心を引きつけるドラマ，信じるに足る歴史的説明等の「固有性」と「多様性」のある意味を紡ぎ出そうとする。

　Brunerは，この二つの思考様式を「その二つ（相補的ではあるけれども），おたがいに還元されえない。一方の様式を他方へ還元しようとしたり，事を全部一方に負担させておいて他方を無視しようとしたりする試みは，必ずや思考の豊かな多様性を捉えそこなうことになる」（Bruner 1998, p.16）と述べている。つまり，二つ思考様式は，お互い相補的関係であり，一方をもう一方に還元できないと考えている。

　そのことは，「論理・実証モード」の中で，削ぎ落とされていたことに注目させることになる。一つには，事象の客観性や普遍性だけでなく，「語る」ことで，紡ぎ出される一人一人の固有の内面世界への注目である。「語る」行為は，「経験を組織化し，意味づける行為」（Bruner 1990）であり，人生に意味を与える。これまでの「論理・実証モード」の研究では，客観的データーが重視され，その人にとっての「固有の意味」はノイズとして削除されていた。もう一つは，生成されたその固有の内面世界をわかり合う方法としての注目である。ナラティブは，人間，あるいは人間が織りなす社会を理解し，わかり合うための重要な役割を担うことに気づき始めたといえる。人間は，日常世界では，「物語モード」の中を生きているにも関わらず，研究方法としては，「論理・実証モード」の〈知〉が尊重されてきた（野口 2002, pp.27-31）。文学から始まり，歴史学を経て，ナラティブは研究対象としてはもちろん，研究方法としても注目されることになる。

2-2-3 臨床分野における実践方法としてのナラティブへ

医療，看護，臨床心理，教育の臨床分野

　ナラティブは，社会学や文化人類学（ナラティブ・エスノグラフィー），教育学（ナラティブ探求，）にみられるような研究方法としてだけでなく，医療領域をはじめ，看護，福祉，心理，教育等の臨床分野の実践方法として注目される。ナラティブの概念を手がかりに，様々な臨床分野の見直しが始まっている。例えば，医療領域では，ナラティブ・ベースト・メディスン（narrative based medicine（Charon 2006））や病いの語り（illness narrative（Kleinman 1988））が提唱され，物語と対話に基づく医療が行われている。臨床心理の領域ではナラティブセラピーが注目され，新しい臨床実践が行われている。また，福祉領域でもポストモダン・ソーシャルワークがナラティブに注目し，当事者の「語り」を基軸にした実践を模索している。ナラティブは，このような臨床分野における実践的方法として注目されている。ここでの「臨床」とは，「理論」に対する一回性の出来事が起こる「実践」を区別し，その両者が交差する場と捉えている。

物語的行為Ⅰ　　～語ることで生成される固有の意味世界～

　様々な臨床領域において，ナラティブが実践方法として求められている背景としては，次のようなことが考えられる。医療領域の事例を考察し，クラインマンは，次のように言う。

　「患者は病いの経験を，つまり自分自身や重要な他者にとってそれがもつ意味を，個人的なナラティブとして整理するのである。病いのナラティブは，その患者が語り，重要な他者が語り直すストーリであり，患うことに特徴的な出来事や長期に渡る経過を首尾一貫したものにする。」（クラインマン 1996, p.61）

　医療現場を例に，「物語る」ことの重要性を指摘している。言葉は，「物語」という形式をもつ時，大きな説明力や理解力を発揮する。「物語る」ためには，人は自分に起こった出来事を「はじめ，中間，終わり」という時系列の中に位置づけ，一貫した「意味」を示そうとする（時間的認識）。

また，「物語る」ためには，出来事を空間に配置し，登場人物の位置関係を示し，出来事の一貫した「つながり」を示そうとする（空間的認識）。つまり，人は，経験を物語ることで，他者に理解してもらい，説明することが可能となる。また，「物語る」ことで，自己の経験を意味づけ，理解し，自己の人生を意味づけることが可能となる。だからこそ，今，臨床領域を中心に，「物語る」ことが求められているといえる。

物語的行為Ⅱ　　〜聴き取ることで展開される意味世界の共有〜

　また，シャロンは，医療関係者に求められる力量として，次のように述べている。

　「科学的な有能な医学だけでは，患者が健康の喪失と正面から向き合い，病気や死に意味を見出すための援助にはならない。医師に求められる専門性とは，進歩しつつある科学的な専門知識を持つと同時に，患者の言葉に耳を傾け，病いという試練を可能な限り理解し，患者の語る病いのナラティブ（narrative：物語）の意味づけを尊重し，目にしたことに心を動かされて患者のために行動できるようになることである。」（シャロン 2011，p.3）

　さらに，次のように述べる。

　「各人が，他人に降りかかってきた特定の出来事を，普遍的に当てはまるようなものとしてではなく，個別の意味ある状況として理解できるようにする。物語的でない知は，特定のものを超えることによって普遍的なものを描き出そうと試みるが，物語の知は個々の人間をていねいに観察し，生活状況をつかみながら，個別的なものを明らかにすることで人間的な状況を描き出そうとする。」（同上書，p.13）

　医者は「死」や「病気」について生物学的な現象，つまり，だれにでも当てはまる「普遍的な」枠組みの『病気や死』のみから捉えようとしてきた。しかし，個別の『病気や死』つまり，その出来事「物語を受け取る力」を必要とする。このような「聴き手」の必要性がナラティブに注目させていると考えられる。このような「聴き手」の必要性は医療現場だけではない。教育現場，福祉現場，さらに家庭での親子，友人等，今，様々な

場で必要とされている。聴き手の不在が，「語ろうとしても聴いてもらえなかった物語」や「聴いてもらえない，語らせてもらえない物語」を生み出し，人間関係を希薄にしている。今，すべての人に他者の物語を「聴き取る力」が求められているといえる。

　以上をまとめると，出来事や経験を「語る」ことで，現実を組織化し，混沌とした世界に固有の意味を与えてくれる（野口 2009）。また，その「語り」を聴き取ることで，固有世界を共有することができる。中村（1992）は，近代科学の三つの原理，「普遍性」「論理性」「客観性」が無視し排除した「固有世界」「事物の多義性」「身体性をそなえた行為」を合わせた新しい知の枠組みとして〈臨床の知〉を考えている。「臨床」を中村のように捉えるならば，臨床分野の実践方法として，固有の意味世界を大事にするナラティブが注目されているのは当然といえる。物語的行為（Ⅰ，Ⅱ）は，聴き手を媒介とした物語的対話である。「だれかに起こったことを，だれかが語り，それを聴き手が受け取る」という「出来事」「語り手」「聴き手」による物語的対話である。ここでは，「物語る力」や「聴き取る力」，特に「聴き取る力」が重視され，「聴こうとしなかった物語」（野口 2009）を聴くことが目指される。

2-2-4 「語り」から「語り直し」へ

物語行為Ⅲ　　〜語り直すことで新しく生成される「意味世界」〜

　物語的行為には，もう一つの物語的対話がある。それは，「語り手と聴き手との共同行為によって，新しい物語を創造する」という物語的対話である。ナラティブは，他者との関わりの中で成立する。だが，それは，他者の「語り」を聴き取ることで，固有世界をわかりあうだけではない。共同で「語り直す」ことで，新しい物語を生み出す物語的対話でもある。なぜ，「語り直す」という物語的対話を必要とするのか。一つには，「物語」は決して完成したものではなく，常に，生成過程だからである。バフチンは，「生きている限り，人間はいまだに完結しないもの，いまだ自分の最後の言葉を言い終わっていないものとして生きているのであ」（バフチン

1995, p.122）り，「世界は開かれていて自由であり，いっさいは未来に控えており，かつまた永遠に未来は控え続ける」（バフチン 1995, p.333）という。また，やまだは，「フィクションとしての物語，作者によって創造された「作品」，「完成品」されてきた小説でさえ，絶えざる修正と生成によって書き換え途上の「草稿」から「草稿」の構成プロセスとみなされる」（やまだ 2000b, p.8）という。「物語」は，確かに，体験を「初め，中間，終わり」の中に筋立てることで，一貫した意味を与えてくれる。「聴いてもらえなかった物語」を聴くことで，固有の意味ある出来事を共有することを可能とする。同時に，バフチン（1995）ややまだ（2000b）が指摘するように，「物語」は常に，生成過程であり，複数の物語が併存したものである。だからこそ，「語り直し」続けることが必要なのである。

　二つには，「物語」は，現実の理解を助けると同時に，そのできた「物語」が，事態を理解する際に参照され，現実理解を一定の方向に導き，現実を制約する（野口 2002）働きをするからである。難波（2008）は，「物語（内部・外部）の自動的・固定的運用」と呼び，警告する。「物語」が言語で行われる以上，そこには，常に「語り手」や「聴き手」が存在する。その「物語」は「語り手」によって生成された「物語」であり，「聴き手」によって展開された「物語」でしかない。「この物語はこれでよいのか」と相対化し，自らに問い続けること，「語り直す力」が必要である。また，「物語」は，常に，複数の選択肢があり，その中の一つが選ばれているに過ぎない。人間が，常に，「物語」の中で生きている以上，よりよく生きるためには，自分の「物語」を「語り直していける力」が必要である。「語り直す力」は，人間が生きていく上での根源的な力となるはずである。

　この「語り直す力」は，DeSeCok のキーコンピテンシーの三つのカテゴリを結び付ける核心であった「自らの固定した行動やそれを支える思考そのものすら反省の対象となし，それらに批判的な目を向け，それらを創造的に超えていく」（宮島 2010, p.45），「思慮深さ／省察力」に通じる力である。ナラティブは，「つなぐ」ことに本質があった。それは，新たな「つなぎ」によって，新たな「物語」を「語り直し」続けることを意味すると

考える。そう考えるならば，ナラティブは，産物としての「物語」，出来事を繋ぐ行為としての「語り」だけでなく，行為としての「語り直し」までに拡張すべきと考える。そうすることで，自分の生成した「物語」を相対化し，批判的な目を向け，「語り直す」ことで，新たな「物語」を創造することが可能となると考える。そこで，ナラティブの定義を「広義の言語によって語り，語り直す行為及び産物としての物語」とする。

2-2-5　ナラティブの特徴と効果

　以上，ナラティブを概観してきた。その結果，ナラティブの特徴として五点，効果として三点が示された。ナラティブの特徴は，以下の五点である。

1）複数性：「物語」は，常に，他の物語の「可能性が隠蔽」されている。つまり，語り手が示した物語は，一つの物語にすぎず，語られた物語の背後に，語られていない複数の物語が存在することを意味する。出来事の選択・編集，あるいは，配列を変えることで，新たな物語が立ち上がる可能性が開かれていることである。

2）現在性：「物語」は，常に「現在」の位置から語られる。現在の結末を聴き手に納得してもらうために，出来事が選択・編集され，配列されることになる。つまり，「物語」は，語られている時点の立ち位置から，再構成される。物語は，語り手の意図・目的，あるいは，語り手の位置が変わることで，新たな物語が立ち上がる可能性が開かれていることである。

3）固有性／多様性：「物語る」ことで，出来事を意味づけ，経験を組織化する。こうすることで，語り手は固有の意味世界を生成する。「経験の語り方」「言語化の仕方」「意味づけ方」は固有であり，多様である。「固有性」／「多様性」をナラティブは許容する。

4）他者志向：ナラティブは，個人的行為ではなく，他者との関わりの中で成立する。必ず，宛名を必要とする。「語り手」「出来事」「聴き手」によって成立する物語的行為であり，物語的対話である。

5）共同行為：ナラティブは，個人的行為ではなく，他者との関わりの中で成立する。必ず，「聴き手」を必要とする。その「聴き手」の承認や批判という共同行為によって，新たな物語が創造される。

　また，ナラティブには，次のような効果（働き）があることが示された。

1）日常世界を理解する方法として働く

　①「語る」行為（出来事を結び付け，筋立てる行為）によって，出来事の固有の意味を生成し，経験を組織化できる（物語的行為　Ⅰ）

　②「語る（聴き取る）」行為（出来事を結び付け，筋立てる行為）によって，他者の固有の意味ある世界を共有することができる（物語的行為　Ⅱ）

　③「語り直す」行為（新たな出来事を新たに結び付け，筋立てる行為）によって，新たな固有の意味を生成し，共有できる間は，①から③を通して，つまり，「物語る」ことで現実を構成している。

2）臨床分野における実践方法として働く

　「臨床」を「理論」と一回性の出来事が起こる「実践」とが交差する場と捉える。そう考えると，ナラティブは，「論理・実証モード」の知の中で排除されてきた，人間が意味づけた「固有な世界」や「多様な世界」を掬い取れる貴重な実践方法といえる。

3）「論理・実証モード」と対置する研究方法として働く

　量的研究では，削ぎ落とされていた個人の経験にまつわる固有の意味づけを，ナラティブを介として，そのまま捉えることができる。

　浅野（2001）は，「物語」の効果として，①物語を通して，現実が構成される　②物語を通して可能性や矛盾が隠蔽される，の二点を挙げている。筆者は，①を，「日常理解する方法」としたナラティブの働きの中で，②を，ナラティブの特徴である「複数性」の中で論じた。

2-3　「ナラティブ」を理論的枠組みとする意義

　これまでの諸研究分野における「ナラティブ」の学際的動向を概観して

きた。ナラティブは，文学分野から始まり，歴史学の分野に広がり，1）人の日常世界を認識する方法論（理解する方法），2）論理・実証モードに対置する研究方法として，3）臨床分野における実践方法として，活用されてきた。また，その特徴として，1）複数性，2）現在性，3）固有性／多様性，4）他者志向，5）共同行為　を抽出した。ナラティブの形態的特徴としては，「出来事の時系列の配列」「出来事の因果関係」「新たな筋立て，生成」の三つにまとめられる（やまだ 2006）。ブルーナーは，「物語」の特徴を　①時間軸に沿って出来事を構造化する，②語られた出来事が事実か否かに無関心，③相互行為の中で生じた人々の「規範逸脱」をうまく理解出来るように説明する，④登場人物の一連の行為の背後に独自の意識の動きをもっている，（ブルーナー 1999, pp.61-74, 浅野 2001）とまとめている。

　これらの効果・特徴から，自己を「語り直す力」を育成するための理論的枠組みとして，ナラティブを援用することの有効性が示唆される。ナラティブは，この世界を理解する方法として，「論理・実証モード」の〈知〉が削ぎ落としてきた個人の経験にまつわる「固有性」「多様性」を重視する。そのため，一つには，個人の固有の「自己像や世界像」を理解する方法となり得ることが考えられる。また，ナラティブは，必ず他者を必要し，他者との関わりの中で，固有の意味世界をわかり合う方法でもある。そのため，二つには，他者との繋がりが形成されることが考えられる。さらに，「今，ここで」の結末に向かって出来事が選択・編集され，配列された〈時間軸に沿った構造化〉（浅野 2001）を特徴とするため，「唯一絶対的な物語」は存在せず，「物語」は，常に，複数の物語の一つに過ぎず，新たな物語の創造の可能性が開かれており，「自己像や世界像」の動的な「語り直し」へと結びつきやすいことも考えられる。このようなナラティブは，時間軸と空間軸の交差する場で生きている「固有」の「多様」な人間の「自己像や世界像」を理解するには，極めて有効な方法といえよう。つまり，「語り直す力」の育成に繋がる有効な研究方法，実践方法であり，理論的枠組みとなろう。

　ナラティブがより有効に機能するためには，ナラティブを「自己」まで拡張する必要がある。そうすることで，初めて，自己の語り直しのための有効な理論的枠組みとなり得る。次節では，「自己物語論」について検討する。

3　「語り直す力」の捉え直し

　本節では，「自己物語」概念を援用し，「自己（自己像・世界像）を語り直す力」を育てるとは，「自己物語を語り直す力」を育成することであることを論じる。そのために，まず，「自己物語論」を概観し，「自己物語」の特徴を示す。続いて，「自己」を「物語」と捉えるよさについて考察する。最後に，自己を「物語」として捉えることにより，「自己（自己像・世界像）」の語り直しを「自己物語」の語り直しと捉え直すことができること論じる。

3-1　自己物語論

　現実は，「物語る」ことによって構成される。現実の中に自己を含めるならば，自己も「物語る」ことによって，構成されることになる。社会的構成主義とナラティブを結合させ，自己物語論を主張したのが，Gergen & Gergen（1983, 1984）である。彼らのいう「自己物語」とは，「個人が自分にとって有意味な事象の関係を時間軸にそって説明すること。」（Gergen & Gergen 1983, p.255）であり，具体的には，「到達点，すなわち有意味な終点を設定し，その終点に向かって諸出来事を取捨選択，そして配列すること。」（Gergen & Gergen 1984, p.175）という行為を意味する。そして，そのような行為を通して，語り手の人生に関わる諸事件に一貫した関連性が生み出され，現在の生の意味と方向性を与える（浅野, 2001）。「自己」を物語として捉えるならば，物語ることで「自己」は立ち上がり，語り直すことで新しい自己を生成できることになる。1990年代まで，中

心であった「実体としての自己論」が，「関係としての自己論」を経て，「物語としての自己論」となる。

　同じように，解釈学の立場から自己を物語として捉える考えを主張したのがポール・リクールである。ポール・リクールは，物語的自己同一性（identite narrative）の概念を提出する。「誕生から死まで伸びている生涯にわたってずっと同一人物であるとみなす正当化するものは何か。その答えは物語的でしかあり得ない。『だれ？』という問いに答えることは，ハンナ・アーレントが力をこめてそういったように，人生を物語ることである。」（リクール 邦訳 1990, p.448）という。つまり，実体的で形式的な自己同一性ではなく，語り手が出来事を選択・配列し，意味づけ，物語ることで立ち現れてくる自己同一性なのである。

　当然，物語的自己同一性は，安定した首尾一貫した同一性ではない（同上書, p.452）。「同じ偶然的な出来事についていくつかの筋を創作することが可能なように（その場合，それは同じ出来事と呼ぶにはもはや値しない），自分の人生についてもいろいろ違った，あまつさえ対立する筋を織りあげることも可能なのである」（同上書, p.452）と述べている。結末に向かって人生の出来事が選択・編集され，他の物語の「可能性が隠蔽」され，配置されている以上，物語的自己同一性は常に未完成であり，常に，語り直しを求めているといえよう。

　また，リクールは「誰」の問いに対する答えを「自己性」（その人らしさ），「何」の問いに対する答えを「同一性」（同一であること）と呼び区別する。そして，物語を，自己性と同一性との間隙に架橋しようとするたえざる試みと考え（杉村1999），リクール（1990）は，語られた自己物語には，その自己物語には回収できない「人間」ならではの出来事を含み込んでしまうことを指摘している。その回収されない出来事の中にこそ，その人の人間らしさ（揺らぎ，ズレ，矛盾）が埋め込まれており，そこに新たな物語を立ち上げ，語り直すための芽が隠れていると考える。

3-2 「自己物語」の特徴

　「自己物語」が「物語」である以上，「物語」が持っている特徴や効果は「自己物語」にも当てはまることになろう。例えば，「有意味な終点を設定し，その終点に向かって諸出来事を取捨選択，そして配列する。」（Gergen & Gergen 1984, p.175）（複数性，現在性）のであり，「自己物語は自己の生の意味を聴き手に向けて語り伝える行為」（鳶野 2003, p.5）（他者志向）でもある。また，自己物語は「語られる際に聞き手との間で再構成される」（榎本 1999, p.188）。つまり，自己物語の生成，語り直しは「共同行為」に他ならない。

　その中で，「自己物語」ならではの特徴，あるいは強調すべき特徴は何であろうか。やまだ（2000b）は，「自己物語」という概念は，自己観も変える（榎本 1999, Freeman, M 1992）と述べ，「自己物語」の特徴を四点指摘している。

1）自己は「個」で定義されず，他者を媒介に生成される。

　　この考えは，社会学的自己論を主張したジョージ・ハーバード・ミードの「関係としての自己論」から繋がる自己観であろう。ミードは，「自己」を「自己と他者との関係」「自己と自分自身との関係」の二つの視点から捉えようとした。ミード（1973）は，「自己は人間の誕生とともにあるのではなく，社会的経験と社会的活動の過程において他者との関係の結果として生じてくるものである」（邦訳 1973, p.146）と考える。もう一つの「自己と自分自身の関係」については，ミードは，自己を「主我（I）」と「客我（me）」の二つの側面から成り立つと考え，「客我」は自己への他者の反応・態度，期待等を学び取り，自分自身の中にと入れたもの（私の中の他者）であり，「主我」はそれらに対する反応と考えた。これらの考えは「自己物語」にも通じる考えであろう。

2）自己は「文化・社会・歴史的文脈」に媒介される。

自己は社会的な外部の物語（文化・社会・歴史文脈）の影響を受け，生成される。この自己観は，自己を「固定的な自己」という捉えではなく，「歴史的，時間的に変化する自己」という自己観に近くなる。やまだ（2000b）は，「自己を時間的存在，歴史的存在として見るとは，自己が他者になる，あるいは他者が自己になる，変化の可能性を含んだ存在としてとらえることである」（やまだ 2000b, p.29）と述べている。

3）「物語としての自己」という見方は，自己を「可能性」において見る視点をひらく。

　　2）の視点とも関わるが，過去の出来事は変化しないが，「自己物語」を媒介として，意味づけは，変えることが可能である。「自己物語」は，過去と現在の新たな結び付きを生成する。それは，過去だけでなく，未来の自己，可能性としての自己を有機的に意味づけて組織する（やまだ 2000b, p.29）。

4）「物語としての自己」という見方は，「自己の語り直し」を促し，自己生成的に変化させる。

　　1）から3）の視点は，4）に集約することができる。「自己」を物語と見るならば，「物語る」ことで自己は立ち上がり，同時に，他者も立ち上がる。「自己物語」を語り直すことで，新たな自己が生成されることになる。新たな自己は，時代や文化，歴史という文脈の影響，他者との共同行為の中で生成され，未来に開かれている。

　以上のことから，「自己物語」の強調すべき特徴としては，「自己物語」を語り直すことで，新たな自己の生成が促進されることであろう。自己や他者の物語を語り直すことで，新しい自己や他者を生成することが可能となる。「物語としての自己」を語り直すことは，新しい自己を生成することに他ならない。人生には，予期せぬ困難な出来事が起こる。「身近な人が亡くなった」「会社を首になった」等，今までの物語では位置づけられないことが起こる。その時，人は新しい物語を必要とする。前へ踏み出すために過去を語り直す必要に迫られる。現在の物語を語り直すことによっ

て過去の意味づけを変えようとする。アウグスチヌス（1976）が言うように，過去も未来も現在の中にある。この語り直しは，過去の出来事の意味づけを変えるためだけではない。未来へ時間軸を転換し，新しい未来に一歩進めるためである。その時，新しい自己が生成される。

3-3　自己を「物語」として捉えるよさ
──「自己物語」を理論的枠組みとする意義──

　「自己物語」の強調すべき特徴として，「自己物語の語り直し」が自己の変容を促すという視点が浮かび上がった。「自己物語」の特徴が生み出す，自己を「物語」として捉えるよさは，どのようなことが考えられるだろうか。一つには，関係を変えずに，自己の変容を促すことであろう。この点を明確にするために，「社会学的自己論」との違いから論じる。「社会学的自己論」は，他者との関わり，他者を媒介とした自分自身との関わりの中で自己が立ち上がると考える。こまでは，「自己物語」とも重なる。では，「社会学的自己論」では，自己が変化することをどう捉えるのか。「社会学的自己論」では，他者との関係こそが自己を根本から規定するという関係論的発想を延長し，関係が変わることによって自己が変わると考える（浅野 2001, p.26）。つまり，関係を実体のように捉え，「関係を変えれば，自己は変わる」と考える。その結果，自己はなかなか変わらない。それに対して，「自己物語」では，その関係も「自己物語」によって構成されたものであると捉え，関係を変えずに「自己物語」を変えることで，自己を変えようとする。例えば，「自己物語」を変えるためには，隠蔽された出来事，生きられた経験の中から未だ「語り得ない」出来事や経験に注目する。そして，それらを筋立て，新たな「自己物語」を立ち上げようとする。その結果，新たな自己が生成される。つまり，自己を「物語」と捉えることで，自己は絶対的なものではなく語り直すことが可能であること，自己が構成されたものであり複数あること（複数性），「物語」は他者を必要とし（他者志向），他者との共同による対話によって（共同行為）語り直すこと

が可能であること，等が明確に意識づけられる。その結果，関係を変えずに，自己を変えることが可能になると考える。ナラティブ（自己物語）は，「自己を語り直す力」を育成するための有効な理論的枠組になるといえる。

　二つには，「私の中の〈過去の私〉」と「現在の私」との自己内対話によって，自己の変容を促すことであろう。「社会学的自己論」では，「自己と自己自身との関わり」の中で，「私の中の他者（＝客我）」と「私（＝主我）」がする自己内対話が想定されている。それに対して，「自己物語」では，それだけでなく，「私の中の〈過去の私〉」と「現在の私」がする自己内対話も想定されている。「自己物語」では，現在の語り手である「私」が，「過去の私」の出来事を語ることになる。普通，「物語」では，語り手と，物語世界の登場人物の視点は異なっている。だが，「自己物語」では，「語る私」と「語られる私」が同じ「私」ではありながら，視点は異なる（過去の私と現在の私に距離化が起こっている）という点に特徴がある。これを浅野（2001）は「物語の視点の二重性」と呼んでいる。語り手である「私」は，自己を物語るリソースとして，過去の出来事や経験を紡ぎだそうとする。だが，何かを語る行為は，どうしても，別の物語を「隠蔽」するため，「自己物語」に回収されない出来事が「隠蔽」されてしまう。だが，「隠蔽」された「語り得ぬ」出来事に焦点を当てることで，新たな「自己物語」を生成することが可能となる。「社会学的自己論」には，「現在の私」と「過去の私」との関係，つまり，自己言及的関係に対する関心は低い。それに対して，「物語」は，語られている時点の立ち位置から，「現在の私」を一つの結末とし，それに向かって，過去の出来事・経験を時間軸に沿って選択・編集し，筋立てようとする（現在性）。そのため，「現在の私」と「過去の私」との自己内対話が必然的に促進され，新たな自己が立ち上がりやすくなっていると考えられる。ナラティブ（自己物語）は，自己を語り直す力を育成するための有効な理論的枠組みになるといえる。

3-4　「自己の語り直し」から「自己物語の語り直し」へ

　これまでの考察から，自己を「物語」と捉えることは，「語り直す力」を育成するための有効な理論的枠組になり得ることが示唆された。一つに，「自己物語論」を援用し，自己を「物語」と捉えることで，「語り直す力」は，「自己の考え及びその背後にある自己物語を相対化し，批判的に検討し，新たな自己物語を再構築する」と捉え直すことができる。

　二つに，そのように捉え直すことで，「自己物語」の1）「物語」は，一つの「物語」にすぎず，出来事の選択・編集，あるいは，配列を変えることで，新たな物語が立ち上がる可能性が開かれていること。（複数性），2）「物語」は，個人的行為ではなく，他者との関わりの中で成立し，必ず，宛名を必要とすること（他者志向），3）その「聴き手」の承認や批判という共同行為によって，新たな物語が創造されること（共同行為），4）「現在」の位置から語られる。現在の結末を聴き手に納得してもらうために，出来事が選択・編集され，配列されること（現在性），の特徴を意識化でき，語り直すことで，新たな自己像・世界像が立ち上がることになる。つまり，語り直しが容易になる。

　三つに，だからこそ，「自己（自己像・世界像）を語り直す力」を，「自己物語を語り直す力」と捉えればよいことが示唆される。「自己物語を語り直す力」を育成することが，「自己を語り直す力」を育成することであり，「生きる力」を育成することに繋がるといえよう。

【第1章からの得られた知見】
1）自己（自己像・世界像）を「語り直す力」の必要性が示唆された。
2）自己を「物語」と捉えることの有効性が示唆された。
3）「自己を語り直す力」を「自己物語を語り直す力」と捉えればよいことが示唆された。

注

OECD(2005)で は，Reflectiveness(OECD　2005,p.8), Rychen.D.S. & Salganik. I,H. (Eds) (2003)では，reflectivity (Rychen & Salganik 2003, p.184) が使われている。そのため，両方を併記することとした。訳は，前者を「思慮深さ」（思考），後者を「省察力」（行為）とした。

第2章
「語り直す力」を育成するための理論構築1
——ナラティブ・アプローチを検討して——

　第2章の目的は，ナテラィブ・アプローチによる「自己物語」の語り直しの実践及び理論を考察することによって，「語り直す力」を育てる文学の授業を構想するための知見を明らかにすることである。そのために，まず，第1節では，人生において，「自己物語」の語り直しを必要とする場面を考察し，語り直しが起こる条件を示す。次に，第2節では，「自己物語」の語り直しが起きる時，学習者の内部では何が起こっているのかを示し，「自己物語」の語り直しが起こる過程を明らかにする。第3節では，ナラティブ・アプローチにおいて，「自己物語」の語り直しが具体的にはどのような方法で進められているのを考察する。第4節では，そこでの考察をもとに，「語り直す力」を育てる文学の授業を構想するための知見を明らかにする。

1　人生において語り直しが生じる時

1-1　出来事と「自己物語」のズレ（タイプ1のズレ）

　人生において，「自己物語」の語り直しを必要とする場合がある。一つは，〈出来事と「自己物語」のズレ〉が生じる場合である。「喪失，人生の転機，予期せぬ出来事」等，これまでの「自己物語」の中に位置づけられない出来事（例えば，家族の死，病い，障害等）が起こった時，「自己物語」が機能不全を起こす。つまり，出来事と「自己物語」の間に大きな「裂け目」が生じ，次の一歩が進めなくなる。語ろうとしても語れなくなる。浅

野は，これを「沈黙」と呼び，「体験があまりにも深く語り手をとらえて
しまい，当事者の視点から距離をおいた語り手の視点を確保することがで
きないのである。」（浅野 2001，p.19）と説明している。そのため，「語り得
なさ」を生むと論じている。このうまく語れないという事態に直面する
ことで初めて語るということが明示的な課題となり（鷹田 2005），「自己物
語」の再構築が求められる。こういう時，「自己物語」の語り直しを必要
とする。

　榎本（1999）は，喪失体験等以外に，「青年期の危機とか中年期の危機
などと言われる人生の節目節目に現れる心理的危機」を挙げている。確か
に，心理的危機においても，自分の周りで起こっている出来事を，「自己
物語」の中に位置づけることができず，機能不全を起こすこともあろう。
他には，感動的な体験により，その人の「自己物語」が揺さぶられ，語り
直しが生じることも考えられる。

　このように，起こった出来事を既存の「自己物語」の中に回収できず（例
えば，排除したり，編集したりで，もう対応できない），〈出来事と「自己物語」
のズレ〉が生じ，語り直しを必要とする場合を，「タイプ1ズレ」とする。

1-2　「自己物語」と「外部の物語」のズレ（タイプ2のズレ）

　もう一つは，〈「物語」と「物語」のズレ〉が生じる場合である。
Connelly & Clandinin（1999）は，教師を取り巻く「物語」を，個人的な
もの（個人の物語）と社会的なもの（例えば，学校の物語，社会の物語など）
に分け，それらが衝突し，矛盾を克服しようとした時，語り直し，生き直
しが起きると述べている。Connelly & Clandinin（1999）を援用，拡張し
て考えるならば，「物語」を生きるとは，二重性の中を生きることになる。
例えば，「Ａさんの物語」を生きるとは，Ａさん自身の人生経験を通して
紡がれた「Ａさんの物語」と，家族や学校，地域から要請される「Ａさ
んについての物語」（家族や学校，社会が自明とする社会的物語）の二重性の
中を生きることであり，また，「学校の物語」を生きるとは，学校内部の

人たちで織りなす「学校の物語」と，制度として公的に期待される「学校についての物語」の二重性の中を生きることである。

　難波（2008）の言葉を借りるならば，人は，「内部の物語」（その人の内にある物語）と「外部の物語」（その人の外側にある物語）の二重性の中を生きていることになる。その中で，支えとなる「物語」が何になるかによって，その人のアイデンティティが形成されることになる。「自己物語」の語り直しは，1）支えとなる物語をめぐり，「内部の物語」と「外部の物語」のせめぎあいが起き，2）「自己物語」に対する「揺らぎ」が生じる，3）その「揺らぎ」を克服するために，「自己物語」に対する，見直し，捉えなおし，語り直しが生じる，ということになる。つまり，「内部の物語」（自己物語）と「外部の物語」（社会的もの＝社会的物語，他者の物語）の間に「裂け目」（ズレ）ができ，内部に「揺らぎ」が生じる。その「揺らぎ」を克服するため，語り直しが起きるといえる。この，〈「自己物語」と「外部の物語」のズレ〉が生じ，語り直しを必要とする場合を「タイプ2のズレ」とする。

　だが，「外部の物語」に過剰に適応し，積極的に「外部の物語」を受け入れようとする場合，両者の衝突は起こらない。また，「権力関係」が強い場合も，無抵抗に「外部の物語」を受け入れるため，衝突は生じない。どちらの場合も，「外部の物語」が自動的に「内部の物語」となり，支配的物語として安定してしまう。当然，「揺らぎ」も起きない。例えば，保護者や周りが期待する「いい子」の物語に過剰に適応しようとする場合等である。近代においては，「大きな物語」が存在していた（リオタール1986）。しかし，近代以後は，「大きな物語が終焉」（リオタール1986）したため，まわりの評価を気にしながら，「小さな物語」をそれぞれが生成し，疑心暗鬼な状態を招くという新たな問題が生じている。「内部の物語」や「外部の物語」を，唯一絶対のものとして無批判に受け入れのでなく，相対的なものとして，批判的に捉える目を養う，つまり，語り直す力を育てる場を教育の中に位置づけることが重要といえる。

2　内部に起こっているズレ
──出来事と出来事のズレ──

　〈出来事と「自己物語」のズレ〉や〈「自己物語」と「外部の物語」のズレ〉等の外部とのズレが生じている時，内部では何が起こっているのだろうか。浅野（2001）の自己物語論を参考に論じることとする。浅野は，「自己物語はいつでも『語り得ないもの』を前提にし，かつそれを隠蔽しているということ」（浅野 2001, p.4）と述べている。この「語り得ないもの」とは，ホワイト・エプストン（1992）が主張した概念である。「語られた物語」は，語り手が終点を設定し，その意図・目的に沿って出来事が選択されたものである。そうである以上，「生きられた経験」には，「語られた物語」の中には位置づけられない，回収できない出来事や体験が含まれる（ホワイト・エプストン 1990）ことになる。これが「語り得ないもの」である。語り手は，聴き手に対して，一貫性のある完結した，他の語りの可能性がないかのように語ろうとする。

　だが，浅野は，「どのような物語にも十全な一貫性や自己完結を内側から阻むような『穴』が空いている」（浅野 2001, p.16）と述べている。この浅野の「物語の穴」という概念は次のように理解できる。ホワイトは，イーザー（1982）の「不確定性」を踏まえたBruner（1986）を援用し，「構造化された小説は，読者をとらえて離さないものだ。・中略……構造化された小説には，読者が埋めなければ数々の裂け目がある。」（ホワイト邦訳 2009, p.66）と述べ，著者に仕掛けられた「裂け目」こそが，読み手にその「裂け目」を埋めるように励まし，読み手の内部に新たな作品を構築するように要請するという。「裂け目」や「穴」は，確かに，物語を躓かせる要因になる。しかし，同時に，ホワイト（2009）やイーザー（1982）が述べるように，新たな物語を立ち上げるための，語り直すための原動力にもなるのである。

　これは，文学作品だけにいえることではなく，「自己物語」も同じであ

る。荘島は，「〈語り得ないもの〉は既存の自己物語に亀裂，裂け目を生み
出し，自己物語の内部から物語の筋書きを打ち崩し，自己物語の輪郭を揺
さぶり続ける」（荘島 2006, p.665）と述べている。また，レイン（1973）は，
分裂は新しい自己を生み出す契機になると述べている。〈出来事と「自己
物語」のズレ〉や〈「自己物語」と「外部の物語」のズレ〉等の外部との
ズレが生じることで，「自己物語」が機能不全を起こしたり，「揺らぎ」が
生じたりしている。このことは，外部とのズレによって，自己物語の内部
に明確な「亀裂」や「裂け目」，つまり，内部の〈出来事と出来事のズレ〉
が生じていることを示しているといえよう。そして，レイン（1973）を援
用するならば，「亀裂」や「裂け目」，つまり，内部の〈出来事と出来事と
のズレ〉こそが，自己物語を語り直すエネルギーになると考えられる。

　以上の知見を整理すると，自己物語の語り直しは，以下の二つのズレの
過程を媒介にして起こることになる。

1）〈出来事と「自己物語」とのズレ＝タイプ1のズレ〉，〈「自己物語」
　　と「外部の物語」とのズレ＝タイプ2のズレ〉を媒介にし，自己物
　　語の機能不全や揺らぎを生み，内部に「亀裂」や「裂け目」（出来事
　　と出来事のズレ）が生じる過程。

2）1）で生じた〈出来事と出来事のズレ〉を媒介にし，そのズレを克
　　服しようとして，「自己物語」の語り直しが起きる過程。

3 「語り直す力」を育成するための知見
——ナラティブ・アプローチを検討して——

「自己物語」の語り直しが具体的にはどのような方法で進められている
のかを考察する。その考察をもとに，児童文学の読みの授業を構想するた
めの知見を明らかにする。そこで，臨床場面において，個々の人たちが紡
ぎだす「語り」に，長く注目してきたナラティブ・アプローチ（ナラティ
ブという概念を手かがりにしてなんらかの現象に迫る方法の総称，野口 2009）

の代表的三人の実践を取り上げる。

3-1 基本的な考え

　ナラティブ・アプローチでは，「語られた物語」と「未だ語られていない物語」の二つの「物語」に注目し，「語られた物語」，つまり，現実を枠づけている自己物語，苦痛をもたらしている自己物語（「ドミナント・ストーリー」とも呼ばれる）を，対話という共同行為によって，新たな自己物語，「未だ語られていない物語」（オールタナティブ・ストーリーとも呼ばれる）に語り直すことを治療目的としている。その際に，「生きられた経験」の中にある「語られた物語」の中には位置づけられない，回収できない出来事や体験に注目する。そして，それらを手がかりに，「未だ語られていない物語」に語り直そうとする。これらは，「ナラティブ・アプローチ」の共通の考えである。だが，「未だ語られていない物語」をどのようにして，引き出すかには，実践者によって違いが生まれている。

3-2　〈位置づけられた場〉の「権力関係」に注目して
　　　——〈出来事と「自己物語」のズレ（タイプ1のズレ）〉の場合——

マイケル・ホワイト，デビット・エプストン

　ナラティブ・アプローチの代表的実践者の一人にマイケル・ホワイトとデビット・エプストンがいる。ホワイトとエプストンは，クライエントとその家族との会話（語られた物語世界の語り）に注目する。家族の物語は，時代や社会の支配的な「外部の物語」の影響を受け，ドミナントストーリーを生成している。そこで，クライエントが気付いてない，しかし，新たな物語の芽として育ちつつある出来事や体験（「ユニークな結果」と呼ばれている，ホワイト・エプストン 1992）を引き出し，新たな自己物語（オールタナティブ・ストーリー）を立ち上げようとする。

〈出来事と「自己物語」のズレ（タイプ 1 のズレ）〉の場合

浅野（2001）が述べるように，「タイプ 1 のズレ」では，語り手と出来事の距離が近いため，語り手は出来事に飲み込まれ，「自己物語」は機能不全を起こしている。そこで，次のような過程を取るようになる。

① 「自己物語」には関わらず，並行して「未だ語られていない物語」を模索する。具体的には，現在の「出来事に影響を受けた物語」の背後に育っている「その出来事に対応してきた物語」に注目するように働きかける。例えば，「現在,このような大変な経験にも関わらず,希望を持ち続けられている。何がそうさせているのでしょうか。」等と問う。

② 「自己物語」に回収されていない「ユニークな結果」を引き出す。クライエントは「子どもですかね。子どもの笑顔を見ることで……」あるいは，「〇〇さんたちが助けてくれるのですよ。」と,応えるかもしれない。つまり，悲惨な状況の中で,「辛い」「しんどい」「希望もない」という出来事が生み出す悲惨な状況ばかりに向いていた目が,「そのような状況の中でも助けてくれる人がいる」「貢献してくれる人がいる」と他者との関わりに目が向く。ホワイトとエプストンは,このようなすでに育ちつつある芽（ユニークな結果）を引き出し,新たな物語を立ち上げようとする。

③ 引き出された出来事・経験を意味づけ直し，新たな物語を立ち上げる。「このようなしんどい中でも，貢献してくれている人がいることに気付いたのですね。そのことを知ったことは，どんな影響を与えそうですか。　そのことを知ったことをどう感じますか。」と聴き，どこに連れていかれたかを語る。

④ 新たな物語を足場に，もう一度，起こった出来事を意味づけ直す。他者との関わりの中で構築された新たな物語は，クライエントにとって，心理的場所となる。心理的場所が明確になることで，起こった出来事を，距離を置いて見ることができる。つまり，「距離化」が形成される。この「距離化」[1]によって,出来事の新たな意味づけが

なされていると考えられる。

以上のことから，次のことが示される。

1)「自己物語」は，その「自己物語」が〈位置づけられた場〉，つまり，
時代や文化の支配的な「外部の物語」の影響を受けて生成されてお
り，その生成された「自己物語」（ドミナントストーリー）を，「未だ
語られぬ」出来事・経験（ユニーク結果）を引き出すことで，新たな
物語（ドミナントストーリー）に語り直せることが示された。

2)〈出来事と「自己物語」のズレ〉（タイプ1のズレ）では，次のような
過程で，「自己物語」の語り直しが起こることが考えられる。

ア）機能不全を起こした「内部の物語」には関わらず，一旦停止する。
新たな自己物語を並行して立ち上げる，

イ）新たな「自己物語」を並行して立ち上げるために，「自己物語」
に回収されていない「ユニークな結果」の出来事・経験を引き出
す。

ウ）引き出された出来事・体験を意味づけることで，新たな物語
（オールタナティブ・ストーリー）を立ち上げる

エ）新たな物語を足場に，もう一度，起こった出来事を意味づけ直す。

「タイプ1のズレ」の場合，「自己物語」が機能不全を起こしている。つ
まり，当事者の視点から距離をおいた語り手の視点を確保することができ
なくなっている（浅野 2001, p.19）。そこで，絡め取られた出来事から距離
を持たせるため，一端「自己物語」を停止し，新たな物語を立ち上げ，足
場を確保する必要がある。そうすることで，初めて距離を持って，出来事
を見直すことが可能となると考える。そのための手続きが，すでに育ちつ
つある芽（ユニークな結果）を引き出し，新たな意味づけ直し，新たな「自
己物語」を立ち上げることである。イ），ウ）は，「タイプ2のズレ」の場
合にも有効な手続きと考えられる。

3-3　〈語られた場〉の「権力関係」に注目して
—〈「自己物語」と「外部の物語」のズレ（タイプ 2 のズレ）〉の場合—

3-3-1　ハロルド・グーリシャン，ハーレーン・アンダーソン

　もう一人の代表的実践者に，ハーレーン・アンダーソンとハロルド・グーリシャンがいる。ホワイトとエプストンがクライエントとその家族との会話（語られた物語世界の会話）に注目したのに対して，アンダーソンとグーリシャンは，クライエントと専門家（セラピスト）との会話（カウンセラー室という場の会話）に注目した。アンダーソン・グーリシャンは，「治療的会話」「無知の姿勢」（アンダーソン・グーリシャン 1997）という概念を用いて説明する。「治療的会話」（何か「問題」についての対話を通して，理解や発見を共同で探索するプロセス，アンダーソン・グーリシャン 1997）において，セラピストが，専門知をもってクライエントに対処した場合，そこには「権力関係」が生まれるという。つまり，専門知を持ったセラピストが，無知なクライエントを教え，導くという構図になる。セラピストは「外部の物語」を提供する者としてではなく，「内部の物語」を「相手とともに」「語り合う」（アンダーソン・グーリシャン 邦訳1997, p.67）仲間として，「新しい意味，新しい現実，そして，新しい物語を共同で開発する」（アンダーソン・グーリシャン 邦訳1997, p.67）パートナでなければならないと，彼らは考える。そして，だからこそ，「クライエントは専門家である」という姿勢，「無知の姿勢」（セラピストのある姿勢—態度と信念—を指す（アンダーソン・グーリシャン1997）で接すべきと主張する。

　このような姿勢を貫くことで，「未だ語られていない物語」を引き出そうとする。つまり，「権力関係」の中で，語ろうとしても語れなかった出来事や経験，あるいは，気付いていない出来事や経験を見出そうとする。そして，対話の中から，共同でその出来事や経験を意味づけ直し，新たな物語を立ち上げようとする。これらの考えは，病気を，疾患（disease，病気の生物学的側面）と病い（illness　病気の個人的な意味，個人的な経験）と

対比し，病いの語りの重要性を主張したクラインマン（1996）にも通じる考えである。

　以上のことから，次のことが示される。

1）カウセラー室の「いま，ここ」で語りが〈語られている場〉のに注目する。「カウンセラー室という場の態度・信念＝無知の姿勢」「カウンセラー室という場の会話＝治療的会話」に変えることで，クライエントとセラピストとの「権力関係」が弱まり，「未だ語られていない」出来事・経験を引き出され，対話を通して，新たな物語を立ち上がることが示された。

2）具体的には，次のような過程を経ることが考えられる。

　　ア）「専門知」による会話を止め，徹底してクライエントの立場で聴くことを通し，クライエントとセラピストとの「権力関係」を最小限にする。

　　イ）「権力関係」を最小限に変えることで，クライエントの「未だ語られていない」出来事や経験が引き出される。

　　ウ）引き出された出来事や経験を，対話を通して，共同で意味づけ直し，新たな「物語」を立ち上げる。

「カウンセラー室という〈語られている場〉」に注目するアンダーソンとグーリシャンの「無知の姿勢」は，セラピストによる「外部の物語」が，安易にクライエントの「内部の物語」にすり替わらないための手続きといえる。つまり，ア），イ）は，クライエントの内部に生じた「揺らぎ」「裂け目」を表出しやすいようにするための手続きであり，ウは，生じた「揺らぎ」「裂け目」を，共同で克服するための手続きといえる。

3-3-2　トム・アンデルセン

　最後に，ナラティブ・アプローチの三潮流の一人として紹介されることの多いトム・アンデルセン（2001）の「リフレクティング・プロセス」を取り上げる。トム・アンデルセン（2001）は，アンダーソンとグーリシャンと同じように，クライエントと専門家（セラピスト）との会話（カウン

セラー室という場の会話）に注目する。ただ，アンデルセン（2001）は，セラピストたちの会話により注目する。

リフレクティング・プロセス

　心理臨床の方法の一つに，家族療法がある。「個人が問題ではなく，システムに問題がある」という考えから，セラピストチームで家族と面談をする。その一般的な方法を示す。
　1）家族と担当セラピストが面談をする。
　2）それを他のチームメンバーが隣室からワンウェイ・ミラーを通して話し合いを観察する。
　3）担当者は，隣の部屋で他のチームメンバーとカウンセリングの方針について話し合う。
　4）チームメンバー全体で出た新しい見解を家族に示す。
　この方法では，次のような問題点が生じた。一つには，アンダーソンとグーリシャン（1997）が指摘したように，チームメンバー（セラピストたち）とクライエントとの間に「権力関係」が生まれたことである。つまり，チームメンバーは，「専門的な知」があるという思いがあるため，「知識・経験の豊富な者が，未熟な家族に込む」という「権力関係」が構築された。そのため，チームメンバーは，家族の「語り」を十分に聴かず，家族の中には反発するものも出てきた。二つには，チームメンバー内にも，「権力関係」が生まれたことである。つまり，セラピストの力は決して平等ではないため，チームメンバー内で一つの方針をまとめようとした時，チームメンバー内で争いが生じ，「権力関係」が生まれてしまった。
　そこで，アンデルセンは，チームメンバーとクライエント，チームメンバー内の「権力関係」を弱める装置として，カウンセラーの場を次のように変更した（アンデルセン 2001）。
　1）家族と担当セラピストが面談をする。
　2）それを他のチームメンバーが隣室からワンウェイ・ミラーを通して話し合いを観察する。

3) 担当者が隣の部屋で他のチームメンバーと話し合うのを，<u>家族が観察する。</u>

　※クライエントと他のチームメンバーは直接会話をしない
4) 家族と担当セラピストが面談する。

　（このようなプロセスを1回から数回繰り返す）

チーム，家族の変化

　以上みたように，家族を「観察される」だけの立場から，「観察もする」立場に変更した。つまり，カウンセラー室の「空間的構造」を変えた（野口 2002）。そのことが，面接室は劇的に変化させることになる。アンデルセン（2001）によれば，まず，「セラピストの変化」である。一つ目の変化は，チームメンバーの「語り」が変化したことである。家族に「教え込む」という姿勢が崩れ，断定的な言葉づかいが減った。また，言葉づかいが専門家の言語から日常の言語に変化したという（アンデルセン 2001）。二つ目の変化は，チームメンバーの「聴き方」が変化したことである。家族の「語り」を真剣に聴くようになったという。後でみられるという意識が，「聴き方」の変化を生んだと考えられる。さらに，三つ目の変化は，家族への「態度」が変化したことである。これまでは，家族が見ていないという意識が横柄な態度を生んでいた。これら三つの変化は「観察される」というチームメンバーの意識の変化が生みだしたものであろう。

　次に，「家族の変化」である。クライエントがセラピストたちの考えを相対的に捉え，「問題」を違った視点からを眺められるようになったことが考えられる（アンデルセン 2001）。野口（2002）は，この状態を，クライエントの位置が「メタ・ポジション」の位置に変化したからだと説明している。つまり，「観察する＝みる」という行為が，自分の「問題」を相対化させ，「問題」に対して距離を持ってみることを可能した。一時的にせよ，クライエントを「当事者」の位置から離れさせたといえよう。また，このようなプロセスを繰り返すことで，クライエントは，セラピストによる多様な物語と接することができ，そのことも，自分の「問題」を相対化

して眺めることを可能にしたといえよう。

語り直しが起きる要因

　以上のことから，「自己物語」の語り直しが起こるための要因として，次のようなことが考えられる。一つに，「権力関係」の変化である。常に，チームは「観察する側」であり，家族は「観察される側」であった。「見る―見られる」という関係の固定化は，「ものの見方」の固定化へと繋がり，「権力関係」を生む。「より優れた問題解決力を持った」スーパーバイザーが，セラピストを指導し，その指導を受けたセラピストが「知識や経験の乏しい」クライエントに教え込むという一方向の関係性を作り出し，そして，「専門家―非専門家」という「権力関係」を生んでいた。ところが，専門家が「観察される」，クライエントが「観察する」という場の設定が，このような「権力関係」，及び「ものの見方」を壊す装置として働いたといえる。お互いが「観察される」という対等性が，セラピストには，1）専門家の使う言語を使わず，断定的な表現が減る，2）家族の「語り」を真剣に聴くようになる等，クライエントには，3）自分の「問題」を相対化してみる。4）一時的に，「当事者」の位置から降りる，のような変化を生み出したといえる。

　このような「専門家―非専門家」の対等性は，アンダーソン・グーリシャン（1997）の「無知の姿勢」，シャロン（2011）やクラインマン（1996）の患者の語りを聴き取る姿勢にも通じる考えである。「リフレクティング・プロセス」は，この高度な専門性を，「語られた場」の空間的構造を変えることで実現させようとした点に特徴があるといえる。

　もう一つ重要なのが，自由な「自己内対話」（自分自身との対話）の保障である。次のページの図2に示すように，家族（1, 2＝クライエント）は，まず，セラピストと対話（他者対話）をする。続いて，家族（1,2）は，チーム（A，B……）専門家による他者対話を「観察する」ことになる。このことをアンダーソンは，「内的会話」と呼び，「他者との会話を聞いているあいだ，私たちは『内的会話』において自分自身と語るのである。」

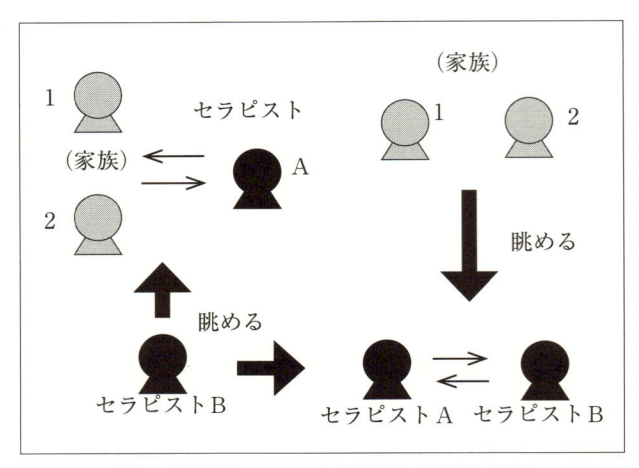

図2 「会話についての会話」を眺める場

（Andersen 1995, p.18）と述べている。つまり，「観察する」時間をクライエントにとっての自由に「自己内対話」（内的会話）を行う時間と位置づけている。

　では，自由で安心した「自己内対話」をどうやって保障するのか。そのための装置が，「チームメンバーがクライエントに対して，直接，話しかけることはできないしくみ」と考えられる。専門家であるチームとクライエントの間には，お互いが「観察される」という対等性を担保しても，心理的「権力関係」は残る。そこで，この両者を切断することで，チームメンバーの「語り」に対して，反論もできないが，指示に従う必要もなく，クライエントの自由な「自己内対話」を保障する装置にしている。矢野は，ルーマンを援用し，「ルーマンは，コミュニケーションに基づく社会システムと意識に基づく心的システムとが高度に相互依存しつつも，互いに完全に自律的システムであると論じる。そこでは，それぞれのシステムの作動上の閉鎖性こそが，あらゆるものについての意識可能性やコミュニケーション可能性を実現することになる。」（矢野 2008, p.11）と述べ，さらに，この両者の切断こそが「クライエント側は，リフレクティング・チームに

おいて示される多様なコミュニケーションのどの断片についてでも自由に考えたり，考えなかったりすることが可能なのであり，そこからどのようなコミュニケーションを展開していくのかについて，セラピスト側がもくろむプランに拘束されてしまうことはないのである。」(同上書，p.13)，とリフレクティブ・プロセスの特徴を述べている。

　クライエントは，この「自己内対話」を経て，もう一度，セラピストたちとの「他者対話」が準備されることになる。セラピストと家族，チームメンバー内の会話から生じた新しい見方・考え方から，自分にとって必要なものを自由に選択し，それらを手がかりに「自己物語」を語り直すことが可能となる。双方が「観察する」という空間的構造の変更は，「権利関係」を壊すための有効な装置といえよう。また，そのため，チームメンバーの会話には，「優れたアイディアを出し，ある方向に導かなければ……」というような考えもなく，具体的な「コミュニケーション過程」も特別示されていないのも特徴である。

　次のことが示される。
1）カウセラー室の「いま，ここ」で語りが〈語られている場〉の「に注目する。「カウンセラー室という場の空間的構造（クライエントと専門家の双方が「観察される」という構造）に変えることで，クライエントと専門家の「権力関係」が弱まり，「未だ語られていない」出来事・経験が引き出され，対話を通して，新たな物語を立ち上がることが示された。
2）具体的には，次のような過程」を経ることが示された。
　　ア）①家族とセラピスト面談を専門家チームが「観察」→②専門家チームが「自分たちの面談」について話し合う＝「会話についての会話」を家族が「観察」。双方が『観察される』という「空間的構造」に変更する。しかも，家族とチームとの直接対話は切断。
　　イ）双方が「観察される」という空間的構造の変化が，クライエントと専門家チームの「権力関係」を最小限に変える。

ウ)「権力関係」を最小限に変えることで，クライエントの「未だ語
　　　られていない」出来事や経験を引き出される。
　　エ)引き出された出来事や経験を，対話を通して，共同で意味づけ直
　　　し，新たな「物語」を立ち上げる。
　「カウンセラー室という〈語られている場〉」に注目するアンデルセンの
「空間的構造」の変更は，これも，セラピストによる「外部の物語」が，
安易にクライエントの「内部の物語」にすり替わらないための手続きとい
える。つまり，ア)，イ)，ウ)は，クライエントの内部に生じた「揺らぎ」
「裂け目」を表出しやすいようにするための手続きであり，ウは，生じた
「揺らぎ」「裂け目」を，共同で克服するための手続きといえる。

3-4 「相互作用」と「道具」に注目して
──〈「自己物語」と「外部の物語」とのズレ（タイプ2のズレ）〉
　の場合、定義的祝祭──

　ホワイトは，外部の物語（他者の物語）を積極的に利用している。「定義
的祝祭」「アウトサイダーウィトネス」と呼ばれている実践である（ホワイ
ト 2000, 2004, 2009）。「定義的祝祭」とは，「アウトサイダーウィトネス
（外部の証人）として注意深く選ばれた聴衆の前で，自分の人生物語を語っ
たり上演したりする機会を人々に提供する。」（ホワイト 2009, p.142）と述
べられている。もともと，この「定義的祝祭」は，文化人類学者のバーバ
ラ・マイアホフ（Myerhff 1982）が使った用語である。ユダヤ人高齢者
が，コミュニティメンバーの前で自分たちの人生のストーリーを語り，語
り直す，上演し，上演し直す。そういう機会を得ることで，ユダヤ人高齢
者は，自分の実存感覚を回復し再活性化していった。このように自らの存
在を他の人の前に触れさせ，自らの言葉でもって再登場する機会を提供す
る（Myerhoff 1986, p.267），これを「定義的祝祭」と呼んでいた。
　ホワイトは，このアウトサイダーウィトネスを人為的に作り出し，「定
義的祝祭」を治療実践に利用した（ホワイト2000, 2004, 2009）。アウトサイ

ダーウィトネス（外部の証人）としては，初めは，家族や友人ネットワーク，学校や職場環境，隣人や馴染みの人，相談者の知らない人，カウンセラー仲間たちが選ばれていたが，だんだん，以前相談を受けた人たちがボラィティアで積極的に参加するようになった（ホワイト 2009, p.153）。アウトサイダーウィットネス（外部の証人）も，証人として聴くだけでなく，「自分の物語」を語るようになる。聴衆の「語り」が，クライエントの「自己物語」の語り直しに，大きな影響を与えることが明らかになった（ホワイト 2009, p.152）。

　ホワイト（2009）によれば，「定義的祝祭」次のような三つの過程を踏むという。

　第一段階では，セラピストが相談に来た人々にインタビューする一方，アウトサイダーウィットネス（外部の証人）は聴衆としてその会話を聴く。つまり，クライエントによって生成された「自己物語」をアウトサイダーウィットネス（外部の証人）が聴く段階である。第二段階では，アウトサイダーウィットネス（外部の証人）が，クライエントの「自己物語」について，コメントを述べる段階である。ここでは，アウトサイダーウィットネス（外部の証人）は，セラピストの質問に導かれながら，四つのカテゴリーについて，この順でコメントを述べることになる。

1）「クライエントの物語」の心を惹かれた部分の語り直し，共鳴した部分，何によって心を動かされたかを語る。どんな表現（どの言葉，どの文，どの行為）からそう感じたかを語る。〈ホワイトはこの過程を「表現」と呼ぶ〉

2）会話を聞いた時，あなたに浮かんだイメージ，一番心を動かされた表現によって喚起されたイメージを語る。〈ホワイト（2009）はこの過程を「イメージ」と呼ぶ〉

3）自分の人生経験という文脈の中に位置づけ，思い出した出来事や経験（個人的経験）を語る。
　そうすることで，「具体化された興味」となる。〈ホワイト（2009）はこの過程を「共鳴」と呼ぶ〉

4）その個人的経験によって，どこへ連れていかれたかを語る。（出来事の新たな意味づけ）

　〈ホワイト（2009）は，「忘我」と呼ぶ：心を動かされ，我を忘れ，新たな場所へ運ばれる意味〉

　この間，クライエントは，アウトサイダーウィットネスたちの会話を黙って聴くことになる。アンデルセンのリフレクティング・プロセスと同じように，クライエントとアウトサイダーウィットネスが直接対話をすることはない。

　第三段階では，アウトサイダーウィットネス（外部の証人）はもう一度聴衆に戻り，クライエントは，アウトサイダーウィットネスの「語り」を経て，もう一度自分の「自己物語」について語り直す機会を得る。クライエントは，アウトサイダーウイットネス（外部の証人）の四つのカテゴリー（表現，イメージ，共鳴，忘我）の順に語り直しをする。ここでの「イメージ」はアウトサイダーウィットネスの語りによって喚起された自分自身の人生のイメージ（メタファ，心的映像）である（ホワイト 2009, pp.158-168）。

　以上のように，「定義的祝祭」は，この三つの段階（クライエントの「自己物語」の語り→　アウトサイダーウィットネスの語り→クライエントの「自己物語」の語り直し）及び，第二段階，第三段階の四つのカテゴリの「語り／語り直し」からなる。この中でも中心となるのが，アウトサイダーウィットネス（外部の証人）の「語り」である。そこで，アウトサイダーウィットネス（外部の証人）の語りをもう少しく詳しく考察することとする。

　アウトサイダーウィットネス（外部の証人）は，好きなようにコメントを述べるのではない。ホワイトは，「元々の語りのうちでアウトサイダーウィットネスが心を惹かれた部分の語り直しである」（ホワイト 2009, p.158），「人々が価値を見出す事柄をそれが当人たちに強く共鳴する仕方で再提示する。」（同上書 p.159）と述べている。また，以下のものは必要がないとも述べている，少し長いが引用する。

　「肯定すること，祝福すること，ポジティブな事柄を指摘すること，力や

資源に焦点を当てること，道徳的判断を下すこと，あるいは人生を文化的
規範に照らして評価すること（その判断や評価がポジティブあれネガティ
ブであれ），他者の人生を解釈し仮説を立てること，人々の問題解決を狙っ
て介入を行うこと，アドバイスをしたり道徳的訓話ないし説教をすること，
人々の人生の出来事をリフレイミングすること……後略……」（ホワイト
2009, p.159）

　クライエントの「自己物語」を評価・判断するのではないということで
ある。一つには，その受け答えは，アウトサイダーウィットネス（外部の
証人）自身の生きられた経験という文脈の中に位置づけ，感じたこと，気
付いたことを語ることであろう。それは，治療的文脈には，権力関係があ
るため，その権力関係を最小限にするための装置でもある。もう一つは，
アウトサイダーウィットネス（外部の証人）が喚起したイメージや個人的
経験はクライエントによってもたらされた，という理解を明確にすること
であろう（ホワイトは「脱中心化」と呼んでいる，2004, p.167）。つまり，ク
ライエントの「自己物語」をきっかけに，どの表現に心を動かされ，自分
はどんなイメージや個人的経験を想起したのか，そのことが今の自分にど
んな新たな学びや意味づけを与えたのか，自身の「自己物語」の語り直し
を語ることである。
　このように，ホワイト（2000, 2004, 2009）の「定義的祝祭」は，アンデ
ルセン（2001）のリフレクティブ・プロセスとよく似ている。「外部の物
語」を積極的に活用しようとしている点，そのために，空間的構造を変更
し，「権力関係」を最小にしようと工夫している点は共通である。しかし，
「定義的祝祭」では，「外部の物語」（この場合，アウトサイダーウィットネ
スの「自己物語」の語り直し）の具体的なコミュニケーションに注目してい
る点が大きな違いである。その結果，アウトサイダーウィットネスの「自
己物語」の語り直しが起こった時，アウトサイダーウィットネス（外部の
証人）の語り直しがクライエントの「語り直し」に貢献できることになる。
　以上のことから，次のことが示された。
　1）クライエントの語り（外部の物語）を媒介に，アウトサイダーウィッ

トネスの「自己物語」の語り直しが起きることが示された。

2）聴衆（アウトサイダーウィットネス）の「自己物語」の語り直しを媒介に，クライエントの「自己物語」の語り直しが起きることが示された。つまり，「他者の物語」は「外部の物語」として権力装置にもなるが，「自己物語」の語り直しに貢献する可能性があることが示された。

3）カウンセラー室という場の構造を，① クライエントの語り（聴衆は観察）→② 聴衆の語り直し（クライエントは観察）→③ クライエントの語り直し（再び聴衆は観察）と，「空間的構造」を変更し，クライエントとアウトサイダーウィットネスとの「権力関係」を弱くすることで，クライエント及びアウトサイダーウィットネスの語り直しが起きる可能性が高まることが示された。

4）他者の「語り」を媒介として，「自己物語」の語り直しが生じるためには，次の①から④の過程〈コミュニケーション過程〉を必要とすることが示された。

① 語られた表現から心が揺さぶられた出来事を語る。（表現）

② 一番心を動かされた表現によって喚起されたイメージを語る。（イメージ）

③ 自分の人生経験という文脈の中に位置づけ，思い出した出来事や経験（個人的経験）を語る。（共鳴）

③ その個人的経験によって，どこへ連れていかれたかを語る。（忘我）

　①②は，「外部の物語」を媒介に他者の視点を自分の中に取りこみ，「私の中の他者」と「私」との自己内対話を生じさせるための手続きである。それに対して，③④は，「外部の物語」を媒介に，「外部の物語を経験した私」の視点を自分の中に取りこみ，「私の中の『外部の物語を経験した私』」と「今までの私」との自己内対話を生じさせるための手続きである。

5）他者の「語り」についての「語り／語り直し」は，次の点に留意する必要があることが示された。

　　○ 自身の生きられた経験という文脈の中に位置づけ，感じたこと，
　　　気付いたことを語ること
　　○ 喚起したイメージや個人的経験はクライエントによってもたらさ
　　　れた，という理解を明確に持つこと（脱中心化：「他者の視点」，「他
　　　者との関わり」からという意味）

　ホワイトの聴衆（アウトサイダーウィットネス）を利用した「定義的祝祭」
は，アンデルセン（2001）とは違う新たな提起が浮かび上がる。それは，
アンデルセンのリフレクティング・プロセスが専門家チームの会話を通し
て，クライエントの語り直しが立ち上がっているのに対して，ホワイト
の「定義的祝祭」では，クライエントの「語り」を媒介として，聴衆（ア
ウトサイダーウィットネス）自身の「自己物語」の語り直しが立ち上がって
いる点である（さらに，聴衆の語り直しを媒介として，クライエントの語り直
しが立ち上がっている）。
　聴衆は，「問題」を抱え，セラピストの所へやってきたのではない。ク
ライエントに比べ，「自己物語」に対する意識は低いはずである。現在，
内部に「揺らぎ」や「ズレ」を持っているわけではない。ところが，「ク
ライエントに何か貢献したい」という立場で参加し，クライエントの「語
り」を聴き，セラピストからの質問を受け，四つのコミュニケーション過
程を経る中で，自身の「自己物語」の語り直しが立ち上がったのである。
クライエントの「語り」を媒介として，「語られぬ」出来事・経験に気付き，
そこに新たな意味を見出している。そして，その聴衆の語り直しが，クラ
イエントの語り直しに影響を与えている。
　文学の「読み」の授業を公的な場で自己を語り合う場（石井 2003）と捉
えるならば，文学作品という語り手による「語り」を聴き，自己の「物語」
を語り直し合うことが求められ，「定義的祝祭」実践と極めて類似してく
る。その点から考え，ホワイトの「定義的祝祭」は，文学作品を媒介とし
た「自己物語」の語り直す授業を構想する上で，極めて，参考になる事例
といえよう。

3-5 ナラティブ・アプローチから得られた知見

　以上の四つのナラティブ・アプローチの実践事例から得られる知見を示す。第一に，「語られた物語」に回収されない「語られぬ」出来事・経験を引き出すことで，「自己物語」の語り直しが起きることが示された。これらの四つの実践の共通した認識は，「ある語りが別の語りを隠蔽している」という認識である。つまり，語られた「自己物語」は，複数の「物語」の中の一つにすぎず，常に，他の「物語」の可能性が隠蔽されている。だからこそ，「語られた物語」に回収されていない「語られぬ」出来事・経験に注目し，それらを引き出すことで，新たな物語に語り直すことが可能となるという理論構築がされているといえる。

　第二に，「語られぬ」出来事・経験を引き出す方法として，二つの場に注目することが示唆された。一つは，〈位置づけられた場〉，もう一つは，〈語られた場〉である。ホワイトとエプストンは，「自己物語」が〈位置づけられた場〉に注目している。それに対して，アンダーソンとグーリシャン，アンデルセン及びホワイトの「定義的祝祭」は「いま，ここで」の「自己物語」が「語られた場」に注目している。前者では，「自己物語は，時代や文化の中に位置づけられ，『……すべき』という時代や文化が要請する支配的な物語の影響を受け，生成される」という認識がある。そのような「外部の物語」（時代や文化の物語）の影響を受けた「自己物語」の「クライエントと家族の会話」（物語世界の登場人物）に焦点を当て，「生きられた経験」の中から，語られた物語の背後に隠蔽された「ユニークな結果」を引き出すことで，新たな物語が立ち上がらせようとする。

　それに対して，後者は，「いま，ここで」の「語られた場」に注目し，そこで形成される語り手と聴き手との「権力関係」を最小限にしようとする。それは，セラピストの「外部の物語」がクライエントの「内部の物語」として自動化しないための装置であり，そうすることで，クライエントが，「未だ語られていない」出来事・経験を自由に安心して語ることができる

と考えるからであろう。アンダーソン・グーリシャン（1997）は，「語られた場」の「クライエントとセラピスト（専門家）の会話」（語り手と聴き手の会話）に注目し，「語られた場」の専門家の姿勢を「無知の姿勢」（クライエントこそ，専門家という姿勢）に変えることで，クライエントとセラピスト「権力関係」を最小にし，「未だ語られていない」出来事・経験を引き出そうとする。アンデルセン（2001）やホワイト（2000, 2004, 2009）は，「セラピスト同士や聴衆としてのアウトサイダーウィットネス同士（外部の証人）の会話」（聴き手同士の会話）に注目し，「空間的構造」（クライエントだけが「観察される」構造→双方が「観察される」構造へ）の変更やクライエントとセラピスト，クライエントと聴衆（アウトサイダーウィットネス）が直接対話をしない，ように変えることで，クライエントとセラピスト，クライエントと聴衆の「権力関係」を最小にし，「未だ語られていない」出来事・経験を引き出し，新たな物語の語り直しを起こそうとする。

　三者の実践は，「権力関係」に敏感であり，それらを最小限にすることで，「語られぬ」出来事・経験を引き出し，「自己物語」の語り直しを起こそうとしている点が共通である（野口 2002）。ホワイト・エプストン（1992）は，「自己物語」が「位置づけられた場」における時代や文化による支配的な「外部の物語」（＝社会的物語）としての「権力性」，それに対して，ホワイトの「定義的祝祭」，アンダーソンとグーリシャン，アンデルセンらは，「自己物語」が「語られた場」における専門家や他者による「外部の物語」（＝他者の物語）としての権力性という違いはあるものの，これらの装置は，それらの「権力性」を弱め，クライエントが自由に安心して「自己物語」を語り直す「場」にするための不可欠な装置といえよう。つまり，ホワイト・エプストン（1992）の実践は，〈出来事と「自己物語」のズレ〉（タイプ1のズレ）であると，同時に，時代や文化による〈「自己物語」と「外部の物語（＝社会的物語)」のズレ〉（タイプ2のズレ）ということになる。それに対して，それ以外は，〈「自己物語」と「外部の物語（＝他者の物語)」のズレ〉（タイプ2のズレ）の実践といえよう。そう考えると，多くの人に求められている力は，〈「自己物語」と「外部の物語（＝他者の

物語）」のズレ〉（タイプ2のズレ）の中で，「自己物語」を語り直す力といえる。

表1　ナラティブ・アプローチの四つの実践の注目する「場」

	注目する会話	位置付けられた場	語られた場
① ホワイト・エプストン（タイプⅠ，Ⅱ）	登場人物	○ユニークな結果	
② アンダーソン・グーリシャン（タイプⅡ）	語り手／聴き手		○無知の姿勢
③ アンデルセン（タイプⅡ）	聴き手同士		○空間的構造
④ ホワイト「定義的祝祭」（タイプⅡ）	聴き手同士		○脱中心化

注）②③④は，〈「自己物語」と「外部の物語」のズレ〉（タイプ2のズレ）の実践。
　　①は，〈出来事と「自己物語」のズレ〉（タイプ1のズレ）と（タイプ2のズレ）の両方を含む

【第2章で得られた知見】

1）人生における「自己物語」の語り直しを必要とする場には，〈出来事と「自己物語」とのズレ〉と〈「自己物語」と「外部の物語」とのズレ〉の二つのタイプがあることが示された。

2）「自己物語」の語り直しは，以下の二つのズレの過程を媒介にして起こることが示された。

　① 〈出来事と「自己物語」とのズレ＝タイプ1のズレ〉，〈「自己物語」と「外部の物語」とのズレ＝タイプ2のズレ〉を媒介にし，「自己物語」の機能不全や揺らぎを生み，内部に亀裂や裂け目（出来事と出来事のズレ）が生じる過程。

　② で生じた〈出来事と出来事のズレ〉を媒介にし，そのズレを克服しようとして，「自己物語」の語り直しが起きる過程。

3）「自己物語」に回収されていない出来事や経験（ユニークな結果，語ろうとして語れなかった出来事・経験）に注目し，それらを引き出し意味づけ直すことで，新たな物語が立ち上がることが示された。

4）「語られぬ」出来事・経験を引き出すには，「物語」が〈①位置づけられた場〉，〈②語られた場〉に注目し，場の権力性を弱める（例：無知の姿勢，空間的構造の変化）ことで，「語られぬ」出来事・経験が引

き出されることが示された。

5）「他者の物語」を一つの〈道具（媒介）〉とし、「①表現する→②イメージ化→③共鳴（自分の未だ語られていない経験の引き出す）→④忘我（経験の新たな意味づけ）」という四つの〈コミュニケーション過程〉を経ることで「自己物語」の語り直しが生じることが示された。

3-6　総合考察

　ホワイトのコミュニケーション過程を，文学作品の「読み」の授業に生かすという視点から考察する。表2に示すように，ホワイト（2009）以外は，語り直しの過程は示されてない。だが，四つの実践は，「語られた物語」に回収されていない「語られぬ」出来事・経験に注目し，それらを引き出すことで，新たな物語に語り直す点では，どの実践も共通である。つまり，どの実践もホワイトの③共鳴＝1）「語り得ぬ」出来事・経験の引き出し，④忘我＝2）出来事・経験の意味づけ直し，の二つの過程を行っている。「自己物語」の語り直しには，1）「語り得ぬ」出来事・経験の引き出し，2）出来事・経験の意味づけ直し過程は，不可欠な過程といえる。そうすると，なぜ，ホワイト実践では，①②の過程が必要だったのだろうか。

　それは，次のように考えることができる。「定義的祝祭」のアウトサイダーウィットネス（外部の証人）は，かつて同じような「問題」を抱えていたが，他の実践のクライエントとは違って，現在，自身が「問題」を抱えているわけではない，という位置にいる（表3）。つまり，アウトサイ

表2　ナラティブ・アプローチの四つの実践の「コミュニケーション過程」

	過　　程	空間的構造
① ホワイト・エプストン	三つ過程	特別なし
② アンダーソン・グーリシャン	特別なし	特別なし
③ アンデルセン	特別なし	三〜四段階
④ ホワイト「定義的祝祭」	四つの過程	三段階

表3　クライエントの立場

	場	立　　場
① ホワイト・エプストン	ユニークな結果（場）	当事者
② アンダーソン・グーリシャ	無知の姿勢（場）	当事者
③ アンデルセン	空間的構造（場）	当事者 ＋（セラピストチーム）
④ ホワイト「定義的祝祭」	空間的構造（場）	かつてのクライエント （セラピストたち）

　ダーウィットネス（外部の証人）は，自己の視点から，クライエントの「物語」聴き，「自己物語」に回収してしまうような聴き方はしないが，内部に「揺らぎ」や「ズレ」生じているわけでない，といえよう。このような状態だからこそ，①語られた表現から心が揺さぶられた出来事を語る（表現），②一番心を動かされた表現によって喚起されたイメージを語る（イメージ），の二つの過程が必要だったと考える。つまり，クライエントの「物語」を「クライエントになって」，クライエントの視点から聴く。そうすることで，「クライエントの物語」が立ち上がる。次に，クライエントの位置から離れ，「クライエントの物語」と「自己物語」を対置させる。こういう流れを経て，内部に「揺らぎ」や「ズレ」が生じる。そのための手続きとして，①，②の過程が必要だったと考えられる。学校教育の学習者の位置は，アウトサイダーウィットネスの位置に近い。当事者でない位置から作品を読むことになる。その意味からも，ホワイトのコミュニケーション過程は，文学教育を媒介とした語り直しの授業に参考になると考える。

　次に，四つの実践を次の三つの視点から捉え直す。第一の視点は，〈場〉である。「自己物語」は二つの場の中に埋め込まれている。一つは，その「物語」が〈位置づけられた場〉である。「自己物語」は，常に，時代や文化の影響を受けて生成される。近代においては，「大きな物語」がドミナントストーリとして，個人の「物語」の前に立ち現れていた。ポスト近代以後は，「大きな物語」が終焉し，「小さな物語」との関わりの中，周りの

目を気にしながら,「自己物語」が生成されている。もう一つは,その「物語」が〈語られる場〉,「いま,ここ」の場である。「自己物語」は常に,語られた場,心理療法ならば,カウンセラー室という場,学校ならば,教室という場,それぞれの場の「権力関係」の影響を受けながら生成される。このような二つの「場」の「権力関係」を捉える視点が必要であろう。ある言葉が人の思考や行為を制約する。ある時代や社会の言説が自明のこととして,人を支配する。この権力作用に敏感になり,権力作用を弱める手立てが必要である。ホワイト・エプストン(1992),アンダーソン・グーリシャン(1997),アンデルセン(2001),ホワイト(2000, 2004, 2009)らの実践は,〈場〉の権力性という視点の重要性を示唆している。

第二の視点は〈道具〉である。人は予期せぬ出来事,喪失,転機等,「自己物語」に回収できない出来事に出会った時,自己物語の背後にある時代や文化の支配的な物語(ドミナントストーリー)の存在,さらに,その影響を受け,生きている自分に気付く。結局,物語ることで,この世界を意味づけ,語り聴き合うことで,固有の意味世界をわかりあっていながら,出来事や「外部の物語」を媒介としない限り,あるいは,「自分はだれか」と問わない限り,人は,なかなか「自己物語」を意識し,自覚化しようとはしない。当然,「自己物語」を自覚化しない限り,「自己物語」の語り直しは起こらない。つまり,「自己物語」を語り直すためには,「外部の物語」を〈道具(媒介)〉として,「自己物語」を自覚させ,対置させる段階が不可欠であることを,これらの実践は示唆している。そう考えるならば,「外部の物語」を〈道具」(媒介)〉として,意図的に立ち上げ,対置させることで,クライエントを対象とした心理療法以外の分野でも,例えば,教育現場にも,これらの理論を援用し,「語り直す力」を育てることが可能になるといえよう。当然,そのためには,心理療法とか学校教育との違いを明確にすることも必要となろう。

第三の視点は,〈コミュニケシーション過程〉である。クライエントは,自分の周りで起こった出来事や「外部の物語」とのズレを感じ,セラピストのもとを訪れる。ナラティブ・アプローチでは,時代や社会に覆ってい

る支配的な物語（ドミナントストーリー），あるいは，「いま，ここで」の専門家としての「専門知」の中に内在する支配的な物語（ドミナントストーリー）が「問題」や「症状」を生み，持続させると考え，その「権力関係」を弱めることで，クライエントの中から新たな「自己物語」を立ち上げようとしてきた。アンダーソン・グーリシャン（1997）は，専門家としてクライエントを「客観的」に診断する言葉の中に権力性を感じ，〈コミュニケーション過程〉そのものの変更ではなく，セラピストの態度，「無知の姿勢」を取ることを主張した。同じように，アンダーソン（2001）は，専門家同士の言葉の中の専門用語の使用，失礼な表現等の中に，権力性を感じ，「コミュニケーション過程」そのものではなく，「空間的構造」を変更することで，権力性を弱めようとした。ホワイト（2009）は，具体的な四つのコミュニケーション過程を示し，「自身の生きられた経験という文脈の中に位置づけ」話す，「喚起したイメージや個人的経験はクライエントによってもたらされた」，という関わりから話す，ことで，権力性を弱めようとした。

　「語り得ぬ」出来事・経験を引き出す方法は，違っているが，〈語られた場〉の〈コミュニケーション過程〉に注目している点は共通である。「自己物語」が共同行為であり，語り手と聴き手による共著である以上，〈コミュニケーション過程〉は重要な視点といえよう。

　得られた知見をもとに，第3章では，「語り直す力」を育てる文学の「読み」の授業を構想するための理論構築を行う。

注
1）やまだ（2007）は，「距離化」には静観的認識（〔ここ〕にいながら，遠くを視野にいれるものの見方）と，主体の居場所（ここ）から，時間的空間的に遠く離れることができる記号化が必要と述べている。

第3章
「語り直す力」を育成するための理論構築2
——「語り直す力」を育てる文学の授業の理論構築——

　第3章の目的は，先行研究の知見及び課題を踏まえ，「語り直す力」を育てる文学の授業の理論を構築することである。そのために，まず，第1節では，ナラティブ・アプローチから得られた知見を，教育に援用する際の課題を明らかにする。第2節では，「語り直す力」育成の視点から，国語教育の先行研究を検討し，課題を明らかにする。第3節では，「語り直す力」育成をなぜ，文学教育で行うのかを論じる。第4節では，先行研究の知見及び課題を踏まえ，「語り直す力」を育てる文学の授業の理論を構築する。

1　「語り直す力」育成の視点からみた先行研究の検討1

　本節の目的は，第2章で得られた知見を教育に援用する際の課題を明らかにすることである。
　そこで，1）内面の「問題」の有無，2）「クライエント—セラピスト」と「教師—子ども」の関係の差異，の二点に注目した。

1-1　教育学とナラティブ・アプローチの共通点——物語としての自己——

　ナラティブでは，人間の世界に対する理解を次のように捉える。1）人間は「物語る」存在であり，自分の周りに起こった出来事を結び付け，筋

立てる行為によって，この世界を認識しようとする。出来事の固有の意味を生成し，経験を組織化しようとする。また，2）その「物語」を聴き取ることで，他者の固有の意味ある世界を共有しようとする。そして，3）人間は，ナラティブを媒介として，現実を構成していく。

　また，ナラティブでは，自分自身を次のように捉える。1）人間は，誕生と死という「間」を，出来事を筋立て，意味づけながら生きている。つまり，人間は，人生という「物語」を生きていると捉える。レインは「自分のアイデンティティとは，自分が何者であるか自己に語って聞かせる説話（ストーリー）である」（レイン 1975, p.110）と述べている。2）実体としての私が存在し，その私が私についての「物語」を物語るのではなく（野平 2010），人生という「自己物語」を語り，他者に聴いてもらうことで，初めて，自己が立ち上がる。つまり，「自己物語」を語り聴き合う中で，自己が構成され，「自己物語」を語り直すことで，自己が語り直されると捉える。

　「人間の生き方」の生成や変容に関わる学問である「教育学」が，ナラティブ（物語，語り／語り直し）を研究対象，研究方法あるいは，実践方法とするのは，ごく当然であろう。教育において，ナラティブを研究対象，研究方法，実践方法としたものが増えつつある（皇 1996a, 1996b；鳶野 1994, 1997；毛利 1996a, 1996b；矢野 2000a；Connelly & Clandinin 1999）。ここまでは，教育学も「ナラティブ・アプローチ」も差異はない。

1-2　ナラティブ・アプローチから得られた知見を教育に援用する際の課題

　クライエントの「自己物語」の語り直し（ナラティブ・アプローチ）と子どもの「自己物語」の語り直し（教育）には，当然，差異がある。ナラティブ・アプローチから得られた知見を教育に援用する際の課題を考察する。第2章で得られた知見，1）から5）を示す。

　1）人生における「自己物語」の語り直しを必要とする場には，〈出来事と「自己物語」とのズレ〉と〈「自己物語」と「外部の物語」とのズ

レ〉の二つのタイプがあることが示された。

2)「自己物語」の語り直しは，以下の二つのズレの過程を媒介にして起こることが示された。

　①〈出来事と「自己物語」とのズレ＝タイプ1のズレ〉，〈「自己物語」と「外部の物語」とのズレ＝タイプ2のズレ〉を媒介にし，「自己物語」の機能不全や揺らぎを生み，内部に亀裂や裂け目（出来事と出来事のズレ）が生じる過程。

　② で生じた〈出来事と出来事のズレ〉を媒介にし，そのズレを克服しようとして，「自己物語」の語り直しが起きる過程。

3)「自己物語」に回収されていない出来事や経験（ユニークな結果，語ろうとして語れなかった出来事・経験）に注目し，それらを引き出し意味づけ直すことで，新たな物語が立ち上がることが示された。

4)「語られぬ」出来事・経験を引き出すには，「物語」が〈①位置づけられた場〉，〈②語られた場〉に注目し，場の権力性を弱める（例：無知の姿勢，空間的構造の変化）ことで，「語られぬ」出来事・経験が引き出されることが示された。

5)「他者の物語」を一つの〈道具（媒介）〉とし，「①表現する→②イメージ化→③共鳴（自分の未だ語られていない経験の引き出す）→④忘我（経験の新たな意味づけ）」という四つの〈コミュニケーション過程〉を経ることで「自己物語」の語り直しが生じることが示された。

1-2-1　子どもの内部に，「揺らぎ」「ズレ」を生じさせることの必要性

　教育に援用する際の課題の一つ目は，「子どもの内部に「揺らぎ」「ズレ」を生じさせることの必要性」である。【課題①】教育においても，「自己物語」の語り直しが起きるためには，1）から2）に示したように，〈出来事と「自己物語」とのズレ〉や〈「自己物語」と「外部の物語」とのズレ〉のように，出来事や外部の物語を媒介として，「自己物語」の機能不全や「揺らぎ」を生み，内部に亀裂や裂け目（出来事と出来事のズレ）が生じる必要がある。そして，その亀裂や裂け目が新たな「自己物語」を立ち上げ

るための原動力となる。この原理は，子どもの「自己物語」の語り直しも同じといえよう。

　しかし，ナラティブ・アプローチと教育とでは，次の点が異なる。その一つは，クライエントは，周りの出来事や外部の物語を介して，内部に「揺らぎ」や「ズレ」を感じ，「問題」を抱えて，セラピストの所にやってくる。それに対して，子どもは，「問題」を抱えて，授業に参加するわけではない。つまり，子どもの内部に「揺らぎ」や「ズレ」は生じていなく，そもそも「自己物語」も意識されていない。そのため，教育では，意図的に外部の物語（例えば，文学作品，他者等を一つの道具にする）を立ち上がらせ，「自己物語」を自覚させ，他者と関わる中で，子どもたちの内部に，「揺らぎ」や「ズレ」を生じさせる過程が不可欠であり，より他者との関わりが求められるといえよう。その点に関しては，5）に示した，クライエントの「語り」を一つの〈道具〉とし，アウトサイダーウィットネス（外部の証人）自らが，「自己物語」を語り直すホワイト（2000, 2004, 2009）の「定義的祝祭」は，一つのモデルとして参考になろう。

　もちろん，「定義的祝祭」のアウトサイダーウィットネス（外部の証人）と子どもはまったく同じ位置にいるわけではない。アウトサイダーウィットネス（外部の証人）は，かつて「問題」を抱えていた人が多く，そのため，クライエントの「語り」を共感的，あるいは，クライエントの視点で聴くことが可能である。それに対して，子どもはそうとは限らない。つまり，アウトサイダーウィットネスは，内部に「揺らぎ」や「ズレ」が生じてはいないが，他者の「語り」を他者の視点で聴く準備はできているといえる。それに対して，子ども（「問題」を抱えている子どもは除く）は，内部に「揺らぎ」や「ズレ」は生じていなく，他者の「語り」を他者の視点で聴く準備もできていない。それだけ，子どもの内部に「揺らぎ」や「ズレ」を生じさせることは至難であるといえよう。（ホワイトの，四つの〈コミュニケーション過程〉は，修正は必要ではあるが，有効なモデルの一つと考える。）

1-2-2 教育における非対称性という「教育関係」を乗り越える必要性

　教育に援用する際の二つ目の課題は、「教育における非対称性という『教育関係』を乗り越える必要性」である。【課題②】語りは別の物語を隠蔽する。物語る行為は、別の物語の可能性を隠蔽することで成立する。物語は世界を隠蔽する。だが、このことは、同時に、開示することでもある（毛利 2003）。物語る行為は、別の物語の可能性を開示することでもある。語られた物語は、複数の「物語」の中の一つにすぎず、他の「物語」の可能性が開かれている。だからこそ、3）で示したように、「語られた物語」に回収されていない「語られぬ」出来事・経験を引き出し意味づけ直すことで、新たな物語が立ち上がる。クライエントの「自己物語」も子どもの「自己物語」も同じような構造であり、同じような方法で語り直されると考える。

　その方法は、4）で示したように、①〈位置付けられた場〉、「いま、ここ」の〈語られた場〉における「権力関係」に注目し、それを最小限にすることで、「語られた物語」に回収されなかった「語り得ぬ」出来事・経験を引き出すことであり、②〈語られた場〉の具体的な〈コミュニケーション過程〉を変え、そこに内在する「権力性」を最小限にすることで、「語られた物語」に回収されなかった「語り得ぬ」出来事・経験を引き出し、新たな「自己物語」を立ち上げることであった。教室という場と治療という場は、公的空間と私的空間という違いはあるものの、権力関係が生まれやすいという点は共通している。教育では、「知識を持った教師が、未熟な子どもに教え、導く」という意識が強いため、「外部の物語（教師の物語）」が、安易に「内部の物語（子どもの物語）」を回収してしまう可能性が大きい。〈場〉の言葉に内在する「権力性」に敏感になり、それを最小限にすることは、心理領域以上に、重要な視点といえよう。（もちろん、子どもの場合は、「問題意識」が不十分であるため、その前に、「外部の物語」を立ち上げ、「自己物語」を自覚させる工夫が必要であることは、先ほど述べた通りである。）

その「権力性」と関わり，ナラティブ・アプローチと教育のもう一つ
の異なる点がある。それは，教育関係をどう捉えるかということである。ホワイトは，セラピストとクライエントの関係を「自己物語」を共
に創造する「共著者 co-author」と位置づけ，グーリシャンは「会話相手
conversation parter」と位置づけている（野口 2002）。同じセラピストの
ロジャーズが「同伴者　companion」と位置づけているのと比較すれば，
ナラティブ・アプローチの実践者が，いかに「対等性」を意識しているか
がわかる。

　野口（2002）は，両者を比較し，次のようにいう。

　　　ロジャーズがいまある何か（たとえばパーソナリティ）を変化させる作
　　業にかかわろうとするのに対して，ナラティブ・アプローチは，新しい何
　　かを生みだし，つくり上げる作業にかかわろうとする。……・中略……・
　　ロジャーズは，人間のパーソナリティには「望ましい成長過程」があり，
　　そのことを専門家が知っているという専門知までは放棄しなかった。だか
　　らこそ専門家は，その成長過程を見守るという役割，「同伴者」という役割
　　をとることになった。
　　　これに対して，ナラティブ・アプローチは，そうした「望ましい成長過程」
　　という専門知も放棄する。　　　　　　　　　　　（野口 2002, pp.151-152）

　ナラティブ・アプローチは，専門知を放棄することで，新しい「物語」
を共同で立ち上げ，共同で制作するという新たな専門性，新たな治療関係
を生み出した。

　教師─子ども関係は，どうだろうか。戦後教育において，教育関係は，
服従的「タテ関係」から民主的「ヨコ関係」に変わったと表現された。ま
た，一方的な「主体─客体」関係から「主体─主体」関係への転換も試み
られた。教師と子どもの「対等性」が主張されたのである。確かに，授業
において，教師が一方的な講義でなく，子どもたちが「発見」する「創っ
て」いく主体的な学びが主張されている。しかし，どうしても，教育にお
いては「非対称性」がつきまとう。この「非対称性」の中にこそ，教育関

係の本質があると考える。つまり,「教える―教えられる」という関係の中にある「権力性」を弱め, 子どもと子どもの「学び合う」関係を重視しようとも, 教師と子どもとの関係には,「共著者」「共同制作者」に立ち切れない「非対称性」がつきまとう。この教育関係の「非対称性」こそが, 心理領域との二つ目の異なる点である。この教育関係の「非対称性」という「問題」を乗り越える必要がある。そこで, 教育関係の「非対称」という問題を乗り越えるためにも, その前に, 現代という時代が抱える「自己物語」の語り直しの困難性を, まず明らかにしておきたい。その上で, その「困難性」を克服するために, 教育関係の「非対称性」をどう乗り越えればよいのかを考察する。

1-3　公共性と他者

1-3-1　時代が抱える「困難性」を乗り越える必要性

　「物語」には,「大きな物語」と「小さな物語」がある。「大きな物語」は時代や社会の自明的な物語として, 個人の生き方を抑圧してきたが, 同時に, 多くの人たちが共通に信じ, 生きる支えになっていたのも事実である。そこには, 少なくとも人々の「繋がり」があった。その「大きな物語が終焉」（リオタール 1986）し, 人々は,「小さな物語」を語るようになった。「物語」は, その人の固有の意味ある世界を語る。だが, その固有の世界が, 単に, 個人を主人公にした, 自閉的世界だとすれば, 人々はますます繋がりを失ってしまう。また, 矢野は,「近代とは, 自己について誠実にしかも不断に語り直すことを強いる時代」（矢野 2000b, p.258）と述べている。支えとなる「物語」を失った個人が, やみくもに語り直しを積み重ねていく。正しさや拠り所はどこにもなく, 語り直すこと自体がまるで根拠のようになる。このような現代的な状況を指摘している。

　現代の「自己物語」の語り直しが抱える「困難性」とは,「大きな物語」に立ち戻るのでもなく, ただ「小さな物語」に埋没するのでもない, 新たな道を模索しなければならないという「困難性」である。この時代が抱え

る「困難性」を乗り越える必要性がある。【課題③】野平（2010）は，「共著者としての他者」の中に，その克服の道を見出そうとする。「自己物語」を語ることは，聴き手を必要とする共同行為であった。常に，聴き手の受容と承認を必要とする。「自己物語」は，「信頼性」があるから承認されるのではなく，承認することで「信頼性」を担保する関係にある。このことをホワイトの「定義的祝祭」は示している。クライエントが語った「自己物語」をアウトサイダーウィットネスが「外部の証人」として，承認する。そうすることで，クライエントは，自分の人生の「物語」に自信を持ち，語り直し，生き直し始める。野平は，このような他者を媒介とした「自己物語」の語り直しの中に，新たな公共性を開く可能性を見出したものと考える。野口は，「語りの共同体」（新たな語りを生み出すことで維持される共同体）と「物語共同体」（語りに共同性を与える「物語」とグループの来歴と存在意義を明らかにする「物語」を有する共同体）を区別し，相補的な両者を「ナラティブ・コミュニティ」と呼ぶ。その「ナラティブ・コミュニティ」の中で，お互いがそれぞれの「物語」を承認し合うことを通して，新たな「物語」が生成される（野口 2002, pp.179-181）と述べている。確かに，他者と共同で，「自己物語」を語り直す中に，「物語」が持っている不安定さを克服する道があること，それが新たな物語的な公共性を開く可能性があることを示している。つまり，教育という場，授業という場が，共同でお互いの「物語」を語り直す場になることが求められているといえよう。

　しかし，「問題」は，教育という場において，そのような関係を構築することが可能かということである。野平（2010）は，教師と子どもを「共著者」と捉えていた。筆者は先に述べたように，教育関係は，簡単に「共著者」と呼べない「非対称性」がつきまとうと考える。小玉は，「子どもは言語能力の有無とは別に，自己の同一性を構成する本質を他者に対して語りうるのか」（小玉 1996, p.74）と問い，「子どもは，自己物語を語らない，語れない存在」という。確かに，そこに，大人と子どもの「非対称性」がみられる。だからこそ，教師には，その事実を受け止めた上で，子どもを

どうみるか，が問われることになる。「子ども」を「子ども」とみるのか。それとも，別の何かとみるのか。つまり，子どもをどう物語るのかが問われていることになる。「子どもをどう捉えれば，『非対称性』を克服できるのだろうか」「どう捉えることで，教師は，『共著者』『共同制作者』に近づけるのだろうか」が問われている。

1-3-2　子どもを「他者」とみる

宮野は，子どもを「他者」としてみる視点を提示している。子どもを「他者」とみるということは，教室の「そこにいる者」をどうみることなのだろうか。

> 教師にとって子どもは，いまだ未熟だが，いずれ同一化される存在であるよりは，すでに独自の異質な存在である。ゆえに，「子ども」理解することは，「他者」を理解することである。　　　　　　　　　（宮野 1998, p.44）

宮野は，子どもを異質な存在とし，理解につとめらなければならない者と捉えている。「他者」については，様々な分野ですでに多くの議論がなされてきている。柄谷（1986）は，「〈他者〉とは，言語ゲーム（規則）を異にする者のこと」であるといい，高木は，「他者像とは，パタンや規則を共有せず，むしろ共同性を危うくする存在」（高木 2001, p.56）であると捉える。また，宮野は，「他者とは，「此方」ではなく，「彼方」にあるものである。もしくは，「内部」ではなく，「外部」にあるものである」（宮野 1998, p.44）と述べている。これらから考えられる「他者像」は，「異質で，言語ゲームが異なり，外部の者」ということになる。だが，この「異質で，言語ゲームの異なる」ような「他者」が教室に存在するのだろうか。難波は，「教師と学習者や，作品と学習者，クラスメートと学習者は，「異なる言語ゲーム」に属しているものたちとは考えられない」（難波 2008, p.181）という。確かに，教室の「子ども」たちとは会話も成立する。「多くの他者論者がいうような，「〈異質〉な外部」であり，「異なる言語ゲーム」

「異なる共同体」に属する他者と，私はコミュニケートできるのであろうか」（難波 2008, p.181）と問うのも最もである。会話が成立しながらも（言語ゲームを共有しながらも），しかも，異質な他者とはいかなる者と捉えればよいのだろうか。

　難波（2008）は，教育においては，別の定義が必要だとし，新たな定義を提示する。森（2001）のレヴィナスの他者論を踏まえた「『私』がゆさぶられ，崩れる。その相手が『他者』」という考えや小浜（2000）の「身近な他者であればあるほど，……（中略）心理的動揺を与えることができる。」等の考えをもとに，まず，「他者とは「者」でも状態でもなく，受動的な行為」（難波 2008, p.183）とし，その行為を「他者される」と呼び，「情緒的なつながりが，急に，ひどく，揺さぶられたとき」（同上書, p.183）「他者される」という。「他者された」時，人は内部に急激な「揺らぎ」を受けることになる。この「他者される」ことで生じる急激な「揺らぎ」を「ドヒャ型」と呼ぶことにする。

　「揺らぎ」には，急激な「揺らぎ」以外に，ゆっくりと時間をかけての「揺らぎ」もある。バトラーは，「脱中心化」概念を使い，主体の受動性と不完全性，他者の優位性を説明する。

　　　この脱中心化は，他者が最初から私たちにある種のメッセージを送っており，彼らの思考を私たち自身の思考のなかで強力に主張しており，私の存在の内奥で他者と私の識別不可能性を生み出している，ということから帰結するのである。　　　　　　　　　　　　　　（バトラー 2008, p.137）

　バトラーを援用し，他者の問題を他者の側からではなく，他者と関係づけられる主体の側から捉える（小玉 2010）。「私の思考の中で他者が主張をする」とは，教師は，子どもを「異質な，わからない者」とみなし，その「わからなさ」を抱えたまま過ごす行為と考える。難波の言葉を借りるならば，私は，私の中でゆっくりと「他者される」ことになる。相手を「よくわかった，理解できた」と自分をみなすのではなく，相手との関わりを

引き受け，「よくわからない」とみなし，「わからなさを抱える行為」を，本稿では「脱中心化」と呼ぶことにする。そして，その「わからない謎だ」とみなす相手を「他者」とする。このような「他者」では，ゆっくりと揺さぶられることになる。しかも，強者と弱者のような「非対称」な関係においても，揺さぶりは起こることになる。このようなゆっくりとした「揺らぎ」を「じわじわ型」と呼ぶこととする。

　「他者をどうみるか」という問題は，「他者をどう理解したとみるか」という問題となる。他者を了解可能な他者とみなした時，他者は語り手の「内部の物語」に回収され理解される。了解不可能な他者とみなした時，他者からの応答が聞こえ，語り手の内部で，主張し始める。そして，他者の「わからなさを抱えておく」ことで，ゆっくりと「揺らぎ」が生じる。だが，了解可能な他者とみなしている場合は，「他者される」ことによって，初めて急激な「揺らぎ」が生じる。「ドヒャ型」，「じわじわ型」のどちらの「揺らぎ」も必要と考える。

2　「語り直す力」育成の視点からみた 先行研究の検討2

　本節の目的は，「語り直す力」の育成という視点から，国語教育の先行研究を検討し，課題を明らかにすることである。永田は「国語教育は，自己と深いかかわりを持つ学問領域であり，国語教育において自己は，目標論の中核（自己形成，自己確立など）をなしていることが明らかになった。」（永田 2009, p.11）と述べている。ここでは，国語教育において，自己がどのように捉えられ，どのような実践が行われていたのかを概観し，その課題を考察する。そのため，自己を見つめ，自己の生活を凝視することを一つの目標としてきた，日本独自の実践である「綴り方・生活綴り方」，もう一つは，自己形成・自己確立等の中心的役割を担ってきた「文学教育」を取り上げ，考察する。

2-1 綴り方・生活綴り方の検討

　自己を「時間軸にそって，出来事や経験を筋立てる行為」つまり，「自己物語」と捉えるならば，小学校で，明治期から行われてきた，子どもが自分の経験を表現する実践活動「綴り方」や「スピーチ活動」，日記指導は，「自己物語」の語り／語り直しという側面を持つといえよう。ただ，これらの実践は，自己を「自己物語」とは捉えていなかった。明治期からの綴り方・生活綴り方を概観し，「自己物語」の語り／語り直しという視点から捉え直し，どういう点に限界があったのかを考察する。綴り方・生活綴り方は，広い意味の生活教育のための手段としての綴り方教育であり（「生活綴り方と作文教育」1952, p.303），子どもに自己の「内面」を見つめ，社会の矛盾を捉える自己を凝視するための「綴り方」であった。また，教師はその書かれたものから，その背後にある「子どもの思い」を理解しようとし，そのための手段でもあった。

綴り方

　滑川によれば，明治期の半ばには，「自己ノ思想ヲ明瞭に記述スル」（滑川 1977, p.284）と指導目標が明示されている。大正期に入ると，このような流れに位置づけられる，大正自由教育の先駆者，樋口勘次郎，その弟子で，随意選題論（① 選択肢から題を子どもが選ぶ，② 選択肢の立て方，選択肢を立てるかどうかも，子どもが選ぶ）の唱えた実践家・理論化の芦田恵之助が現れる。樋口は，それまで行われていた形式主義的な綴り方教授に反対し，内容や文体を子どもの自由に任せる「自由発表主義」を提唱した（松橋 2013）。また，芦田（1987）は，「題を自由に選ぶ」という主張だけでなく，「綴り方は自己を書くものである」と主張した。芦田の綴り方は，自己を振り返り，自己の予測不可能な「想」を予測不可能な統一へとまとめあげるものであった（松橋 2013）。そして，作品の是非は，自己の内面のみが基準であり，「自己満足」を是とし，他者の評価や他者との比較を

しない「発動的態度」を重視するものであった。

　これらの実践に共通していたことは，自己の存在を前提にし，主体が自己の内面を見つめ，その見つめたことを表現する，という考えである。そのためには，思想や文体等に制限を与えることは，表現を萎縮させると考え，「あるがままに」自由に書かせようとしたといえる。「語り」は，〈語られた場〉の「権力関係」に影響を受ける。綴り方の実践家たちは，実践を通してそのことを感じており，綴られる場の「権力関係」に敏感であったといえよう。だが，「語り」は，もう一つの場，〈位置づけられ場〉の影響を受ける。「自己」は，時代や文化，社会の影響の中を生きている。これらの実践の「自己」には，社会との関わりという視点がなく，個人の枠内に閉ざされてしまっているといえる。それが，これらの実践の限界といえよう。

生活綴り方

　その後，「赤い鳥」綴方運動を経て，雑誌「綴方生活」以降の生活綴り方運動へと繋がっていく。戦後は,昭和二十二年度（試案）の「学習指導要領　国語科編」（1947年12月20日），および，昭和二十六年　改訂版の「小学校学習指導要領　国語科（試案）」（1951年12月15日）によって，「書くこと」の教育は始まる。そこには，倉澤栄吉のような「伝達作用，コミュニケーション」としての新たな「書くこと（作文）」を展開させようとする立場と，無着成恭『山びこ学校』（1951）や国分一太郎『新しい綴方教室』（1951）に代表れるような戦前からの「書くこと（綴り方・生活綴り方）」を発展的に継承しようとする立場があった。1962年，綴り方・生活綴り方を受け継いだ民間教育団体「日本作文の会」の活動方針案において，児童・生徒の文章表現能力の実態を「文章表現形体」という観点から捉え，系統的・科学的な指導過程や指導方法・指導内容の「定式化」を行うことになった（菅原 2009）。

　このことが，「生活を見つめ，自己を見つめさせる」という綴り方・生活綴り方の方向を大きく転換させ，結果として後退させることになり，現

代に至っている。

　生活綴り方実践の特徴は，綴り方実践の「自己」が個に閉じられていたのに対して，自己を前提にし，その中で社会と関わり，社会の矛盾に気付かせようとした点が異なる。そして，そのような視点を自己の中に取りこみ，自己を見つめさせ，それを綴らせようとした。これらの実践は，社会との関わりの中で自己を捉えさせようとし，綴り方の課題を克服したかにみえる。だが，そこには，別の課題がみえる。それは，綴り方が，「綴られた場」の「権力関係」には敏感ではあったが，「自己」の時代や社会の影響という視点は不十分であったのと対照的に，生活綴り方は，「自己」を時代や社会との関わりの中で捉えようとしていたものの，「綴られる場」の「権力関係」，つまり，教師と子どもの「権力関係」には鈍感であったと考えられる。教師が社会のある矛盾に気付かせたいと考え，政治的文脈を設定する。その政治的文脈が強ければ強いほど，子どもは無自覚に，教師の枠組みの中で思考してしまう可能性が高い。自分の捉えた思考の枠組みを相対化しようとは決してしない。つまり，この時期の実践の特徴としては，教師自身が，社会の政治状況に取りこまれていたため（社会の矛盾に気付かせることに熱心のあまり），それが生み出す自分の「権力性」に無自覚であり，結果として，子どもは自己を相対化して捉えるまでには至っていないと考えられる。これが，これらの実践の限界といえよう。

　以上のことから，次ことが示された。一つに，戦前から戦後の綴り方・生活綴り方実践の限界は，「自己の存在」を前提としていることと関わることが示された。「自己は存在する」，と考えた場合，自己の「位置付けられ場」や自己の「綴られる場」に対する意識は弱くなる。それに対して，「自己は生成される（構成される）」と考えた場合，当然，自己は〈位置づけられた場〉や〈語られた場〉の影響を受けるため，〈位置づけられた場〉〈語られた場〉に対する意識は強くなる。しかも，「自己は物語ることで生成される（構成される）」と考えるならば，その場の「権力関係」に敏感になる。なぜならば，「権力関係」を弱めることによって，「語られぬ」出来事・経験が引き出され，新たな物語を立ち上げることが可能となるからで

ある。新たな自己が生成できるからである。

　「自己の存在」を前提とするならば，自己への影響は，自己を見つめ直し，振り返り，内観することでしかない。芦田らが，題を随意選題や自由選題にしたのは，その見つめたことを子どもに自由に表現させるためであり，綴り直すことで，新たな自己が立ち上がらせるためではない。また，生活綴り方が，社会と関わらせるのは，自己を前提とし，関わらせることで自己を見つめる視点が広がるからであり，場の中で自己は生成される，と考えているからではない。教育の場に，「自己」を育むという視点を持ちこみながらも，「綴ること」を「場の中で自己を生成する動的行為」と捉えなかったことが，これらの実践の限界ではないかと考える。

　二つに，綴り方・生活綴り方実践者の自己観には，「個人に閉じられた自己観」と「社会に閉じられた自己観」（私の中の他者）があることが示された。どちらの自己観も，先に述べたように，場の中で，自己は生成され（構成される）るとは考えていない。自己の存在を前提としている。前者（随意選題，自由選題）は，独立した自己が存在し，主体は自己の内面をみつめ，それを綴ることで表現すると捉える。内面を「あるがまま」に表現させるために，題や文体等，教師の拘束を極力減らし，自由に表現させようとする。反面，時代や社会の影響は考慮せず，社会性に乏しい。それに対して，後者（生活綴り方）は，独立した自己は存在するが，社会との関わり矛盾に気付く中で，自己が広がり，「社会的に閉じられた自己」を想定している。つまり，私の中へ他者を取りこみ，その中で，自己を見つめさせ，それを綴ることで表現すると捉える。「自己」を時代や社会の影響の中で捉えようとはするが，教師と子どもの「権力関係」には鈍感であるため，教師の脅迫的な「外部の物語」に子どもの「内部の物語」が回収されてしまう危険性まで意識が向いていない。

　「自己の存在」を前提とせず，自己を「物語」と考え，語り直すことで，新たな自己が立ち上がる。つまり，自己は，常に生成の可能性を持っており，固定的なものではなく，動的なものであると考える。経験が表現されたこれらの表現物を綴る行為は，物語ることであり，語り直すことで新

たな自己が立ち上がることになる。「物語」に回収されなかった「語られぬ」出来事・経験に注目することで，新たな自己を立ち上げることが可能となる。現在，言語主義，コミュニケーション主義の「書くこと」の教育が中心であり，自己を見つめ，自己の生活を凝視する綴り方・生活綴り方的「書くこと」の教育は，ますます減りつつある。国語教育の中で，自己を語り直す力を育成する場が求められていると考える。

2-2　文学教育の検討

　自己を見つめ，自己の生活を凝視することを一つの目標とする，綴り方・生活綴り方実践者の自己観について，考察した。そして，綴り方・生活綴り方実践の限界が，自己の捉え方の中にあることを論じた。では，文学教育においては，自己はどのように捉えられていたのだろうか。また，その実践・理論には，どのような限界があったのだろうか。

　実践・理論を考察するために，これまでの文学教育の実践・理論を①〈一義的意味に至る〉―〈多様な意味を認める〉，②〈形式重視―内容重視〉の二つの軸で，まず整理する。次に，それぞれの理論を批判的に検討する。

2-2-1　二つの軸

〈一義的意味―多義的意味〉の軸

　第一の軸が，〈一義的意味―多義的意味〉の軸である。多様な意味を認めるかどうかを基準に，大きく二つに分けることができる。一つは，「一義的意味に至ることを想定した」文学教育の理論である。1970年代までの文学教育理論に多く見られる。「一義的意味に至ることを想定した」理論は，さらに，1）言語論的転回以前と2）言語論的転回以後に分けることができる。言語論的転回以前は，意味は一義的に決まると考えていたが，その決まる意味は，作品の背後にある「作者」の意図を想定していた。つまり，「作者」の意図が一義的に決まると考えていた。そのため，授業は「作者」の意図を探る授業となり，一見多様な意味を認めるような場面

でも，最終的には教師の教材分析や作者についての文献学的知識によって，一つの正解に回収される。それに対して，言語論的転回以後は，「作者」と「テクスト」を切り離し，「作者」の意図を発見するのではなく，「テクスト」そのものを分析し，その技術・技法を教えることを重視した。

　もう一つは，「読者論」に代表されるような，「多様な意味（物語）を認める」文学教育の理論である。「作者」と「テクスト」は切り離すが，その代わりに，「テクスト」と「読者」との関わりを重視する。「テクスト」をもとに，読者の背景的知識と結び付けて，一人一人の内部に「作品」を構築することを重視する。

　明治以後の文学教育の理論を，「多様な意味を認めるかどうか」を軸に，大きく二つに分けることができる。このことは，難波（2008）の「外部の物語」「内部の物語」の視点から捉え直すと，次のように考えられる。難波は，「ちびくろさんぼ」の作品解釈を例に，専門家を含めた評論する人々の「読み」が，1）作品のことばに正対せず，「外部の物語」に回収された「読み」，2）作品のことばに正対せず，読み手の「内部の物語」に回収された「読み」，3）作品のことばに着目するが，結局「外部の物語」「内部の物語」に回収された「読み」，であったことを論じている（難波 2008, p.37）。（難波（2008）は，1），3）を「外部の物語の自動的・固定的運用」，2），3）を「内部の物語の自動的・固定的運用」と呼んでいる。）　この点から考えると，言語論的以前の「作者の意図」を探る「読み」は，教師や専門家の「外部の物語」によって，子どもの「内部の物語」が回収されてしまう「読み」であり，言語論的以後の一義的意味に至る「読み」は，結局，テクストのことばに正対しながらも，「外部の物語」や「内部の物語」に回収された「読み」ということになる。そして，「多様な意味を認める読み」とは，「外部の物語の自動的・固定的運用」「内部の物語の自動的・固定的運用」を排除し，集団はもちろん，個人の内部としても，一つに絞ることを拒否する読みということになろう。

〈形式重視─内容重視〉の軸

　第二の軸が，〈形式重視─内容重視〉の軸である。「形式重視」は，物語の形式から導き出された「構造」を発見しようとし，それらを見付ける技術・技能の獲得を文学教育の中で重視する立場をとる。つまり，テクストの表現形式の分析は，分析技術である「言語技術を教える」ことに向かう。それに対して，「内容重視」は，「言語技術」に対する関心よりも，感動体験を重視し，学習者の人格形成を目指す立場をとる。つまり，テクストの表現形式の分析は，学習者の自己形成，認識の変容に向かう。両者の対立は，戦後まで続き，時には，片方が優勢になり，時には，もう片方が見直されたりしてきた。当然，両者を乗り越えようとする試みもなされてきた。表1に，形式重視，内容重視の特徴を一覧表にまとめる。

表1　形式重視と内容重視の差異

形式重視…形式を重んじ，表現分析を媒介とし，分析技術等の習得を目指す。 　　　　・分析的，・客観的，・部分から，・技能重視
内容重視…内容を重んじ，感動体験を重視し，自己形成や認識の変容等を目指す。 　　　　・解釈的，・主観的，・全体から，・人格形成，感動重視

2-2-2　四つの実践・理論の特徴と課題

文学教育の実践・理論マップ

　文学教育の実践・理論を二つの軸で捉えることによって，1）　一義的意味／内容重視図，2）　一義的意味／形式重視，3）　多義的意味／形式重視，4）多義的意味／内容重視　に分類できる。それぞれの特徴は，次のように考えられる。

　1）　一義的意味／内容重視　：内容を重視するが，解釈は一義的に決まると考える。多様な解釈を認めるが，最終的には一つに絞る。

　　　　　　　　　　　　例　形象理論,三読法

　2）　一義的意味／形式重視　：表現形式を分析し，分析する技術の習

得を目指す。分析の結果は，一義的に決

まると考える。

例　分析批評（言語技術主義）

3）　多義的意味／形式重視　：　表現形式を分析し，それを多様な解釈

の根拠にすることを目指す。

例　〈分析〉から〈解釈〉

4）　多義的意味／内容重視　：　読者の役割を重視し，自己形成，認識

の変容を目指す。多様な解釈を認め，

一つに絞らない。

例　問題意識喚起の文学教育，状況認

識の文学教育

十人十色を生かす文学教育，関係

認識，変革の文学教育

テクストの表現分析は，手段であって目的ではない。「形式重視」であっ

ても，「分析技術を習得させる」等の目的が別にある。同じように，「内容

重視」であっても，必ず，テクストの表現分析は行われている。

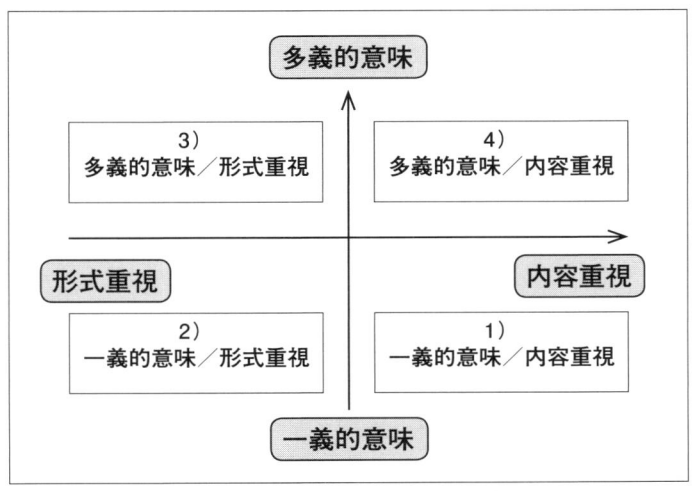

図1　文学教育の理論マップ

縦軸が「意味（物語）の多様性」を認めるかどうかの軸であり，横軸が「形式重視—内容重視」の軸である。これらの二つの軸の組み合わせによって，図1に示すように，1）一義的意味／内容重視，2）一義的意味／形式重視，3）多義的意味／形式重視，4）多義的意味／内容重視の四つに分けることができる。それでは，各実践・理論について検討する。

1）「一義的意味／内容重視」の実践・理論の特徴と課題
形象理論
　「一義的意味／内容重視」の実践・理論は，内容を重視するが，解釈は一義的に決まると考える。多様な解釈を認めるが，最終的には一つに絞る。「一義的意味／内容重視」の理論に，垣内松三の「形象理論」及びその流れである石山修平「三読法」，西尾実「言語生活論」がある。（これらの理論・実践は，「形式」と「内容」の統一を試みたものである。つまり，「作者の思い」＝「内容」が，「形式」に表現されていると考えた。だが，本論文では，これらの実践・理論が「形式」の背後にある「現実世界」の「作者の思い」を探ることを最優先にしていることから，「内容重視」に分類している。）輿水は，垣内の形象について，次のように述べている。

　　　　「形象というのは，言語を人間精神の所産とし，結晶として見ていく考え方である。垣内先生は，それは「心とことば」の「と」に着眼するものであるといわれた。文章の生産点に立つ，というようなこともいわれた。……中略……，その生産点に立ってその文章を見ると，その部分部分が生きた連関を保って，全体が，いわゆる「生動のすがた」においてとらえられてくる。そのような「すがた」が形象である。」　　　（輿水実 1966, p.237）

　ここでいう「すがた」は「作者のすがた」であり，その「心」は「作者のこころ」である。そして，授業は，その「作者のこころ」を文章から読み取ることになる。では，文章の形象の読み取りは，どのような過程をたどるのであろうか。垣内は，「直観—自証—証自証」の考えを示している（垣内　1933）。「直観」とは，文章を読んでの印象や心象としての「あ

るがまま」，それを「仮説として保留」（垣内 1933，p.183）する。この「直観」を読みの出発点とする。次に，その仮説をもとに読み進め，漠然としていたものをはっきりさせる。「この仮説を判断する作用」（同上書，p.184）を「自証」という。さらに，叙述の一字一字にまで注意して読んでいき，その「自証」を「客観化して明証せんとする」（同上書，p.186）。これを「証自証」（同上書，pp.183-186）という。

　つまり，文章の形象を読み取る読解過程を三段階に設定している。具体的には，何を読み取り，解釈していくのであろうか。「解釈の力」については，鶴田が次のようにまとめている。

　　「（一）の着眼点は，まず，「作者が何を書こうと思ったか」という点である。……略……（二）は，「作者が書こうと思ったことをどこまで書き得たか」という点である。これは，「文の全意」（作者が書こうと思ったこと）を「凝視しながら其の部分部分を見る」ことによって「仮定」を検証していくことである。（三）は，「反復熟読」を通して，「文に潜む想韻の流動を内聴すること」によって，「作者の心に近づくこと」である。

（鶴田 2007，p.28）

「作者の思い」がまずあり，それが作品に表現されている。だから，作者が作品の創作に用いた「思い」を探ることこそが「読み」であるという立場を示している。そのために，全文を読み，「あるがまま」に「作者の思い」を直観的につかむ。そして，その直観を詳しく読むことで，検証していく。その過程で多様な解釈が出た場合には，教師の作家の文献学・実証学の見地から集約する。このような「読み」である。

　以上のことから，本実践・理論の問題として，一つに，〈語られた場〉の権力性という視点がないことである。二つに，テクストの表現分析が，「読み手」に向かっていないことである。これらについて，以下に説明する。「形象理論」は，綴り方の芦田らの，自己の存在を前提とし，自己を見つめ，その見つめた「思い」を綴ることで表現する，という考えと極めて類似している。両者は，言語に先行して「意識」が存在すると考え，そ

89

の言語の背後にある「意識」を，表現から探ろうする。ところが，芦田らは，「自己を見つめる」ために，〈教室という場〉の「権力関係」に敏感であり，その「権力性」を最小限にしようとしている（題や文体等，教師の拘束を極力減らそうとしている）。それに対して，垣内は，教師の「権力性」に対する考慮がなされていないのである。「作者の思い」を一つに絞るためには，教師あるいは権威者の「外部の物語の自動的・固定的運用」（難波2008）が起こる。子どもは，「外部の物語」を積極的に取りこむか，納得したふりをするしかない。垣内の理論には，このようなことに対する考慮が見られないのである。

　「形象理論」は，テクストの余白まで含め，表現の奥に流れるものを探ろうとする（山元2011）。そして，背後にある「作者の意図」を探究し，「作者のこころ」を一義的に読み取ろうとする。そうすることで，「形式」（表現）と「内容」（作者の思い）の統一を図ろうとした。この「形式」「内容」の二元論に終止符を打った点は評価すべきである，しかし，「作者の意図の探究」とは，表現分析が学習者に向かわず，学習者の多様な読みが保障されないことであり，「作者のこころを一義的に読み取る」とは，作者の状況が考慮されず，一つに絞る過程で，表現分析以外の，教師や権威者による強制力が働く可能性があるということである。その結果，テクストの表現分析が，学習者の「自己」形成，語り直し等には向かっていかなかった。このような点が「一義的意味（作者の意図を探る）／内容重視」の実践・理論の特徴であり，課題といえよう。

　これらのことは，1）子どもの「語り」と〈語られた場＝教室という場〉との関わり，2）テクストの表現分析が「読み手」に向かうこと，の重要性を示唆しているといえよう。

2）「一義的意味／形式重視」の実践・理論の特徴と課題
分析批評

　「一義的意味／形式重視」の実践・理論は，表現形式を分析し，分析する技術の習得を目指す。分析の結果は，一義的に決まると考える。「一義的意

味／形式重視」の実践・理論に，「分析批評」がある。

　戦後の「内容重視」の反省として，形式重視の「言語技術型」の理論が現れた。その一つが，「分析批評」である。

　1930 年から 1940 年にかけ，文学研究は作家を研究対象とした研究が盛んであった。その反省として，言語論的転回が起こり，1950 年代から作品（テクスト）そのものを解明しようとした動きが起こる。それが，ニュークリティシズムである。ニュークリティシズムは，アメリカ文学批評界に流行した文学研究の方法である。ニュークリティシズムを日本に紹介したのが小西甚一（1967）と川崎寿彦（1967）である。

　この分析批評の技法を国語教育に導入したのが，井関義久（1972, 1984）である。井関は高校の授業に分析批評を取り入れる。井関の分析批評は，感動の源をテクストの表現分析することで明らかにしようとするものであり，作品の「主想」を捉えるところから批評を始めることに特徴がある（中野　2011）これを小学校の文学教育の中に広めたのが向山洋一である。1980 年代に入り，「詳細な読解指導」と言われ，鑑賞型の授業が様々な方面から批判を受ける。「気持ちが悪くなるほど気持ちを問う」「作者の意図を考えさせる感動重視型の授業」，このような「内容重視」の授業の不満として，「読みの技術」を教える「分析批評」の授業が教育現場，特に，小学校現場に急速に広まった。「感動は授業では教えられない。教えられるのは「技術」であり，だからこそ系統的に指導できる」（向山 1989, p.65）と主張する。「形式」を重視する立場である。「内容重視」の中で，「何を教えればよいのか」「文学教育の教科内容は何か」に困っていた現場には，この読みの技術・技能を教えるという「分析批評」はまたたく間に広まった。

　「分析批評」に対しては，次のような批判がある。朝倉は，次のように指摘する。

　　「技術は読解の手続きとして確実に生徒側に流出する。それに生徒の読書行為は拘束される。……中略……教師が一方的に与え，生徒はそれを用い

て読解を機械的にこなす様態を生む。……文学教育の目的は「分析批評」技術の習得になる。技術偏重の文学教育即ち「適当な解釈」に導くことを目的とした「読解主義」は，教師主体，学習者客体の構図を図り，まさに，「教師中心主義」となる。　　　　　　　　　　　　　　　（朝倉 1993, p.50）

　朝倉は，文学教育の目標が，「分析批評」技術の習得になることを批判している。テクストの表現分析は，手段であって目的ではない。テクストの表現分析は，常に，読み手に向かう必要がある。例えば，テクストの表現は，読者にどのような効果を与えるのか，その結果，読者には，どのような解釈が形成されるのか，あるいは，どのような自己の変容，認識の変容が生じるのか，このようなことが問われなくてはならない。「内容」を重視するあまり，「読みの方略」を疎かにしてきた実践・理論に対し，その克服としての「分析批評」は，「確かに，文学理論の成果を，国語の授業の中に位置づけ，読みの方略を明確化しようとした点で評価できるが，結果として，「読みの方略」の習得に特化しすぎてしまったといえよう。そのことを，渋谷らは，次のように言う。

　　「向山氏は分析を深めた段階で授業の目的が達成されたと考えるのに対して，西郷氏はさらにそこから
　　一歩踏み出して「分析が深まった結果，感動も深まっている」。向山の授業は，「感動」を授業から完全に排除している。」　　（渋谷・菅野 1994, p.35）

　分析批評は本来，それぞれの学習者が『感動』した源を客観的に分析することで，作品の評価を行おうとしたものである（井関 1972, 1984）。解釈の妥当性を，テクストの表現分析を通して，保証しようしたものである。そこには，個人の多様な解釈が前提とされていた。だが，小学校での授業実践では，「読みの技能」の習得が目指されため，渋谷らが指摘するように，感動が完全に排除され画一的な教師の「正解」を提示する授業に陥りがちであった。向山（1989）の実践には，表現分析を根拠にした多様な学習者の解釈が，学習者の書いた「評論文」の中に示されている。「分析批

評」は，2）「一義的意味／分析重視」だけでなく，3）「多義的意味／分析重視」の可能性を持っているといえよう。

　以上のことから，本実践・理論の問題として，一つに，「読者」との関わりが弱く，「読みの方略」の習得に特化しすぎてしまったことが示された。山元は，テクストの表現・構造の分析方法そのものを関心とする理論と，文学的コミュニケーションにおける読者の役割を重んじる立場とがせめぎあうかたちで文学教育理論が形成されてきた（山元 2011, p.4）と述べている。前者には，2）「一義的意味／分析重視」，後者には，3）「多義的意味／分析重視」，4）「多義的意味／内容重視」が入ることになろう。「分析批評」は，「作者」と「テクスト」を切り離し，「テクスト」そのものを分析した。その「テクスト」と「読者」との関わりによって，二つの「分析批評」に分かれると考えられる。「読者」との関わりを考えない場合，「分析批評」は，技術・技法を教えることを重視した「分析批評」となる。つまり，前者の2）「一義的意味／分析重視」（分析批評1）になろう。それに対して，「テクスト」と「読者」との関わりを位置づけた場合，「分析批評」は，向山の「やまなし」に見られるような，「自己の解釈の妥当性を，分析を通して保証する授業」の「分析批評」となる。つまり，後者の3）「多義的意味／分析中心」（分析批評2）になろう。「分析批評」の問題は，「読者」との関わりを曖昧にしたため，せっかくの可能性を放棄し，読みの方略」に特化してしまったことにあろう。

　二つに，「物語」の「位置づけられた場」（時代や文化等）が分析対象から排除されているため，「分析批評」の可能性を狭めていることが示された。渋谷らは「分析批評はあくまでも作品中の表現を検討する読みであり，作者や時代背景などの追及を自ら放棄しているからには，それ以上を求めることはできないのである。」（渋谷・管野 1994, p.31）と述べている。「語り」は，「語り」が「位置づけられた場」の影響を受ける。つまり，「物語」は，時代や文化の支配的「物語」の影響を受け，生成される。しかし，「分析批評」は，時代や文化の「外部の物語」の影響を放棄した。そのことが，「分析批評」の可能性を自ら狭めている（同上書, p.37）といえよう。

これらのことは，物語と「位置づけられた場」との関わり，「テクスト」の表現分析が「読み手」に向かうこと，の重要性を示唆しているといえよう。

3）「多義的意味／分析重視」の特徴と課題
〈解釈〉と〈分析〉の文学教育の理論

　「多義的意味／分析重視」の実践・理論では，表現形式を分析し，それを多様な解釈の根拠にすることを目指す。「多義的意味／分析重視」の実践・理論に，鶴田の〈解釈〉と〈分析〉の文学教育の理論がある。鶴田は，分析批評を批判的に検討し，「自己の解釈の妥当性を，分析を通して保証する授業」をより追求する。

　鶴田は，垣内や石山らの解釈学理論をディルタイの解釈学に基づくと位置づけ，ディルタイの解釈学を批判的に検討し，ガダマーやリクールの解釈学を援用し，自分の理論構築を行っている。鶴田は，伝統的な解釈学を批判する。

　　　シュライエルマッハー，ディルタイらの解釈学では，他者の表現を個人（作者・著者）の内面的な体験（ディルタイの言う「心的生（Seelenleben）」）の表現とみて，それを「追構成（Nachconstruiren）」・「追体験（Nacherleben）」することが，「理解（Verstehen）」・「解釈（Auslegung,Interpretation）」の課題であると考えられている。つまり，文学作品の場合で言うと，読者は，そこに表出された作者（著者）の精神や意図を呼び戻して復元・再現すべきであるという立場である。

　　　　　　　　　　　　　　　　　　　　　　　　　　　（鶴田 2007, p.19）

　形象理論の中で述べたように，鶴田の批判している伝統的な解釈学とは，「作品」の背後にある「作者の意図」を復元・再現するということであり，その「作者の意図」は一義的に決まるという立場である。鶴田は，その伝統的な解釈学を批判し，新しい解釈学を提示する。

　　新しい解釈学は，テキスト（作品）を作者（著者）から切り離し，「存在
　が立ち現れる一つの世界を創造する」ような「自律的」なもの，読者と「共
　通の意味」にあずかっているものと見る。そして，「理解」ないし「解釈」
　とは，作品に開かれた態度で，「テキストの事柄」（ガダマー）ないし「テ
　キスト世界」（リクール）に関与・参加することを通して，「テキスト疎隔
　から取り出し，生きた現在の対話へと引き戻し」，そうした過去の「地平」
　と現在の読者の「地平」との間に「創造的な架橋」をすること，即ち，新
　しい意味を発見することであると考えている。　　　　　（鶴田 2007, p.22）

　伝統的な解釈学と新しい解釈学の違いは，「作者」の位置づけ，及び，「テ
クスト」と「読者」との関わりである。伝統的な解釈学は，「作者の意図」
を探ることを，つまり，追体験することを読みの目的とし，「作者の意図」
は一義的に決まると考え，多様な解釈が出れば，教師の教材分析や作者に
ついての文献学的知識によって回収していた。それに対して，新しい解釈
学は，「作者」と「テキスト」は切り離し，「作者」の意図を発見するので
はなく，テクストをもとに，自分の作品を内部に構築する，つまり，作品
を新たに，「読み手」が創造（発明）することを目指す。多様な解釈の出
現を認めている。「自己の解釈の妥当性を，分析を通して保証する授業」
を追求している。
　鶴田は，「分析」と「解釈」を明確に区別することで，テクストの表現
分析が，読み手に向かうようにする。つまり，テクストの表現分析が目的
となり，分析技術の習得のみが目指される授業に陥らないようにする。そ
して，井関（1972, 1984）が目指していた，〈分析〉を通して〈解釈〉を深め，
あるいは，〈解釈〉における感動の源を〈分析〉を通して明らかにする授
業を理論化したといえよう。
　須貝は，鶴田の提案する言語技術に対して，「この一覧表は，言語表現
における語り，語られる関係が世界観認識の根幹に関わる問題である，と
いう問題認識によって作成されていません。」（須貝 2013, p.23）と述べて
いる。鶴田の言語技術では，「語りも他の言語技術と同じレベルで扱って
いる」（須貝 2000）という批判である。鶴田の提案する言語技術は，①構

成を読み解く技術，②表現を読み解く技術，③視点を読み解く技術，④人物を読み解く技術，⑤文体を読み解く技術，五つの柱から構成されている。（鶴田 2007, pp.455-457）

　特に，須貝が注目するのは③視点を読み解く技術である。「視点」に「語り」の問題が埋没してしまい，「どのように語られているのか，なぜ，そのように語られているのか，語ることの虚偽との向き合い方？」が「読みの技術」に取り上げられていない（須貝 2013, p.22）ことを問題とする。「物語」は，「語り手」が過去の出来事をそのまま語るものではない。「物語」は，常に，「語り手」の設定した結末に向かい，出来事が選択・編集され，筋立てられる。「語り手」は，語ることで，別の「物語」を隠蔽する。「語り手」の権力は大きい。だからこそ，須貝は「語り」に関する「読みの技術」が取り上げられないことを問題としていると考えられる。

　難波は，物語文では，三つの世界構造を区別すべきであり，それぞれの世界構造によって，推論解釈のあり方が変わってくると述べている。その三つの世界構造は，「一つめは，人物が登場しさまざまな出来事が起こる，物語の世界……中略……二つめは，その物語世界を語る語り手が登場する，語りの世界……中略……三番目は，作者の現実世界」（難波 2008, pp.42-43）である。読み手である学習者は，語り手が設定した枠組みの中で，「物語」を読むことになる。もし，読み手が語り手の設定した「物語世界」だけを読むとしたならば，田中の「〈語り手〉は語っていることを対象化し，そこに潜む虚偽・欺瞞を自身で超えなければならないのです」（田中 2012, p.336）という「語り手の語りの中にある欺瞞や虚偽」やそれに伴う「語り手の苦悩や葛藤」等の「語りの世界」を読まないことになる。「物語世界」の「読みの技術」に特化していることが，「物語世界」だけの「読み」に陥るという問題を抱えている可能性があるといえよう。

　筆者も，「語り」を分析対象にすべきという立場である。（学習者の発達段階も考慮すべき）ただ，それを「読みの技術」とするのは慎重にすべきと考える。表現やコンテクストをもとに，表現分析を行うことと，それを「コード化（規則化）」することとは区別すべきである。コード化（規則化）

し，「読みの技術」とすると別の問題が生じる。難波は，「〈分析〉の授業には，二つの看過できない問題があると考える。」（難波 1994, p.69）と述べ，「コードの客観性」と「コードの通常の読みの在り方からの逸脱」を問題としている。コードは，客観性が担保されたものを導入すべきであり，文字どおり読むのを超えた部分についてのコードは，客観性が担保されたものを導入しているのか，というのが難波の指摘である。朝倉（1993）が言うように，「読みの技術」（コードと考える）は学習者の読みを規定する。そのような学習者の読みを方向づけるものならば，コードは，客観性が担保されたものを導入し，慎重に行うべきであろう。客観性の担保されないコードは，実践の場において，教師の「外部の物語」の自動的運用を招く恐れが大きい。〈分析〉において，教師は解を一つに絞ろうとする。その時に，教師の「外部の物語」が侵入してしまうことが考えられる。授業における分析と，そのコード化とは区別すべきである。これは，分析批評にも言えることである。もう一つは，日常の読みに使わないコードが多く，通常の読みの向上に貢献しないのではないかという指摘である。通常，解釈は，表現やコンテクストに基づいて行われる。ただ，コンテクストが不十分な場合，読み手がコンテクストを補い解釈することになる。その時に，コードは解釈の方向性を示唆する働きをする。つまり，読み手の背景的知識となる可能性もある。確かに，可能性も認めるが，通常の「読み」に使用する技術を優先し，コード化は慎重にすべきであろう。

　以上のことから，本実践・理論の問題には，一つに，分析対象に関わる問題があることが示された。分析対象を「物語」の「位置づけられた場」（時代や文化等）等を排除した場合，「分析批評」と同じ問題が生じる。「物語」は，「位置づけられた場」の影響を受け，生成されている。「位置づけられた場」の状況等を知ることで，その中を生きた登場人物や語り手の苦悩や欺瞞がより明確になり，読み手の内部を「揺さぶり」「ズレ」を生じさせ，読み手の「現実世界」の「自己物語」に影響を与える可能性も高い。「位置づけられた場」を分析対象から排除することは，そのような可能性

を自ら狭めることになろう。次に，「物語」の世界構造の範囲を狭めることである。先にも述べたように，「語りの世界」を分析対象から排除した場合，読み手は，須貝（2013）のいうように「物語世界」だけを読んでしまい，「語りの世界」を通過することによる自己の相対化の機会を狭めてしまうことが考えられよう。だが，これらのことは学習者の発達段階を考慮する必要があろう。また，難波（1994）が指摘したように，「コード化（規則化）」の問題がある。「物語世界」や「語りの世界」の表現やコンテクストに基づいて分析することと，コード化し，「読みの技術」とすることとは区別すべきである。より客観性のある，通常の「読み」使われる技術を優先し，コード化は，読み手の背景的知識となる可能性もあるが，慎重にすべきであろう。

　二つには，「解釈」に関わる問題があることが示された。「解釈」も「物語世界」「語りの世界」「現実世界」が考えられる。（現実世界の「解釈」とは，現実世界の「自己」の何らかの変容を意味する。筆者は，「自己物語」の語り直しを想定している。）「解釈」を「物語世界」に限定すれば，「分析」と同じように，「読み」の可能性を狭めることになる。つまり，読み手は，登場人物の立場になり，登場人物の行為や出来事を意味づけ，その抱えている苦悩や葛藤等を読むことで，自己の内部に「揺らぎ」や「ズレ」が生じる（「物語世界」を読む）だけでなく，語りの欺瞞や虚偽，語り手がそれを乗り越えようとした苦悩や葛藤を読むことで，質の違った新たな「揺らぎ」「ズレ」が生じるという文学体験を持つことが可能となろう。その可能性を狭めてしまうことが考えられる。だが，筆者が考える「問題」はそこではない。「物語世界」を読み，「外部の物語」が立ち上がり，読み手の内部に「揺らぎ」「ズレ」が生じたり，あるいは，「語りの世界」を読み，読み手の内部に「揺らぎ」「ズレ」が生じたり，したとしても，向かう方向は「現実世界」の自己の語り直しに向かうべきと考える。そうすることで，第1章で述べた「生きる力」育成の核心である「思慮深さ／省察力」の育成に繋がると考えるからである。だが，〈解釈〉と〈分析〉の文学教育の理論では，「解釈―分析―解釈」の道筋を示し，文学作品の「読み」を媒介とし，

読み手の内部に「揺らぎ」「ズレ」を生じさせるための道筋は示そうとしているものの，その「揺らぎ」「ズレ」を媒介として，自己の語り直し（筆者は「自己物語」の語り直しと考えている）に至る道筋は示されていない。ここが，本実践・理論の課題と考える。

4）「多義的意味／内容重視」の実践・理論の特徴と課題

　「多義的意味／内容重視」の実践・理論は，読者の役割を重視し，作品を媒介として，自己形成，認識の変容を目指す。多様な解釈を認め，一つに絞らない。「多義的意味／内容重視」の実践・理論には，荒木繁の「問題意識喚起の文学教育」を初めとした「読者」の役割を重視した実践・理論（大河原忠蔵の「状況認識の文学教育」，太田正夫の「十人十色を生かす文学教育」，西郷竹彦の「関係認識・変革の文学教育」等），田中実らの「〈第三項〉と〈語り〉論」が入ると考える。本理論の特徴は，文学作品の解釈を目的とするのではなく，文学作品を媒介として，「現実世界」の自己の何らかの変容（状況認識，関係認識，自己認識，自己形成等）を文学教育の目的と明確に提示している点にある（「作品世界」内に限定され，「現実世界」の自己の何らかの変容を理論に想定されていないものは，除いている）。そこで，本稿では，作品を媒介し，生徒の「問題意識」を喚起し，生徒の現実認識を変えようとした荒木繁の「問題意識喚起の文学教育」，それを受け継ぎ，人間や社会の認識及びその認識方法を内側から育てようとした大河原忠蔵の「状況認識の文学教育」を取り上げる。「文学作品」を媒介として，「現実世界」の読み手の自己の語り直しをどうやって引き起こそうとしたのかを考察するのに相応しいと考える。

　文学作品を媒介（道具）として，自己の語り直しを迫る場合，学習者の内部に「揺らぎ」「ズレ」を生じさせる必要がある。そのことは，本章の 1 節で次のように述べた。「教育では，意図的に外部の物語（例えば，文学作品，他者の物語等を一つの道具にする）を立ち上がらせ，「自己物語」を自覚させ，他者と関わる中で，子どもたちの内部に，「揺らぎ」や「ズレ」を生じさせる過程が不可欠であり，より他者との関わりが求められるとい

えよう。」それは，クライエントと違い，学習者は，内部に「問題」を抱えて，文学の授業に臨むわけではないからである。だか，「文学作品」を与えたとしても，作品の力が強くない場合，学習者の「内部の物語」を自動的・固定的運用し，作品を読んでしまいがちになる。そうした場合，「外部の物語」は立ち上がらず，学習者の中に「揺らぎ」「ズレ」は生じなくなってしまう可能性が高い。そのための工夫が必要となる。また，「揺らぎ」や「ズレ」が生じた後は，その内部に生じた「揺らぎ」「ズレ」を克服するために，新たな自己（筆者は自己物語と考えている）が立ち上げることになる。では，それぞれの実践は，「外部の物語」を立ち上げ，内部に「揺らぎ」や「ズレ」を生じさらせるためにどのような手立てをしているのか，また，その「ズレ」を克服し，新たな自己が立ち上がるための道筋はどうなっているのかを考察する。

問題意識喚起の文学教育

　まずは，荒木繁の「問題意識喚起の文学教育」である。「問題意識喚起の文学教育」は，1953（昭和28）年6月14日の日本文学協会の大会で荒木繁によって報告された「民族教育としての古典教育 -「万葉集」を中心として-」に端を発する。その荒木の実践に対して，西尾実が1953年9月「文学教育の問題点」をまとめた中で，その実践の最も基本的となっている所を理論化し名付けたものである。

　荒木は，「生徒たちの現実認識と作品の現実認識とをぶっつけることで，自分たちの生きかたと作品の中の人物の生き方とかみ合わせいくようにした」（荒木 1955, p.33）。つまり，荒木の実践は，「戦後の植民地的現実の中で，自信を失っている自分たちの現実」と「今の人たちが失ったものをしっかりと持っている万葉集の中の人物の現実」（防人たちの生き方）との「ズレ」を認識させ，その「ズレ」を関係づけさせることで，「日本民族がこのようなすぐれた文学遺産を持っていたことに喜びと誇りを感じさせる」，つまり，「民族的自覚」を呼び起こそうとした実践といえる。そのために「上から押しつける教育はにせもの」であり，文学教育は，教えこ

まれるものではなく，自分なりの力で発見するものでなくてはならなかった。そう考える荒木にとって，文学作品との出会いは「生徒たちがどのように作品を受け止めるのか」から出発するものでなくてはならず，文学の目的は，「自分たちの内部にひそんでいる問題意識をゆさぶり自覚化させ，人間や社会や自然をこれまでと違った光のもとに照らしだし，見直せるに至る」（荒木 1970, p.10）ものでなくてはならなかったと考えられる。

状況認識の文学教育

　次に，荒木の「問題意識喚起の文学教育」理論を継承し，発展させた，大河原忠蔵の「状況認識の文学教育」を取り上げる。「状況認識の文学教育」がはっきりと提唱されたのは，1959（昭和34）年の日本文学協会の大会で発表された「文学的認識と作品鑑賞」においてである。

　大河原は，文学作品を媒介として，植民地的頽廃の中にいた高校生たちに，人間や社会の認識及びその認識方法を内側から育てようとした。つまり，「ある文学作品を読むことで，人間性の本質（人間いかに生きるべきか）や自分の直面する現実の諸矛盾（現実の何が問題か）を照らし出すだけでなく，現実をとらえる目（認識のあり方）を主体にしよう」（田近 1990, p.20）とした。

　大河原は，「状況認識」を「衝動，欲望，要求などの価値意識を内容とする主観的な認識と，外界を意識的に反映させる客観的な認識とが，文学の次元の上で，微妙にからみあって出てくる認識過程のことである（大河原 1968, pp.63-64）と述べる。つまり，大河原は，作品を読み，「登場人物の欲望・衝動から見た世界（主観的認識）」と「外部の状況を客観的に見た世界（客観的認識）」との「ズレ」に気付かせ，人間と社会を照らし出そうとする。そうすることで，学習者に「揺らぎ」「ズレ」を生じさせようとしている。なぜ，主体に欲望や衝動が生じた時なのか。それは，外界が主体に規制を与えた緊張関係の中でこそ状況となる。その緊張関係は，主体に欲望や衝動が生じた時に起こりやすいからである。また，作文を書かせることで，作品のないところでも，自己と自己を取り巻く状況を認識でき

る力を育てようとする。

　以上のことから，次のようなことが示された。一つは，〈語られた場〉
の「権力性」についてである。両実践の共通していることは，〈語られた
場〉の「権力性」に対して，ある面では敏感ではあるが，ある面では，鈍
感であるということである。敏感である部分は，「教室という場」の「権
力性」である。荒木は，教育科学研究会との論争においても，「この理論
がきわめて客観主義的傾向を持っていて，読み手の主体性が著しく軽視さ
れていることである。」（荒木 1970，p.23）と述べ，さらに，「教師によっ
て敷かれたレールの上を，知覚から理解へと進まされるのみで，生徒の自
由な自分の知からの文学発見の幅は，ひどく制限されてしまうのではない
か。」（同上書，p.24）と批判する。教師の強制的「外部の物語」が，安易に，
生徒の「内部の物語」に回収されることを恐れ，生徒の主体性を重んじて
いることがわかる。

　同じように，大河原は，「文学教育は，生徒が，自分の主体と，主体を
とりまく状況との緊張関係を，文学の次元でとらえていく能力を育てる教
育であると，私は考えている。」（大河原 1970，p.95）と述べ，「作品は何か。
これはたとえてみれば，生徒にのませる薬である。……中略……教師は番
兵ではない。医者である。この生徒にはどの薬をのませたらいいか。薬
を，どのように調合したらいいか。これについて考えるのが教師である。」
（同上書，p.95）と述べている。読者論が主張される前の文章である。生徒
の主体性を重んじ，一人一人に対応した指導をしていることがわかる。

　語り手が語る「物語」を読むとは，読み手が「聴き手」の位置から「語り」
を聴くことを意味する。「聴き手」は「聴くこと」を通して，内部に「物語」
を展開することになる。その「物語」が，「外部の物語」として立ち上がっ
た時，「聴き手」の内部に「揺らぎ」「ズレ」が生じることになる。ここま
では，学習者は「語り手」に対応する「聴き手」としての役割をすること
になる。次に，「聴き手」は，現実世界に戻り，今度は「読み手」として（あ
るいは，「自己物語」の「語り手」として）自己の物語を語り直すことになる。

ここからは，学習者は，「読み手」としての役割をすることになる。（これ以後は，「作品世界＝物語世界，語りの世界」の学習者を「作品世界の聴き手」，「現実世界」の学習者を「現実世界の語り手」＝自己物語の語り手，と呼ぶこととする。）

　学習者に，現実世界の自己の何らかの変容を起こすためには，学習者が「聴き手」の時に，教師の「権力性」をできるだけ弱め，学習者の自由な選択を保障することが不可欠ということを，両実践は示しているといえよう。高木は，「主体的」と「主観的」を「主体は，「意識的」に目的と手段とを「選択」することが可能になる。そういう状態を「主体的」と呼称し，……中略……主体的には「意識的」な「選択」は不可能で，そういう状態を「主観的」と呼ぶ」（高木 2001，p.66）と区別する。そう考えると，両実践の実践者は，「作品世界の聴き手」として，「現実世界の語り手」として，「主体的」に，学習者が授業に参加できるように働きかけていたとえよう。

　では，〈語られた場〉の「権力性」の鈍感な部分とは何であろうか。高木は，荒木の実践に対して，「「問題意識喚起の文学教育」と呼ばれた氏の『万葉集』の学習指導自体は，生徒たちが抑圧された民衆，という観点からのみ万葉の世界を読み取っていたことから推測されるように，読み手の「主観」に強く支配されたものだったと言ってよいのではないだろうか。……中略……採集された歌々に，「他者」の世界を見る前に，盛んにストライキが行われた1950年代という時代の文脈で一方的な色づけをしまっており……」（高木 2001，p.67）と述べている。

　まさに，筆者が鈍感というのはこの部分である。〈語られた場〉の「権力性」には，「教室という場」の「権力性」だけでなく，時代や文化の「権力性」もあることを示している。実践は，実践が行われた時代（例えば，敗戦後のわが国がアメリカの占領下からようやく脱げ出そうとした時期）の影響を受ける。作品という「物語」が時代や文化の影響を受けるように，教室の教師の語りも時代や文化の影響を受け，生成されると考える。それは，教室に「教室の物語」を形成してしまい，その「教室の物語」の中にいるものは，その枠組みで作品を読んでしまう（事実，抑圧された民衆とい

う「物語」で読んでいた）。つまり，教室で生成された「内部の物語」が自動的に立ち上がってしまう。しかし，その「物語」の中にいる人間には，気付くことができない。ここに，時代というものが生み出した本実践の限界があるのではないだろうか。

　これは，大河原実践にも言えることではないだろうか。浜本は，大河原の実践に対して，「大河原氏のあげる高校生の作文がすべて自己中心的で他者が見えていない点は，学習集団が問題にされていない点とあわせて特徴的である。」（浜本 1978, p.157）と述べる。自己の「物語」が相対化できていないことに対する批判である。状況は多くの場合，言語で認識される。言語で認識される以上，そこには常に，「語り手」や「書き手」が存在する。つまり，認識は，「私」という目を通した認識でしかない。自分をとりまく状況を認識するのも「私」であり，自己を支えている状況を認識するのも「私」である。しかも，その「私」は，時代や文化の影響を受けた「教室の物語」という枠組みの中での認識である。

　状況を捉える力を育成すると同時に，そのように捉えている「自己」を捉え直す方法が必要であろう。つまり，他者を媒介とし，他者と共同で，自己を語り直す，そのような力を育成することが必要といえよう。

　二つに，作品世界を媒介とした自己の語り直しの道筋についてである。自己の語り直し（筆者は自己物語の語り直しを考えている。）に至るためには，二つの役割を学習者は行う必要があると考える。1)「作品世界の聴き手」としての役割, 2)「現実世界の語り手」としての役割（自己物語の「語り手」でもある）である。　大河原（1968）は，「文学教育は，文学作品埋没教育であってはならない。文学作品からはなれたところで，自分をとりまく外部の状況と自分をささえている内部の状況を文学的に，するどく凝視し，きめこまかに分析していく力を育てることである。」（大河原 1968 p.82）と述べている。直面する現実を認識するだけではなく，社会に出ていった時にも，状況を認識することのできる力を育てることが文学教育の任務（田近 1999）と考え，文学作品埋没教育を行わない。そのために，作品世界の読み手（筆者の考える「作品世界の聴き手」）をくぐり抜け，その文体を

のりうつらせ，書き手（筆者の考える「現実世界の語り手」）となって，現実世界の状況を認識させることで，文学がない所でも，状況を認識する力を育てようとする。作品世界の「読み手」と現実世界の「書き手」を接続し，日常の中に，文学を生み出そうとする。「作品世界」と「現実世界」の接続の中に，これからの文学教育が学ぶべき視点があると考える。

　以上，自己の語り直し，「自己物語」の語り直しに関わる先行実践・理論として，綴り方・生活綴り方，文学教育を概観した。その結果，以下の課題が示された。一つに，自己を動的な「生成する（構成する）自己」と捉えることの必要性が示された。【課題④】自己の捉えには，「存在する自己」と「生成する（構成される）自己」の二つの捉えが想定される。前者は，「自己がある」という前提から出発する。そのため，自己の「位置付けられた場」や自己の「語られた場」に対する意識は弱くなる。綴り方や生活綴り方に見られる自己観がそうであった。「存在する自己観」の中には，「個人に閉じられた自己観」と「社会に閉じられた自己観」が示された。どちらの自己観も，場の中で，自己は生成され変化するとは考えていなく，自己の存在を前提としている。「個人に閉じられた自己観」は，綴り方に見られる自己観で，独立した自己が存在し，主体は自己の内面をみつめ，それを語る/綴ることで表現すると捉える。教師の拘束を極力減らし，自由に表現させようとするが，反面，時代や社会の影響は考慮せず，社会性に乏しいということが示された。それに対して，「社会に閉じられた自己観」は，生活綴り方に見られる自己観で，独立した自己は存在するが，社会との関わり矛盾に気付く中で，自己が広がり，「社会的に閉じられた自己」を想定している。つまり，私の中へ他者を取りこみ，その中で，自己を見つめさせ，それを語る/綴ることで表現すると捉える。「自己」を時代や社会の影響の中で捉えようとはするが，教師と子どもの「権力関係」には鈍感であるため，教師の脅迫的な「外部の物語」に子どもの「内部の物語」が回収されてしまう危険性まで意識が向いていないことが多い。明治からの日本の教育を，このような自己観から捉えられることが示された。

　それに対して，後者の「自己は生成される（構成される）」，例えば，関

係の中で役割が付与される＝関係的な自己，物語ることで自己が生成される＝物語的自己と考えた場合，自己は「位置づけられた場」や「語られた場」の影響を受けると捉えるため，〈位置づけられた場〉〈語られた場〉に対する意識は強くなる。その場の「権力関係」にも敏感になる。「自己の存在」を前提とせず，自己を「物語」と考え，語り直すことで，新たな自己が立ち上がる。自己は，常に生成の可能性を持っており，固定的なものではなく，動的なものであると捉えるべきであろう。国語教育の中で，自己を語り直す力を育成する場が求められていると考える。

　また，永田（2009）は，国語教育における自己観を考察し，国語教育の研究者には，一元的自己観（自己の一貫性や整合性を重視するような自己観）を持つ者が多く，一元的自己観の持つ課題を指摘している。その課題を乗り越えるために，一貫した自己観を拒否しつつ連続性を重視することを主張する。筆者は，自己は場の中で物語ることで構成され，語り直すことで新たな自己が立ち上がると考える。つまり，場に応じて複数の自己が構成され，その自己は「物語」ることで，永田のいう連続性が担保されるとも考える。つまり，自己を「物語」と捉え，「語り直す力」を育成することで，永田の主張する「一貫した自己観を拒否しつつ連続性を重視する」ことが可能になると考える。

　<u>二つに，時代や文化という「権力性」を乗り越える必要性が示された。</u>
【**課題⑤**】本先行研究では，〈語られた場〉の「権力性」には，〈教室という場〉の「教師—子ども」の「権力性」たけでなく，学習者と教師が「いま，ここ」で生きている「時代や文化」という「権力性」の影響を受けることが示された。荒木は「敗戦後のわが国がアメリカの占領下からようやく脱げ出そうとした」1950年代の，大河原は「植民地的頽廃の中にいた高校生たち」に対する1960年代の，共に時代や文化の影響を受けた実践である。その時代や文化は，教師に影響を与え，教室に，一つの「物語」を形成してしまう。作られた「教室の物語」は，一つの権力として学習者の思考を制限する。学習者は，無意識にその制限された枠組みの中である語りや表現をしてしまう。そのため，教師も学習者もそのことに気付けな

いことが示された。だからこそ，自己を相対化し，自己を捉え直す方法が必要である。つまり，他者を媒介とし，他者と共同で，時代や文化の中にいる自己（自己物語）を相対化し，語り直す，そのような力を育成することが必要といえよう。

　三つに，文学を日常に生かすという視点の重要性である。【課題⑥】これは受け継ぎ，発展させるべき課題である。大河原は，「事物は単なる対象ではなく，状況の意味を帯び，その本質は，具体的なイメージによってつかまれる。」（大河原 1968, p.9）と述べ，イメージの重要性を指摘し，「生徒たちが一つ一つの小さなイメージをも〈思想〉と結びつけることができるようになること，そこに文学教育のねらいがある。」（同上書, p.28）と，イメージと思想の結び付きを主張する。そして，その思想とは，「理性では，けっしてできないこと，すなわち感覚，欲望，衝動または行動をコントロールできる。それが本質的な一面である。」（同上書, p.16）と述べている。そして，イメージから思想の移行へと導くものの一つが，「テノヒラ型の思想」であった。

　大河原は，「読み手」として文学作品に対するテノヒラ型思想による状況認識が，今度，「書き手」として「現実世界」の状況を認識し作文を書く時に働き，「作品のないところでも，自己と自己をとりまく状況を認識する力」になると考えた。つまり，「テノヒラ型思想」を媒介として，「作品世界」の状況を認識する「読み手」と，「現実世界」を認識する「書き手」とを結び付けようとした。「作品のないところでも，状況を認識する力」を育成するために，「作品世界」の状況を認識する「読み手」と「現実世界」の状況を認識する「書き手」とを結び付けることを重視していた。

　文学教育の目標を自己変革あるいは自己形成，自己確立におき，自己の捉え直しを行おうとしている研究や実践は多い（浜本1993, 田近 1975, 府川 1995）。しかし，「作品世界を体験した学習者」と「現実世界の学習者」とをいかに接続させるか，この課題は，大河原らの実践以後，ほとんど明らかになっていないといえよう。「自己物語」を語り直す力を育てるためには，「作品世界を体験した学習者」と，「現実世界の自己物語を語り直す学

習者」とを，接続させることが重要な課題といえよう。

3　文学教育と「語り直す力」の育成

3-1　国語科教育と物語的行為

　現在の国語科教育において，「物語」を「語ること」（物語的行為Ⅰ），「聴き取ること／読み取ること」（物語的行為Ⅱ），「語り直すこと」（物語的行為Ⅲ），あるいは，自己を「語ること」（物語的行為Ⅰ），「聴き取ること／読み取ること」（物語的行為Ⅱ），「語り直すこと」（物語的行為Ⅲ），このような物語的行為は，どのよう場で行われているのだろうか。表1に，「物語的行為」の場を，「物語る場」と「聴き取る場／読み取る場」の二つに分け，それぞれを「書く―語る」，「読む―聴く」の観点からさらに分ける。その結果，1：読むことで展開する，2：聴くことで展開する，3：書くことで

表 1　国語科教育における「物語的行為」の場

	物語的行為	フィクション／人生	出力する言語	例
1	読むことで展開する「物語」	物語（文字）	音声	交流
			文字	感想文等
		自己物語＝日記・伝記等（文字）	音声	交流
			文字	感想文等
2	聴くことで展開する「物語」	物語（音声）	音声	交流
			文字	インタビュー記録
		自己物語＝スピーチ等（音声）	音声	交流
			文字	感想文
3	書くことで生成する「物語」	物語（文字）	文字	創作
		自己物語（文字）	文字	新聞，日記
4	語ることで生成する「物語」	物語（音声）	音声	
		自己物語（音声）	音声	スピーチ

生成する，4：語ることで生成する，の四つに分けた。

　筆者の30年間の小学校教諭としての経験を基に，「物語的行為」が国語科教育として，どのような場で，行われているかを考察した。小学校八校の経験を基にしたものを，表1に示す。1：読むことで展開する「自己物語」は，国語科教育の文学作品の「読み」の授業（日記・伝記等）及び交流，2：聴くことで展開する「自己物語」は，国語科教育の「スピーチ」の授業の一部，3：書くことで生成する「自己物語」は，国語科教育の「作文」の授業の一部，4：語ることで生成する「自己物語」は，国語科教育の「スピーチ」の授業の一部，行われている。

　これらのことから，国語科教育における「自己物語」の語り直しの場には，次のようなことが示唆される。一つに，国語科教育における「物語的行為」は，「文学作品」を読むことで展開する「物語的行為」が中心であり，「自己物語」を読み合う場は，文集の交流や「二分の一成人式」などの特定教材に限定され，その機会は少ないといえる。「文学作品」を読む場合も，感想文を書き，その中に，「自己物語」が語られることもあるが，多くの場合，作品の解釈，つまり，「作品世界の聴き手」として感想を述べることが多く，「現実世界の語り手」として，「自己物語」を語ることは少ないといえる。また，感想も授業の最後に書かれることが多いため，「自己物語」の書き直す（語り直し）を学ぶ場は少ないといえよう。

　二つに，「自己物語」を語る場は，「スピーチ」の一部として行われているだけのため，「自己物語」を語る場も，友達の「自己物語」を聴く場も少ない。その結果，友達に「自己物語」を聴いてもらうことで，新たな「自己物語」を語り直すこと，友達の「自己物語」を聴くことで，新たに「自己物語」を立ち上げること，そのような語り直す力を習得する場は少ないといえよう。

　三つに，「自己物語」を書く場は，「作文」の一部として行われているだけのため，「自己物語」を書く場も，友達の「自己物語」を読む場も少ない。その結果，共同で，互いの「自己物語」を語り直す場は少なく，「語り直す力」を習得する場は少ないといえよう。

自分や他者の経験を時間的枠組みの中に位置づけ，固有の意味ある状況として物語ったり（書いたり），他者の経験を意味ある物語として受け取ったり（聴いたり，読んだり）する場，さらに，そのような場を共有することで，共同でお互いの「自己物語」を語り直す場を位置づけることが必要であると考える。では，それはどこに位置づければよいのだろうか。国語科教育の中に位置付ける，あるいは，他の教科（例えば，総合学習）などの中に位置づけることも考えられるであろう。「自己物語」は言語を媒介として，語られることで生成される。そうである以上，国語科教育は，「語り直す力」を育成の中心を担うべきと考える。

3-2　なぜ　文学教育で「語り直す力」を育成するのか

3-2-1　なぜ，文学作品を媒介とするのか

　自己物語の語り直しは，二つのズレの過程を媒介として起こることが示された。以下の過程である。

1）〈出来事や外部の物語等と「自己物語」とのズレ〉を媒介にし，「自己物語」の機能不全や揺らぎを生み，内部に亀裂や裂け目（出来事と出来事のズレ）が生じる過程。

2）1）で生じた〈出来事と出来事のズレ〉を媒介にし，そのズレを克服しようとして，「自己物語」の語り直しが起きる過程。

　学校教育において「語り直す力」を育成するには，このようなズレを意図的に生じさせる場を設定する必要がある。例えば，国語科教育の「スピーチ」や「生活作文」等は，日常の中で，すでに体験した心に残る出来事を掘り起こすことで，「自己物語」を語り直そうとする。しかし，「スピーチ」や「生活作文」を書かせただけでは，学習者は，すでにある「内部の物語」が立ち上がり，その「内部の物語」の枠組みで，出来事・体験を選択・編集してしまうため，内部に「揺らぎ」「ズレ」は生じない。そこで，何かを媒介として，内部に「揺らぎ」や「ズレ」を生じさせようとする。しかし，学校教育においては，人生における予期せぬ出来事や喪失

などのような否定的な出来事を，意図的に体験させるわけにはいかない。そこで，一つには，心に残る「直接体験」を媒介にして，その人の新しい「自己物語」が立ち上がらせようとする方法が取られる。例えば，ポランティア体験や苦しみを乗り越える体験等である。だが，この感動体験を媒介とする方法は，強い否定的出来事のように，「自己物語」が機能不全を起こすわけではない。そのため，内部に亀裂や裂け目が生じず，一時の変容はあっても，やがて忘れられ，元の「自己物語」が自動的に立ち上がってしまうことが多い。つまり，学校教育においては，〈出来事と「物語」のズレ（タイプ1のズレ）〉は起こりにくいといえよう。もう一つは，文学作品（物語，詩等）等の「間接体験」を媒介にして，その人の新たな「自己物語」を立ち上がらせようとする方法である。筆者は，この方法こそが有効と考えている。その根拠については，次節で述べる。

なぜ，文学作品を媒介とするのか

　文学作品を媒介とする理由は，第一に，文学作品の「登場人物の自己像や世界像」を語り直す体験は，「自己物語＝自己像や世界像」を語り直す時の観点を与えてくれると考えるからである。人生もフィクションとしての作品も，共に，「語り手」によって生成された「物語」であり，その生成過程は，次のような共通点を持つ。人は自分が生きている意味を求め，現実世界を理解しようとする。人は時間的世界の中に生きているため，絶え間なく変化する現実に秩序と意味を与える「物語」によって，初めて，意味づけが可能となる（リクール 1987）。つまり，人生は，生きている意味を求め，日々変化する出来事を，語り手が編集し「筋立」て，「実際に起きたかのように」物語った「人生という物語」といえる。同じようにフィクションも，語り手が出来事を取捨選択し，「筋立」て，「実際，起きたかのように」物語った「物語」である。ただ，フィクションとしての「物語」は，人の経験に新たな可能性が開示され，変形され（リクール 1990），「現実世界」の出来事を模倣しながらも，「現実世界」を超えた可能世界を描こうとする点に差異がある。だが，両者は共通の生成過程を

持った「テクスト」である。だからこそ，学習者が，「作品世界の聴き手」として，「登場人物の苦悩や葛藤」，あるいは「語り手の欺瞞や虚偽」やそれに伴う「語り手の苦悩や葛藤」等の，体験と語り直しは，「現実世界」の「自己物語」を語り直すための観点を学ぶことになる。つまり，学習者は，「作品世界の聴き手」として，登場人物になったり，あるいは（物語世界）の語り手になったりといつもの自分ではない自分を体験する。この体験は，「作品世界」を鏡として，「登場人物や語り手」の中に，自分をみることにもなる。例えば，「登場人物の中にある傲慢さは自分自身の中にもないだろうか。」「あの弱さは，自分自身の中にもある。」と。その結果，「作品世界」の学習者の内部に「揺らぎ」や「ズレ」を生じさせることになる。この「揺らぎ」や「ズレ」は，「現実世界」の自己物語を語り直すための観点になると考える。また，「作品世界」を「登場人物や語り手」の視点と「聴き手」の視点を往復しながらの捉えは，「現実世界」の自己物語を「語り手」と「聴き手」の視点を往復しながら捉えることに繋がると考える。これらのことが，自己を相対化するために有効に働くと考える。

　第二に，二つの役割（「作品世界の聴き手」，「現実世界の語り手」）を行うため，「自己物語」と「距離」を持って接することができることである。つまり，「自己物語」を相対化しやすいことにあるといえよう。「間接体験」では，「作品」を媒介として，「外部の物語」を立ち上げ，内部に「揺らぎ」「ズレ」を生じさせようとする。つまり，〈「外部の物語」と「内部の物語」のズレ（タイプ2のズレ）〉を起こそうとする。そう考えると，「間接体験」では，1)「作品を読む→新たな自己物語を語る」，2)「作品を読む→新たな自己物語を書く」，3)「（作品）を聴く→（新たな自己物語）を語る」，4)「（作品）を聴く→（新たな自己物語）を書く」の四つの流れが考えられる。（「間接体験」の媒介物は，文字言語を中心に，絵や写真作品も含む）どちらにしても，学習者は，初め「作品世界の聴き手」として，次に「現実世界の語り手」としての二つの役割を担うことになる。（文学作品の「読み」の授業では，1)，2)が中心で，しかも，文字言語作品がほとんどである。絵本等を使った「読み」の授業の提案（山元　2013, 2014）はあるものの，まだ少ない。）

　それに対して，「直接体験」では，出来事を媒介として，内部に「揺ら
ぎ」「ズレ」を生じさせようとする。つまり，〈出来事と「内部の物語」の
ズレ（タイプ 1 のズレ）〉を起こそうとする。「直接体験」は，出来事に「自
己物語」が近いため，「体験があまりにも深く語り手をとらえてしまい，
当事者の視点から距離をおいた語り手の視点を確保することができなく」
（浅野 2001, p.19）なってしまっているといえる。（逆に，「作品」を媒介とし
た「間接体験」では，直接，学習者の人生に跳ね返ってこないため，当事者意
識の希薄な評価者に陥ってしまうという危険性も持っている。）

　学習者は，自分の内部に展開された「作品世界」の語り直しを媒介とし
て，「現実世界」の「自己物語」を語り直すことになる。つまり，フィク
ションを要素として生成された「作品」を，学習者は「現実世界」から「作
品世界の聴き手」として参加し，「外部の物語」を知る。学習者は，再び，
「現実世界」に戻り，「現実世界の語り手」として，「語り手」と「聴き手」
を往復しながら「自己物語」の語り直しを行うことになる。つまり，「文
学作品」の「作品世界」を語り直すことを媒介として，「現実世界」の人
生を豊かに語り直すことができるようになると考える。

　第三に，文学の機能を活用するためである。S. J. Schmidt（1980）は，
文学の機能を「認知的機能（人間の生き方に関わる追求）」，「社会的機能」
「娯楽的機能」に分類している。尹は，「人に美感を与え，純粋な感動を引
き起こさせ，人生の充実や教養に有益になる側面」を文学作品の芸術機能
と定義（尹 2009, p.50）し，社会的機能は，芸術的機能を基本的機能とし，
娯楽機能，宣伝機能へと広がっていったと説明する。（尹は，娯楽機能を社
会的機能に位置づけている。）文学が社会改良のための宣伝機能として，積
極的に政治利用された歴史もある。文学作品は，人の心を引きつけ，感化
し，感動を与え（芸術的機能），そのことを通して，人間の生き方を考えさ
せてきた（認知的機能）。このような文学の機能は，学習者の内部を「揺ら
ぎ」「ズレ」を生じさせる大きな力を持っていると考える。

　文学教育が，文学作品を教材とした教育である以上，文学の種々の機能
を援用するのは当然であろう。文学作品を読むという行為は，「作中人物

が自分の人生を語り直す過程（登場人物の変容が描かれることが多い）」を語る，語り直す行為であり，「語り手」の描く世界を捉え直す行為でもある。また，文学作品の「物語」は，悪も毒も含み込む「物語」であるため，「読み手」の内部に展開する「物語」を意識化・相対化させ，内部に「揺らぎ」「ズレ」を生じさせ，新たな「物語」を生成し続ける大きな力となると考える。このような文学の機能を巧く利用することで，「自己物語」を「語り直す力」を育てることが可能になると考える。人生を変化させ，創造する力となると考える。

　サルトルは「飢えて死ぬ子どもを前にしては文学は無力である。」という（平井1968）。確かに，文学は，飢えて死ぬ子どもを前にして無力である。死という出来事を変えることはできない。だが，その「現実世界」を捉えているその人の枠組み（自己物語）を変えることで，その死の意味を変えることはできる。そうすることで，例えば，死という出来事を自分の人生の中に意味づけ，捉え直すことを可能とし，その子の死を意味あるものにすることはできる。「自己物語」を語り直すことは，「現実世界」を捉え直すことであり，「現実世界」を捉える自己を捉え直すことである。このような「語り直す力」は，文学を日常の中に生かすことを可能にし，人生を「語り直す力」となると考える。

　以上，三つの点から，文学作品は，学習者に「自己物語」の語り直しを起こすための有効な方法と考える。

4　「語り直す力」を育てる文学の授業の理論構築

4-1　「語り直す力」を育てる文学の授業の理論構築

——「作品世界」の「聴き手」と「現実世界」の「語り手」を接続するために——

先行研究の考察から得られた課題を示す。

1）子どもの内部に「揺らぎ」「ズレ」を生じさせることの必要性【**課題①**】

2）教育における非対称性という「教育関係」を乗り越える必要性【**課題②**】

3）「大きな物語」に立ち戻るのでもなく，ただ「小さな物語」に埋没するのでもない，新たな道を模索しなければならないという「困難性」。この時代が抱える「困難性」を乗り越える必要性【**課題③**】

4）自己を動的な「生成する（構成する）自己」と捉えることの必要性【**課題④**】

5）時代や文化は，教師に影響を与え，教室に，一つの「物語」を形成してしまう。作られた「教室の物語」は，一つの権力として学習者の思考を制限する。学習者は，無意識にその制限された枠組みの中である語りや表現をしてしまうという課題を乗り越える必要性【**課題⑤**】

6）「作品世界を体験した学習者」と，「現実世界の自己物語を語り直す学習者」とを，接続させることの必要性【**課題⑥**】

先行研究の検討から得られた課題1）から6）について，考察する。

4-1-1　文学体験を起こすための授業理論【課題①，課題⑥を乗り越えるために】
4-1-1-1　二つの授業理論より

教育においては，「外部の物語」を立ち上げ，内部に「揺らぎ」や「ズレ」を生じさせることが不可欠であることが示された。では，「外部の物語」はどのようなものか想定され，「ズレ」はいかにして生じるのだろうか。そこで，丹藤と須貝の論争を基に考察することにする。（丹藤 1997，須貝 1999）。丹藤は，中学校で「よだかの星」を教材に飛び込みの授業を行う。授業の流れは以下の通りである。

① 自分の率直な反応を表出させる。

② 他者と読みを交流させる。

③ 感想文を書く。

丹藤は，「主体的な読みの要諦は，いかに他者を他者としてあらしめ，

115

それに関わるかにある。」（丹藤1997, p.55）と述べ，「作品は読者のうちに感動を喚起することで読者の既有コードに対して変容または解体を促そうとする。」（丹藤，p.55）と述べている。両者の論争について，難波が簡潔に整理してくれている。難波は，「何が変えるのか」というテーマで整理し，「丹藤は，変えるものとして，「文学作品という教材」と「クラスメート」と考えており，その両者とも「他者」と呼んでいることがわかる」（難波 2008, p.177）と述べている。つまり，丹藤は，学習者の「内部の物語」を揺さぶる「外部の物語」として，「他者（学習者）の物語」と「文学作品という物語」を想定していることになる。だが，文学作品は，そのまま「外部の物語」として立ち上がるわけではない。学習者の「内部の物語」に回収されてしまう可能性も高い。それに対して，丹藤は，「読者は疑問・反発・驚異などさまざまな反応を起こし読者なりの経験や感性にもとづいてテクストを変形・加工」（丹藤，p.55）し，一方「文学作品は，……中略……読者をオリジナルな世界に引き込み何らかの作用・効果を及ぼそうとする。」（同上書，p.55）と述べる。これらのことから，丹藤は，作品の読者への作用・効果と，それに対する読者の反応，そのせめぎあいの中で，読者の「内部の物語」が「揺らぎ」「ズレ」が生じると考えていることがわかる。さらに，「外部の物語」としては，「他者（学習者）の物語」「文学作品という物語」を想定していることがわかる。

　それに対して，須貝は，丹藤が「表層のストーリー」のみで実践し，「深層世界」を読んでないことを批判する。つまり，丹藤の実践は，「物語世界」からの作用・効果と学習者との「ズレ」，「物語世界」の学士者同士の反応の「ズレ」を問題にしているに過ぎない，というのが須貝の批判と考えられる。では，須貝のいう「深層世界」を読むとは，「〈語りの世界〉に眼を向けて，〈語り手〉の〈語り〉を考察の対象にすることで，〈語り〉の支配力を相対化し，それによって汚染された〈わたしのなかの他者〉を相対化する」（難波 2008, p.179）ことであり，「〈物語世界〉だけで解釈する「わたし」（〈わたしのなかの他者〉）と〈語りの世界〉にまで視野を広げて解釈した「わたし」との葛藤」（同上書，p.179）を読むということになる。で

は，須貝の論では，「何が変える」ことになるのだろうか。難波は，通常の「読み」では，「語りの世界」まで考慮することはなく，そこに気付かせる者が必要である。そこで，「教師の読み方，教師の読みそのもの」（難波 2008, p.180）が他者ではないかと述べている。これらのことから，須貝は，「語りの世界」を通過した「私」と「物語世界」だけを解釈する「私」と「語りの世界」を通過した「私」とのせめぎあいの中で，「揺らぎ」「ズレ」が生じると考えていることがわかる。さらに，「外部の物語」として「他者（教師）の物語」を想定していることがわかる。

　以上のことから，1）「外部の物語」として，①「他者（学習者）の物語」，②「他者（教師）の物語」，③「文学作品という物語」が考えられることが示された。2）「文学作品という物語」を立ち上げ，学習者の内部に「揺らぎ」「ズレ」を生じさせるには，①「物語世界」をくぐり抜けた「私」とそうでない「私」とのせめぎあいによる「ズレ」，②「物語世界」だけをくぐりぬけた「私」と「語りの世界」をくぐりぬけた「私」とのせめぎあいによる「ズレ」があることが示された。

4-1-1-2 「文学体験」――「作品という外部の物語」が立ち上がるために――

　異なる世界（例えば，「物語世界」と「語りの世界」）をくぐり抜けた「私」のせめぎあいの中で「揺らぎ」「ズレ」が生じることが示された。では，「物語世界」や「語りの世界」を学習者はどのようにしてくぐり抜ければよいのだろうか。このように学習者が「作品世界」をくぐりぬける体験を「文学体験」と捉える。

　難波（2007）は，文学体験を「参加」→「同化」→「対象化」→「典型化」の四つの段階で捉える。それぞれの段階について，難波は，次のように説明する。「読者が現実世界を離れ，「語りの世界」に入ること」（難波 2007, p.26）を「参加」という。「参加」では，読者が本当に「語りの世界」に入るのではなく，「頭のイメージの中で，ちょうど自分の分身が「語りの世界」に入っていくのです。」（同上書, p.26）と説明する。「語りの世界にいる分身が「作品世界」に入り込み，その主人公と同じような感情をいだ

き，同じように喜び悲しむこと」（同上書，p.27）を「同化」という。「同化」
では，「いつもの自分でない自分が活躍することになる」（同上書，p.27）。
「登場人物に距離をおき，自分の分身から少し距離を置いてみること」を
「対象化」という。ここでも，「いつもの自分でない自分が活躍する」（難
波2007，p.28）。「文学体験を経た分身が，現実世界に戻り，いつもの自分
と対話を初め，現実の自分の行動や思考感情に影響を与えることになる」
（難波 2007，p.29）を「典型化」という。「同化」は低学年，「対象化」は中
学年，「典型化」は，高学年の到達目標としている。つまり，「参加」「同化」
「対象化」までは，学習者（分身）は，「作品世界」の「聴き手」としての
役割を担い，それに対して，「典型化」では，学習者は，「現実世界」の「読
み手」（自己物語の語り手）としての役割を担うことになるといえる。

　山元・住田（1996）は，加齢による，学習者の文学作品に対するスタン
スの発達を研究している。その結果，文学体験の発達として，1）「参加
者的スタンス」つまり，「人物への同化」がまず確立されて，その後，「観
察者的スタンス」，つまり，同化と異化を兼ね備えた「全局的視野の獲得」
が進んでいくこと，2）その変化は小学校3年生と4年生の境で起こるこ
と，を明らかにしている。また，住田他は，学童期と幼児期の境界領域で
は，「同化体験」の前に，「素朴な参加＝作品世界にその世界の構成員とし
て，「その身体のまま，素朴に参入する関わり方」（住田他2001，p.57）があ
ることを指摘している。そして，「同化」前に，「参加」を位置づけた「〈素
朴な参加〉（住む）」→〈人物への同化〉（なる）→〈全局的な視野の獲得〉
（見る）の大まかな3段階の発達モデル」（同上書，p.58）を提案している。

　難波（2007）は，文学体験（発達も含む）の道筋を示し，山元・住田
（1996），住田他（2001）は，文学体験の発達の道筋を示している。これら
の研究からいえることは，文学体験は，「参加」（すむ）→「同化」（なる）
→「対象化」と進み，発達の道筋も同じように進むといえよう。それぞれ
の概念の理論的検討を行い，「物語世界」や「語りの世界」を学習者はど
のようにしてくぐり抜ければよいのか，また，「現実世界」の自己物語の
語り直しとどのように接続すべきか，を考察する。

「参加」概念の検討

　難波（2007）は，「参加」概念を，「現実世界」から「語りの世界」への参加と捉えており，「現実世界」の学習者と「作品世界」の学習者とを明確に区別している。だからこそ，「参加するのは分身」でなくてはならず，「いつもの自分ではない自分」なのである。それに対して，住田他（2001）は，「その身体のまま，素朴に参入」と説明している。「現実世界」の学習者がそのまま参加し，「作品世界」の学習者と「現実世界」の学習者とは，明確に区別されていない。また，「現実世界」の「典型化」が難波（2007）では位置づけられているが，住田他（2001）では，位置づけられていない。これらのことは無関係ではないと考える。筆者は，作品を媒介とした「語り直す力」の育成を通して，「現実世界」の自己物語を「語り直す力」を育成することを目指している。そのためには，難波の「参加」概念のように，「作品世界の聴き手」としての学習者と「現実世界の語り手」としての学習者を明確に区別し，その上で，両者を接続させることが不可欠と考える。

「同化」概念の検討

　次に，「同化」概念を検討する。難波は，「主人公と読者とは異なる人間ですから，……中略……同じ感情をいだくとは限りません」（難波 2007, p.27）と述べ，「参加しているのは「自分の分身」です。だから，「同化」するのも、読者がまるごとその登場人物に感情移入するわけではありません。」（同上書，p.27）と述べている。確かに，他者に完全に「同化」できないことを述べている。そうならば，「同化」概念を「他者理解」と位置づけた方がよいのではないだろうか。結果として，共感を示したり，感情移入したりすることはある。他者を理解するために，他者を「くぐりぬける」のである。「他者になって」「他者の目」で，「他者の耳」で，同じものを見，聴いて，他者を理解しようとする。また，人は，他者の経験を経験することはできないが，他者の経験を想像することはできる。他者の見たこと，感じたことを想像し，「共通の経験」を想像することで，理解が

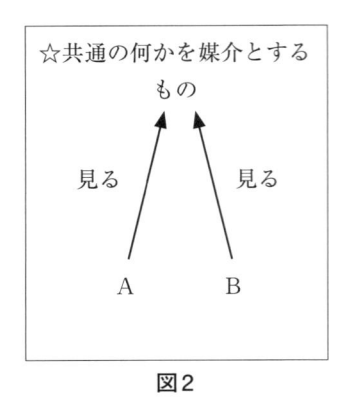

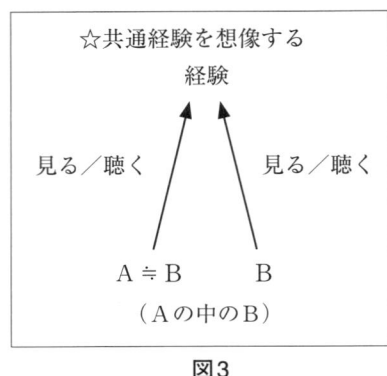

図2　　　　　　　　　　　　　図3

深まる。

　「同化」は「対象化」と密接に関わると考える。「同化」をせずに，「対象化」を行ったならば，学習者の「内部の物語」が立ち上り，学習者の視点で他者は読み取られ，「内部の物語」に回収されてしまう可能性もある。「相手の目で見，耳で聴き」，相手の立場に立ちきることで初めて，相手の位置から離れることが可能になると考える。そのためには，「対象化」の前に，「同化」が不可欠といえよう。

　「同化」では，何を理解すればよいのだろうか。この点について，ブルーナー（1990）の「二つの風景」を援用する。ブルーナー（1990）は，文学理論家のグレマスとコルテス（Griemas & Courtes 1976）を援用し，「物語」には，「二つの風景」―「行為の風景」と「意識の風景」があるという。「行為の風景」とは，プロットを構成する一連の出来事と時間を超えた基本的テーマである。「意識の風景」とは，「その行為に関わる人々の知っていること，考えていること・感じたこと」等（ブルーナー 1990, p.21）から成る。ところが，テクストには，読者が補填しなければならない不確定性（空所）が準備されており，読者にこの「空所」をイメージによって確定することを求める（イーザー 1982）。ブルーナー（1990）は，空所には，「行為の風景」（例えば，読者が埋めるべき出来事の「裂け目」）だけでなく，「意識の風景」（出来事からどう意味づけたのか等）もあるという。人は，出来事を筋立（行

為の風景）て，意味を生成（意識の風景）する。また，その意味づけ（意識
の風景）に反応して，次の行為（行為の風景）を行う。そう考えると，「同
化」において，「聴き手」である学習者が行う理解は，その登場人物になっ
て，見，聴き，「私，○○は，その一連の出来事からどう考えたの，どう
意味づけしたのか」あるいは，「私，○○の考えは，どんな出来事からそ
う考えたのか。」と，「行為の風景」と「意識の風景」の「裂け目」や両者
を往復運動するような推論を，「○○になって」することが，登場人物の
理解になると考える。このことは，「登場人物」だけでなく，「語り手」に
「同化」し，語り手の視点から「語りの世界」を捉える場合にもいえる。「語
り手の語りの中にある欺瞞や虚偽」やそれに伴う「語り手の苦悩や葛藤」
等の「語りの世界」を読むためには，「語り手」の「相手の目で見，耳で
聴き」，「行為の風景」や「意識の風景」を推論することが必要となる。

　ナラティブ・アプローチのホワイトは，この「行為の風景」，「意識の風
景」（ホワイトは，「意識の風景」を「アイデンティティの風景」の用語に変え
ている）を心理療法に援用し，「行為の風景と意識の風景という概念は，
人生における人々の意味作成活動についての理解，私的なナラティブ構成
についての理解，そして日々の行為を通じた人々のアイデンティティ構成
についての理解にとって，適切だと思われる。」（ホワイト2009, p.68）と述
べている。つまり，文学作品の「読み」における「行為の風景」と「意識
の風景」の推論は，「現実世界」における「自己物語」の語り直しに貢献
するといえよう。

「対象化」概念の検討

　「対象化」概念について，検討する。「文学作品という物語」を立ち上げ，
学習者の内部に「揺らぎ」「ズレ」を生じさせるには，①「物語世界」を
くぐり抜けた「私」とそうでない「私」とのせめぎあいによる「ズレ」，
②「物語世界」をくぐりぬけた「私」と「語りの世界」をくぐりぬけた「私」
とのせめぎあいによる「ズレ」があることが示された。①の「ズレ」が成
立するためには，「作品世界の聴き手」である学習者は，「物語世界」の登

場人物に「同化」する必要がある。つまり，「○○になって，○○を理解する」必要がある。同じように，②の「ズレ」が成立するためには，学習者は，「語り世界の語り手」に「同化」する必要がある。つまり，「語り手になって，語り手を理解する」必要がある。次に，「同化した，つまり，○○になった私」から少し距離を置いて，もう一人の私が「○○になった私」を「見る」ことになる。これが「対象化」である。その時，学習者は，「私ならこんなに悲しまないのに……」「ぼくだったら……」（難波2007，p.28）と「○○になった私」をメタ認知することになる（○○そのものは，私には永遠にわかりようがない）。②の場合，学習者は「語り手」をくぐりぬけているため（＝同化），「語り手の語りの中にある欺瞞や虚偽」やそれに伴う「語り手の苦悩や葛藤」等の「語りの世界」を読むことが可能となり，違った質の「ズレ」を体験することになる。

　だが，この「対象化」が「同化」した登場人物や「語り手」に対する，評価や批判だけになった場合，学習者の「内部の物語」が立ち上がり，「○○になった経験」を自分の枠組みだけから捉えてしまい，「外部の物語」が立ち上がらなくなる。それを防ぐためには，登場人物や「語り手」を他者と見て＝（「異質な，わからない者」とみなし，その「わからなさ」を抱えたまま過ごす）ことが必要である。そして，できるだけ自分自身の個人的文脈に沿って「感じたこと・気付いたこと」を述べ，同時に，そのことが，ただ個人的文脈から生まれたものではなく，「他者の語り」との繋がりの中で生成されたことを述べる，「脱中心化」することが不可欠と考える。森は，「対象化」する学習者に，苦痛を抱えた「目撃証人」の役割を付与することを提案する。そうすることで，「自身の苦痛を語るとき，その語りは虚構でありながら現実のものとなる契機を見出すことができる」（森2013，p.47）と述べている。つまり，目撃者は目撃者であるがために，その出来事に対して何もできないという苦悩を抱える。だから，「現実世界との隔たりが解消させはしないが，しかし，抱かれる葛藤や矛盾が「ほかならぬ私自身のものである」という点において歩み寄ることを可能にする。」（森2013，p.49）と述べている。この森（2013）の考えは，ホワイト（2004，

2009）の「定義的祝祭」における，アウトサイダーウィットネス（外部の証人）に，自分自身の個人的文脈に沿って「感じたこと・気付いたこと」を，同時に，そのことが，ただ個人的文脈から生まれたものではなく，「他者の語り」との繋がりの中で生成されたことを，語ってもらう（脱中心化）のと共通点も多い。

「典型化」概念の検討

　最後に，「典型化」概念について，検討する。難波は，「「いつもの自分ではない自分」が「いつもの自分」と統合されるとき，分裂を孕んだものとなる」（難波 2007, p.29）と述べ，「作品の中に入り込んでいろいろ考えた自分」と「そうしなかった自分」（同上書, p.29）との分裂であるという。つまり，「文学体験をしたいつもの自分でない自分」と「いつもの自分」との分裂が生じることになる。難波は，これ以上は説明されていない。そこで，次のような過程を想定する。まず，「文学体験をした私」は，今までとは違った視点を獲得している。つまり，「外部の物語」を経験している。だからこそ，「いつもの自分」との対話を通して，「生きられた経験」の中から，「いつもの自分」の中にある「自己物語」には回収できない「未だ語られぬ」出来事を発見し，引き出すことが可能となる。これを「引き出す過程」と呼ぶことにする。次に，新たに発見した出来事によって，どこに連れて行かれるかを考えることになる。つまり，出来事の意味づけをすることになる。「その新しい発見した出来事は，どんな意味があるのだろうか」「私の人生にどんな影響を与えるのだろうか」これを「意味づける過程」と呼ぶことにする。その意味づけをもとに，終末を設定し，新たに発見した出来事・今までの出来事を選択・編集し，筋立て新たな「物語」を立ち上げることになる。つまり，「典型化」では，1）「文学体験をした私」による新たな出来事・経験を「引き出す過程」，2）その経験を意味づけ，新たな物語を立ち上げる「引き出す過程」の二つがあると考える。

4-1-1-3 「自己物語」を語り直すための五つの過程

　以上のことから，「自己物語」を語り直す過程として，①「入る過程」（参加）→②「なる過程」（同化＝他者理解）→③「みる過程」（対象化）→④「引き出す過程」→⑤「意味づける過程」の五つの過程を提案する。その理由としては，学習者が「物語世界」の登場人物や「語りの世界」の語り手の自己像・世界像を聴き取り／語り直すためには，その前に「なる過程＝他者理解」は不可欠である。その過程がないと，学習者は，自分の「内部の物語」で，自分の枠組みで「作品世界」（物語世界，語りの世界）を読んでしまう。「他者」になり，「他者の目で見，耳で聴き」，そのことを想像することで，他者理解ができ、そこから距離を持ち，相対化が可能となる。②「なる過程」→③「みる過程」は不可欠であろう。さらに，「現実世界」の学習者が、異なる世界である「作品世界」へ入るためには，「小人さん」なりを派遣し，「いつもと違う自分」を意識化させる必要があろう。まずは，「現実世界」と「作品世界」を明確に区別し，その上で，最後に，二つの世界を接続させることが重要と考える。よって，「作品世界の聴き手」として，学習者は，①「入る過程」，②「なる過程」，③「みる過程」を体験する必要になる。ここで，なぜ，ホワイト（2009）実践は，「みる過程」から始めたのかが疑問に残る。それは，おそらく，アウトサイダーウィットネス（外部の証人）は，かつて自分も同じような問題を抱えていた人たちばかりである。そのため，「みる過程」において，クライエントの「語り世界」のことが十分に想像できていたことが考えられる。つまり，「みる過程」で，同時に，「なる過程」を体験していたと考えられる。

　次に，学習者は，「作品世界」を媒介にして，「現実世界」へ戻り，「自己物語」の語り直しを体験することになる。「現実世界」の自己物語の語り直しは，ホワイト（2000）の四つの〈コミュニケーション過程〉，1）語られた表現から心が揺さぶられた出来事を語る（表現），2）一番心を動かされた表現によって喚起されたイメージを語る（イメージ），3）自分の人生経験という文脈の中に位置づけ，思い出した出来事や経験（個人的経験）

を語る（共鳴），4）その個人的経験によって，どこへ連れていかれたかを語る（忘我），を参考にし，「典型化」を二つの過程，出来事・経験を「引き出す過程」と，引き出された出来事を新たな意味づけをする「意味づける過程」とする。

　以上のことから，「語り直す力」を育てる過程として，①「入る過程」（参加）→②「なる過程」（同化＝他者理解）→③「みる過程」（対象化）→④「引き出す過程」→⑤「意味づける過程」の五つの過程を提案する。

4-1-2 「脱中心化」【課題②，課題③を乗り越えるために】

「他者（学習者，教師）」を語り直しの共著者とするために

　「自己物語」を語り直すための五つの過程を示した。これは，個人が行う文学体験を通した「自己物語」の語り直し過程を，示したものである。実際の「文学」授業は，一人の読書とは異なり，「教室という場」の中で，他者を媒介として行われることになる。つまり，「文学作品」の影響だけではなく，「他者の物語（教師，他の学習者）」の影響を受けながら，語り直しは行われることになる。

　その場合，「教室という場」の「権力性」，さらに，「教師─子ども」の「非対称性」をどう乗り越えようとするのを明らかにする必要がある。そうでなければ，例えば，学習者が気付いていない教師の考えを提示したとしても，教師の考えが強制的に学習者の「内部の物語」にすり替わったり，あるいは，学習者が積極的に教師の考えを取りこんでしまったりする可能性もある。学習者は新たな知識を獲得するが，内部に「揺らぎ」「ズレ」は生じない。

　丹藤は，「主体的に読むとは，むしろ自ら進んで認知的・価値的な変容を体験することにほかならない」と述べ（丹藤 1997, p.57），「変わろうとする」主体を求めている。丹藤のように，「変わろうとする」主体を求める教師は多い。だが，「変わろうとする」主体を求めることは，「変わること」をよしとし，「変えようとする」自分をよしとする。ナラティブ・アプローチが，〈語られた場〉の「権力性」に敏感なのは，変わることを求

めてやってくるクライエントに対して，「変わらなくてもいい権利」あるいは，「変わりたくない権利」を保障するためでもある。そのために，アンダーソン・グーリシャン（1997）は「無知の姿勢」で接し，アンデルセン（2001）は，「カウンセラー室という場」の空間的構造を変え，クラスエントが，「セラピスト側がもくろむプランに拘束されてしまうことはないように」（矢野 2008, p.13）している。

　学習者は内部の「揺らぎ」や「ズレ」を求めて，授業に参加しているわけではない。「揺らぎ」「ズレ」を必要としているのは，教師であり，その準備をするのは教師の仕事であろう。用意周到な準備はするが、決して変わることを求めない。結果として変わることは期待する。そのような姿勢が求められよう。そのためには，教師は，「子どもを他者と見なす＝（「異質な，わからない者」とみなし，その「わからなさ」を抱えたまま過ごす）」ことが必要であり，そうすることで，教師は，「他者が最初から私たちにある種のメッセージを送っており，彼らの思考を私たち自身の思考のなかで強力に主張している」（バトラー 2008, p.137）声を聞くことが可能となり，学習者を安易に変えようとしなくなる。その結果，学習者は，ゆっくりと「他者される」（あるいは，急激に「他者される」）。つまり，教師関係の「非対称性」を乗り越えるには，「脱中心化」が不可欠と考える。

　これは，学習者間にもいえよう。ホワイト（2004）は，「定義的祝祭」の中で，「他者の物語」のコメントについて，1）評価・判断するのではなく，その受け答えは，アウトサイダーウィットネス（外部の証人）自身の生きられた経験という文脈の中に位置づけ，感じたこと，気付いたことを語ること，2）クライエントの「自己物語」をきっかけに，どの表現に心を動かされ，自分はどんなイメージや個人的経験を想起したのか，そのことが今の自分にどんな新たな学びや意味づけを与えたのかを語ること，（ホワイト 2004, p.167）と述べている。ホワイト（2004）がこのように主張するのは，「他者の物語」を評価・判断することは，「他者の物語」を自分の「内部の物語」に回収して読んでしまい，「権力関係」が生じてしまうからと考えられる。そこで，学習者に，できるだけ自分自身の個人的文脈

に沿って「感じたと・気付いたこと」を述べてもらい，学習者間の「権力
性」を弱めようとしたのだと考えられる。同時に，そのことが，ただ個人
的文脈から生まれたものではなく，「他者の語り」との繋がりの中で生成
されたことを述べるのは，「脱中心化」するためだと考えられる。

4-1-3　自己を生成過程の「物語」と捉えることで【課題④，課題⑤を乗り越えるために】

　自己を「物語」と捉えることで，自己を「場」との関わりの中で生成さ
れ，語り直すことで新たな自己が立ち上がるという動的な捉えが可能とな
る。そのことによって，「物語」が1）【作られた場】の「時代や文化の影
響」，2）【語られた場】の「教室の人間関係」及び「時代や文化の影響」
に対して，教師が敏感になり，それらを考慮するための装置が工夫される
と考える。

4-1-4　学習者に「現実世界」と「作品世界」をどのように接続させるか【課題⑥を乗り越えるために】

　学習者は，「作品世界」の登場人物や語り手の自己像や世界像を語り直
すこと（①から③）をモデルとして，「現実世界」の自己物語を語り直す力
（④⑤）を学ぶことになる。「作品世界」と「現実世界」を接続させる必要
がある。接続するためには，媒介とする道具を必要とすると考える。
大河原（1963）は，「文学作品からはなれたところで，自分をとりまく外
部の状況と自分をささえている内部の状況を文学的に認識する力」（大河
原 1963 p.82）を育てようとした。そのために，「作品世界」と「現実世界」
を結び付ける必要があった。大河原は，「文学作品」の状況を認識する「読
み手」を「現実世界」の状況を認識する「書き手」に変換することで乗り
越えようとした。また，「テノヒラ型思考」を媒介として，その二つの世
界を結び付けようとした。
　「文学体験をした私」は，その「作品世界」の出来事に対して，イメー
ジを持つ。そのイメージはいつもとは違うイメージなはずである。イメー
ジは変形されているはずである。バシュラールは想像力について次のよう
に言う。

人々は想像力とはイメージを生成する能力だとしている。ところが，想像力とはむしろ知覚によって提供されたイメージを歪曲する能力であり，それはわけても基本的イメージからわれわれを解放し，イメージを変える能力なのだ。（バシュラール 1968, p.1）

　バシュラールは，「イメージの変形」を強調している。ホワイト（2004）は，バシュラールについて，「彼の関心は，空想状態から喚起されるある人の人生イメージと，その人のイメージがどのようにして個人史に到達する反響を起こすかにあった」（ホワイト 2004 p.166），さらに，「このような反響に呼応して，人生の出来事にまつわる何らかの経験が，共振し，照らし出される。」と説明している。ホワイト（2009）は，「定義的祝祭」のコミュニケーション過程の中に，「③表現→イメージ→④共鳴」の間に「イメージ」が入っている。これは，バシュラールのイメージの考えを参考にしたと考えられる。他者の「語り」を聴き，アウトサイダーウィットネス（外部の証人）が，コメントを述べる。自分自身の個人的文脈に沿って「感じたこと・気付いたこと」を表現する。その後，「一番心を動かされた出来事等から喚起されたイメージを語る場」が設定され，「一番心に残った出来事は，どんなイメージですか。名前をつけるとしたらどうなりますか」と問うい，その後「あなたの人生の中で，それとよく似たイメージの出来事はありますか」と進み，「現実世界」の「語られぬ」出来事・経験の引き出し・発見，「そのイメージと響き合う（共鳴）出来事はありますか」と移っている。つまり，「表現（作品世界）→イメージ→共鳴（現実世界）……」となっている。ホワイトがイメージを大切にしていることがわかる。
　バシュラールは，「〈形式的想像力〉ではわれわれの存在に触れることはできないのであって，物事の本質としての〈物質的想像力〉を体験するものでなければならない。」（バシュラール 1968）という。「形式的想像力」とは，視覚を基本にした想像であり，「物質的想像力」とは，触覚を基本にした想像である。「物質的想像力」は，大河原（1986）の「テノヒラ型思想」の触覚で感じながら状況を認識する思想と重なる部分も多い。筆者

語り直しの五つの過程と三つの視点

位置づけられた場   道具(テクスト)

作品の「聴き手」として

作品世界

1.「入る過程」
2.「なる過程」 他者理解
　・「行為の風景」「意識の風景」を推論し，登場人物，語り
　　手の理解
3.「みる過程」
　・語られた表現から心が揺さぶられた出来事を語る（表現）
　　「脱中心化」
●他者を「異質な，わからない者」とみなし，その「わからなさ」
　を抱えたまま過ごす」こと
●自分自身の個人的文脈に沿って「感じたこと・気付いたこと」を
　述べる
●そのことが，ただ個人的文脈から生まれたものではなく，「他者の
　語り」との繋がりの中で生成されたことを述べる　「脱中心化」

一番心を動かされた表現によって喚起されたイメージを語る

イメージ

語られた場(教室という場)   コミュニケーション過程

自己物語の「語り手」として

現実世界

4.「引き出す過程」
　・自分の人生経験という文脈の中に位置づけ，思い出した
　　出来事や経験（個人的経験）を語る（共鳴）
5.「意味づける過程」
　・その個人的経験によって，どこへ連れていかれたかを語
　　る（忘我）
●1. 2. 3.は，「作品世界」の他者の視点（登場人物，語り手）を自分
　の中に取りこみ，「私の中の他者」と「私」との自己内対話を生じ
　させるための手続きである。それに対して，4. 5.は，「文学体験」
　を媒介に，「文学体験をした私」の視点を自分の中に取りこみ，「私
　の中の『文学体験をした私』」と「今までの私」との自己内対話を
　生じさせるための手続きである

は，「作品世界」と「現実世界」を結び付けるための手立てとして，「イメージの変形」を想定する。このイメージにはメタファも含む。イメージを記号化（言葉や名前つけ，絵等）させ，文学体験によって変形したイメージを自覚させ，「語られぬ」出来事を引き出す道具とする。

　以上を踏まえ，「文学作品を媒介とした自己物語の語り直しの五つの過程及び，授業の三つの視点」を，前のページのように図式化した。

4-2　「語り直す力」を育てる文学の授業について

　「語り直す力」を育てる文学の授業について，明確にしておきたい。「語り直す力」を育てる文学の授業とは，文学作品の授業を媒介として，「自己物語」の語り直しを目指す授業を意味する。「自己物語の語り直しを目指す」とは何か。まず，「自己物語」とは，「学習者の自己像、世界像の語り」と考えている。「自己物語の語り直し」とは，「学習者自身が自分の自己像や世界像の語りを語り直す」ということになる。次に，「目指す」である。「目指す」ためには，向かうべき方向がはっきりしなくてはならない。本授業の目指す方向は，「自己物語」の語り直しによる，「自己の語り直し」である。では，どのような「自己物語」の語り直しが起こった時に，「自己の語り直し」と捉えるのか。例えば，「外部の物語」が安易に「内部の物語」にすり替わるような「物語」の変更ではない。また，「自己物語」の一部が修正される場合も「自己の語り直し」とは捉えない。このことを，矢野は，「物語の内容が変わっても，物語のプロットの作り方といった物語の構造自体に本質的な変更がなされず，以前の物語の構造を反復してみせている」（矢野 2000b, p.264）場合について述べている。こういう構造が同じ場合（例えば，父親依存の物語が教師依存の物語に変わっても，本質的構造は同じと捉える）は，目指すべき「自己物語」の語り直しは起こっていないと考えている。文学作品の「読み」を媒介として，未だ語られていない出来事や経験を「生きられた経験」の中から引き出し，そこに新たな意味を発見したり，あたりまえと思っている物語を見直したりする中で，新

たな物語を再構築することである。これは目指すべき方向であり，実践的には、様々な段階が存在する。また，発達段階に応じても違いが出てくるべきと考えている。

　次に「語り直す」について，明確にしておきたい。「語り直す」のは，二つの世界がある。一つは，「作品世界（物語世界，語りの世界）」と「現実世界」である。前者は，「現実世界」の学習者の分身である「聴き手」が体験する世界である。ここでは，1）「物語世界の登場人物の自己像，世界像の語り直し」「語りの世界の語り手の自己像，世界像の語り直し」が考えられる。後者は，「現実世界」の学習者である「語り手」が体験する世界である。ここでは，2）1）の「文学体験をした学習者」と「いつもの学習者」が対話し，「現実世界の学習者の自己像，世界像の語り直し」が考えられる。

4-3　「語り直す力」について

　次に，「語り直す力」について，明確にしておきたい。石黒は，「学校教育では，『個人が外的補助資源を用いずに，頭の中で純粋にシンボル操作することによって，汎用的な知識を学ぶこと』が目指されている。」（石黒1998，p.109）と述べ，「学校はかつても今も個体の能力の増進を目指しているという点では本質的に変わっていない。」という。そして，これを「個体能力主義」（同上書，p.109）と呼び，「無媒介性」「脱文脈性」「没交渉性」の三つの特徴にまとめている。つまり，個人の能力は，個人の属性としてあり，だれとも関わらず，何も媒介とせず，脱文脈化された知識をどれだけ所有しているか，ということになる。確かに，学校教育では，協同学習をいくら奨励しても，最終的には個人が独力でどれだけできるかが重視される傾向が根強い。

　松下は，キーコンピンシーを次のように捉えている。「道具を介して対象世界と対話し，異質な他者とかかわりあい，自分をより時空間の中に定位しながら人生の物語を編む能力だといえる。それは，能力概念を個人の

内部から，個人が対象世界や道具，他者と出会う平面へと引き出す。そこでの能力は，関係の中で現出するものでありつつ，個人に所有されるものでもある。すなわち，関係論と所有論の交差する場所に現れるものである。」(松下 2010, p.22) 文学作品を媒介とした「語り直す力」は，キーコンピンシーの核心である「思慮深さ／省察力」であり，三つの関わりの中で発揮する能力と考える。一つは，テクストという「道具」を介しての関わりである。二つは，「教室という場」で，他者との「相互作用」(関わり)である。三つは，「作品世界」の「読み」を媒介とて，時間軸を介して，過去の自分，現在の自分，未来の自分との関わりである。よって，「語り直す力」は個人に属すが，具体的な状況の中で発揮される力と考える。

【第3章で得られた知見】
『先行研究の検討から得られた課題』
1) 子どもの内部に「揺らぎ」「ズレ」を生じさせることの必要性【課題①】
2) 教育における非対称性という「教育関係」を乗り越える必要性【課題②】
3) 「大きな物語」に立ち戻るのでもなく，ただ「小さな物語」に埋没するのでもない，新たな道を模索しなければならないという「困難性」。この時代が抱える「困難性」を乗り越える必要性【課題③】
4) 自己を動的な「生成する（構成する）自己」と捉えることの必要性【課題④】
5) 時代や文化は，教師に影響を与え，教室に，一つの「物語」を形成してしまう。作られた「教室の物語」は，一つの権力として学習者の思考を制限する。学習者は，無意識にその制限された枠組みの中である語りや表現をしてしまう課題を乗り越える必要性【課題⑤】
6) 「作品世界を体験した学習者」と，「現実世界の自己物語を語り直す学習者」とを，接続させることの必要性【課題⑥】

『課題を乗り越えるために』

【自己物語】（自己を物語と捉える）「**課題④**」

【五つの過程】「**課題①，課題⑥**」

　1）入る過程→2）なる過程（他者理解）→3）みる過程→4）引き出す過程→5）意味づける過程

【三つの視点】

　○「場」……〈位置づけられた場〉　・時代や文化の権力性　　「**課題②，課題⑤**」

　　　　　　……〈語られた場〉　・教室という場の権力性，・時代や文化の権力性

　○「コミュニケーション過程」・権力性を弱める手続きとして，「**課題③**」

　　　　　　　　　　　1）指名権を学習者に移す，2）「引用」方略の導入

　○「道具」……教材，教師の物語，学習者の物語

【五つの過程の概要】

　1）1）から3）は，「現実世界」の学習者は，「作品世界」に入り，「物語」の「聴き手」として「作品世界」を体験することになる。

　2）「なる過程」。他者の視点をくぐりぬけることで，登場人物や語り手を自分の枠組みから読まないようにする。「行為→意味づけ」「意味づけ→行為」過程を推論する。なぜならば，人は「出来事を筋立てることで意味づけ」，「意味づけに反応して，次の行為をする」からである。

　3）「みる過程」。「○○になった私」から少し距離を置いて，もう一人の私が「○○になった私」を「みる」ことになる。ここでは，評価や批判だけにならないようにする。そうなった場合，登場人物や語り手を自分の枠組みだけから捉えてしまい，「揺らぎ」「ズレ」が生じなくなってしまう。

　4）「作品世界」の私と「現実世界」の私を繋ぐために，「作品世界」の出来事から感じたイメージを大事にする。そのイメージに名前をつけ，そのイメージをもとに，「引き出す過程」へと繋がるようにする。

5）4）から5）では，「現実世界」に戻った学習者は，「自己物語」の「語り手」であると同時に，「聴き手」として，自身の「物語」を「作品世界」の体験で得た新たな視点で語り直すことになる。

6）「引き出す過程」。「文学体験をした私」と「そうでない私」が対話をする。「文学体験をした私」は，文学体験で獲得した視点から，自分の経験を捉え直すことが可能となり，「未だ語られぬ」出来事を発見し，引き出すことになる。

7）「意味づける過程」。新たに引き出した出来事によって，どこに連れて行かれるかを考える。つまり，出来事の意味づけをすることになる。終末を設定し，新たに引き出した出来事・今までの出来事を筋立て，新たな「物語」を立ち上げることになる。

第Ⅱ部　実践的研究
「語り直す力」を育てる文学の授業理論の提案

第4章
「語り直す力」を育てる文学の授業理論の検証
——中学年を事例として——

第4章の目的は，第3章で構築された理論の有効性を検証することである。大きく二つに分けて検証する。第1節から第2節では「作品世界」の「登場人物の自己像・世界像」の語り直しを，第3節では，「現実世界」の「学習者の自己物語（自己像・世界像）」の語り直しを，研究対象とする。具体的には，第1節から第2節では，「教室という場」「コミュニケーション過程」「道具（教材）」の変化が「作品世界」の「登場人物の自己像・世界像」の語り直しに及ぼす効果を検討する。第3節では，「言論の場」の変化が「学習者の自己物語（自己像・世界像）」の語り直しに及ぼす効果を検討する。

1 「教室という場」と「登場人物の自己像・世界像」の語り直しとの関わり

1-1 実験授業1
「引用」方略を導入した授業の特徴，及び「引用」方略の「登場人物の自己像・世界像」の語り直しに及ぼす効果の検討

1-1-1 はじめに

「語られた場＝教室という場」の中にある「権力関係」が弱め，学習者主体の，学習者がお互いに質問や疑問を出し合い，吟味し議論しながらお互いの考えを高め合う授業が求められている（秋田 2000, 村松 2001, 丸野

2002, 有元 2006）。このような授業が求められる背景はいくつかあげられる。1つは，社会の変化に伴う他者との関わりがますます希薄化し，多様化している現在，コミュニケーション能力を高める必要性が生まれたことが考えられよう。もう1つは，相互作用を伴う議論実践を通して，概念的理解が深まることが今までの研究で明らかになったこと（BRANSFORD *et al.* 1999, 高垣 2009），さらに，学習や教授を，社会・文化的なものと見なす社会・文化的学習観が現れ，教室での学習を，相互作用を通した知識の共同構築として位置づける見解が広がってきたことが考えられる（佐藤 1996, 1999, CAZDEN 2001, ROGOFF and TOMA 1997）。

　「お互いの考えを高め合う過程」には，まず「他者の考えと自分の考えを比較照合しながら，共通点や差異を明確にする過程」つまり，お互いの発言に言及し，発言が「繋がること」が必要と考える。さらに，「お互いの考えを批判的に吟味検討し，ズレや矛盾を克服する新しい視点を生み出す過程」つまり，話し合いの「深まり」が必要であろう。発言の「繋がり」から，話し合いの質の転換が生じると言える（五十嵐・丸野 2008）。このような他者との高め合う話し合い（繋がり・深まり）では，児童は自分の中に他者の視点を取り入れ，他者の視点からもう一度自分の考えを振り返り，他者の考えと自分の考えを比較検討し，その中で，新しい変化や発見をする。つまり，自己内対話が起こり，理解が深まると考えられる。

　しかし，教育現場では，学級全体での話し合いにおいて，話し合いが「深まる」ための前提となる，お互いの考えを「繋ぐ」手立てがわからず，困惑している現状がある。そのため，授業に話し合い活動はあるものの，お互いの考えを出し合うことで終わっている場合が多い。「深まる」話し合いへ導くためにも，お互いの考えを「繋ぐ」とはどのような状態なのか，そのための手立てはどうあればよいか，を明らかにする必要があると考える。本研究での「発言を繋ぐ」とは，「お互いの発言に言及し，共通点や差異を明確にする過程」と捉える。

　児童の話し合い活動については，国語科の授業で，小学生の児童たちの読みの過程と変化を克明に追った研究に佐藤（1996）がある。佐藤（1996）

は，児童が他の児童と意見を交流する中で，当初の自分の読みを変える様子を報告している。話し合いの「深まり」には，発言の「繋がり」が必要である以上，本実践においても，発言を「繋ぐ」ことが行われていたはずである。しかしここでは，児童の読みの変化に重点が置かれており，発言を「繋ぐ」手立ては明確にしていない。

　では，授業の中で，発言を「繋ぐ」には，どのようにすればよいのだろうか。これについては，社会学者のGOFFMANの研究が参考になる（GOFFMAN 1974, 1981, GOODWIN 1990）。

　会話は一般的に，最低二人以上の参与者が「話し手」と「聞き手」という役割を交換しながら行うと考えがちである。ところが，GOFFMAN（1981）は，参与者が複数いる話し合いでは，例えば，発話をふられた聞き手は「受け手」，ふられていない聞き手は「傍参与者」，傍聴している聞き手は「傍観者」など，1つの話題の中で，多様な「聞き手」が存在し，グループ内の参与地位が変化することを指摘している。このように考えると，発言を「繋ぐ」には，多様な考えと出会うことが必要であり，そのためには，例えば，「○○さんに代わって応えるのですが…」と「受け手」だけでなく，「傍参与者」が次の「話し手」になる，あるいは，「私の考えについて，反対意見の人はどう思いますか。」と「受け手」を明確にし，児童の発言が連続するようにすること等が考えられる。つまり，1つの話題の会話において，多様な「参与地位」の中から，次の「話し手」が生まれるようにし，児童の発言が連続するようにすることといえる。

　ところで，学校での話し合い活動でも，「参与地位」に視点を当て，発言を「繋ぐ」ための介入がいくつか見られる。1つは，事前に教師が学習者に役割を付与する協同学習である（HERRENKOHL and GUERRA 1998, HERRENKOHL *et al.* 1999, JOHNSON *et al.* 1993）。この中で HERRENKOHL *et al.*（1999）は，小学生を対象にした小集団で，①リーダー役，②聞き役，③レポーター役，④記録役，⑤評価役等の役割を全員に与えると，役割を果たす責任が付与され，相互作用的な関係が生まれ，話し合いが促進されたと報告している。だが，HERRENKOHL *et al.*（1999）の研究は，小集団を対象にしており，全体での話し合いを対象としたものではない。

　もう1つの介入方法は，「リヴォイシング（revoicing）」である（O'CONNOR and MICHAELS 1993, 1996, FORMAN *et al.* 1998）。O'CONNOR and MICHAELS（1993, 1996）によれば，リヴォイシングとは，「議論の中で他の参加者によって行われる，口頭もしくは書きことばでの，ある児童の発言の，ある種の再発話」であり，教師が児童の発話の引用等を行い，児童を一定の立場（例えば，賛成者と反対者，質問者と応答者等）に位置づけ，それぞれの意見を「結び付ける」1つの手段である。リヴォイシングには，他に，知識が伝達される従来の授業構造を変え，話し合いを組織化する機能，児童の発言をより学術的なことばに言い換え，児童の日常的・感覚的世界とより抽象的で一般性の高い科学的な概念の世界とを取り次ぐ機能，より多くの児童に聞こえるように再放送することで，黙って聴いている児童に「自分自身を関係づける機会を与える」社会的な機能もある（一柳 2009）。

　このような機能を実証的に検討した研究として，高垣ほか（2006）は，小学校5年理科の授業において，予測・観察・実験のデータと理論を結び付けるリヴォイシングやお互いの考えのズレや矛盾を明確化し，より精緻化された考えに再公式化するリヴォイシングにより，自分の考えがより明確化され，話し合いに深まりが見られ，児童の理解が促進されたと報告している。また，田島（2008）は，大学生を対象に，発話内容が不明確な発言の場合，引用し発話意図を明確化するリヴォイシング，対話の進行が停滞した場合，発話内容を引用・拡張し，新しい視点を提示するリヴォイシングにより，話し合いが深まり，学生の理解が促進されたと報告している。このように，リヴォイシングによる介入方法は，発言を「繋ぐこと」をはじめ，話し合いの深まり，それに伴う児童の理解の促進において，有効な介入法といえよう。

　しかし，リヴォイシングの有効性を認めつつも，次の点は配慮すべきと考える。従来のようにリヴォイシングを行う介入が教師だけに限られてい

る方法では，1つには，教師の解釈を無意識に児童に押しつけてしまう可能性が考えられる。基本的に児童の思考過程を重視する話し合いでは，個々の児童の思考の多様性が保障されなければならない。しかし，教師と児童では知識に差があるため，確かに，話し合いに行き詰まった時新しい視点を示したり，教師にしか気付かないズレや矛盾を提示したりするような場では有効に機能していたものの，逆に，児童の多様な解釈を保障するような場では，児童の解釈の幅を狭める可能性もある。つまり，教師の「外部の物語」が児童の「内部の物語」を制限したり，教師の「外部の物語」に回収されてしまったりする可能性もある。

　2つに，児童が多様な発話者の視点（例えば，質問者，反対者等）を体験できないことが考えられる。知識が同等の児童同士だからこそ，気付く発言者とのズレや矛盾がある。だが，教師だけのリヴォイシングでは，教師は熟達者であるがゆえ，児童が感じているズレや矛盾を十分に取り上げられないという問題がある。田島（2008）は，解釈が不十分と判断した学生に対して，教師の関与度が相対的に強い介入が，理解を促進しなかったと報告している。これは，知識の差が大きい教師のリヴォイシングが，学生の感じるズレや矛盾を十分に取り上げられず，相手との対立を避ける表面的な話し合いなったと考えられる。

　そこで，「今，○○さんは…と言ったのですが，それは…という意味ですか。すると，△△をもう少し詳しく話してくれませんか。」等と，児童が相互に他者の発話を引用し，リヴォイシングする「児童相互のリヴォイシング」を取り入れることが必要と考える。

　小林（2002）は，児童が自発的に他者の意見に言及しながら意見を述べている場合，児童の意見を結び付ける必要がなく，教師のリヴォイシングは少なかったと報告している。また，O'CONNOR and MICHAELS（1996）は，「発言を自己の発言内に引用し，児童が話し合いの中で互いを位置づけ合っている」と，児童相互によるリヴォイシングの可能性を示している。だが，児童相互のリヴォイシングについて，実践に即して具体的に論じた研究はない。

そこで，本研究では，「教室という場」の「権力関係」を弱め，学習者主体の授業を行うために，次のような手続きをとる。1）教師との「権力関係」を弱める手続きとして，「指名権」を教師から学習者に移す（指名なし，自由起立発言）。教師の指名権が授業の流れ作り，教師の考える正解に導く手続きとなっている（Mehan, 1979）からである。2）教師の指名権に代わる装置として，「引用」方略を導入する。児童が相互に他者の発話を引用するリヴォイシングを用いることにした。加えて，児童の多様な解釈を保障するためには，明確な根拠を持って，お互いの考えを述べ合うことが必要である。そのために，例えば，「教科書に…と書いてありますね。そこから…」「前の時間に…と習いましたね。そこから…」等の教科書からの引用や既有知識を引用する場合も含めている。そこで，従来の発話を繰り返すリヴォイシングと区別し，「引用」と呼ぶことにした。先行発話を引用し，次の発言者が発言する。引用内容によって，次の発言者が規定される。

　以上のことから，本研究では，話し合いに「引用」を導入した授業の特徴を明らかにする。具体的には，児童相互の発話「引用」によって，発言に「繋がり」が生まれるかどうか，を検討する。また，その結果，「登場人物の自己像・世界像」の語り直しにどのような効果があるのか検討する。ところで，ことばとことばが繋がることは人と人が繋がることでもある。そこで，ことばとことばが繋がることで，児童の「他者との関わり」に，どのような変化が生じるかも合わせて考察した。

1-1-2　方法
1-1-2-1　参加者

　香川県のM小学校4年23名（男子9名，女子14名）で，授業者が3年時から担任をしている学級。

1-1-2-2　授業者

　授業者は研究者本人であり，教師歴28年である。授業者は基本的な授

業形態として，小集団学習や学級全体での議論による学習者の相互作用を中心にした授業を行っている。本時までに，通常の授業で資料に示す手立てをとって，相互作用を促進してきた。このように，他者の発言を引用するように指導して1年が経過している。

1-1-2-3　分析した授業

　文学作品の読みの授業では，他の教科と比べ，児童個々の主観的解釈を基盤とする。そのため，お互いの解釈を出し合い，自分の考えと他者の考えを比較し，その差異を明確にし，さらに，お互いの考えを批判的に吟味検討し，より納得のいく意味を追求する過程，つまり，「話し合い」が不可欠である。そこで，話し合いに「引用」を導入した授業の特徴を明らかにするには，文学作品の読みの授業事例が適していると考えた。

　分析対象とした授業は，2007年6月18日（月）〜6月27日（水）に行われた国語科における文学作品「夏のわすれもの」（東京書籍出版　小学国語・上），4ヶ月半後の2007年11月2日（金）〜11月22日（木）に行われた国語科における文学作品「ごんぎつね」（東京書籍出版　小学国語・下）である。本授業は，話し合いに「引用」を導入後1年が経過し，ある程度「引用」を習得しつつある時期であり，話し合いに「引用」を導入した授業の特徴を考察するにふさわしいと考え取り上げた。本研究の目的から考え，議論が中心の研究授業として行われた「夏のわすれもの」6時間目の授業（総計7時間の単元）と「ごんぎつね」10時間目の授業（総計16時間の単元）を分析することにした。

　本時の目標は，以下の通りである。

夏のわすれもの：「最後のまさるの行動をどう思うか」の課題を友だちと議論し，自分の考えを見直すことができる。

ごんぎつね：「兵十にごんの気持ちは伝わったのか」の課題を友だちと議論し，自分の考えを見直すことができる。

　「夏のわすれもの」では，「おじいさんの願いを知った主人公まさるは，それからも川へ遊びに行く。この物語の終わり方は変だ」という児童から

出た疑問を課題とした。最後のまさるの行為に対する意味づけを話し合う課題であり，多様な考えに出会えると判断し設定した。「ごんぎつね」は「心が通じ合う」ことの難しさを考え合うにふさわしい課題と考え設定した。

1-1-2-4　データの収集法

授業はすべて，教室の前後に配置したビデオカメラに録画した。さらに音声を拾いやすくするため，児童2人に1台のICレコーダを配置した。

1-1-2-5　分析の方法

データをもとに授業遂語録を作成し，児童の発言を定量的，定性的に分析した。定量的分析においては，児童の全発話を発話単位ごとに分類した。「発話」の単位は，話者交替を基本単位とし，「○○ページに…と書いていますね。」（はい）を「発話」とし，同一発言者であっても区別してカウントした。なお，同一発言者の場合は「発言」とした。コーディングは，筆者（第一著者）と小学校教師の2名で行った。不一致の箇所は両者で協議し決定した。

1-1-2-5-1　発話のコーディング

発話対象を調べるため，児童の全発話を「対教師」「対児童」に分類し，「対児童」を，さらに，「対個人」「対グループ」「対全員」「対自己（つぶやき）」「その他」に分類した。定義を表1に示す。一致率は91.7%であった。

表1　発話対象（誰に向かって話しているのか）の分類

対教師	身体が教師に向かっている。
対児童	身体が児童に向かっている。
個人	個人が「受け手」に指名されている。
グループ	グループが「受け手」に指名されている。
全員	全員が「受け手」に指名されている。
自己	つぶやきである。
その他	「受け手」が指名されていない

1-1-2-5-2 引用を含む発話のコーディング

　児童の全発話を「引用を含む発話」と「それ以外の発話」に大きく分類し，さらに，「引用を含む発話」を「他者の発話の引用」と「それ以外の引用」に分類した。そして，「他者の発話の引用」が授業の展開にどのような影響を与えているのかを分析するため，「他者の発話の引用」が作り出す発言の繋がりに注目し，3種類に分類した。それは，a）聴き合い型，b）問い返し型，c）振り返り型，である。この分類についての詳しい解説は，表2に示す。なお，この分類（表2）は，発言単位ごとに分類したものである。一致率は88.6％であった。

表2　「他者の発話の引用」が作り出す発言の繋がり

a）聴き合い型　：　共通点を意識して聴く
　先行発話を引用し，同意や付加した発言，学び発言を述べる繋がりである。相互作用は少ないが，しっかり聴き合い，受け入れるタイプの繋がりである。
例：「○○さんは…と言いましたね。私も同じで…」（同意）
　　「○○さんは…と言いましたね。そこから考えたのですが…」（付加）
　　「○○さんは…と言いましたね。よくわかりました。」（学び）
b）問い返し型　：　差異に反応して訊く
　先行発話を引用し，質問・疑問発言や確認発言，反対発言を述べ，問い返す繋がりである。
例：「○○さんは…と言いましたね。それはどこから考えたのですか。」（質問）
　　「○○さんは…と言いましたね。そこから疑問が出たのですが…みんなは）
　　　どう思いますか。」（疑問）
　　「○○さんは…と言いましたね。それは…ということですか。」（確認）
　　「○○さんは…と言いましたね。でもね…」（反対）
c）振り返り型　：　自己に訊く
　他者の考えや自分の考えを引用し，修正発言や創造発言を述べ，自分の考えを振り返る繋がり。
例：「○○さんは…と言いましたね。初めは…と考えていたのだけど，○○さんの…という意見と繋いで考え…に変わりました。」（修正）
　　「○○さんは…と言いましたね。そこから考え直して，新しい考えができました。それは…」（創造）

注）例　「○○さんは…と言いましたね。（はい）なぜそう考えたのですか。」の場合，
　　先行発話を引用し，発言全体としては「質問」の働きと考え，分類している。

1-1-2-6　分析上の配慮

　筆者が自らの実践を研究したのは，「実践の理論化」を通して，実践者が抱えている問題を共有でき，実践に貢献できると考えたからである。また，実践は教師の状況に応じた即興的な判断によってなされる。その判断の記述は，実践者がより可能と考えたからである。その際，実践を「理論のことば」に概念化する手続き，つまり，「分析の信頼性をどのように確保するか」が重要と考えた。そこで，事例分析では，筆者の主観的な解釈にならないよう，相互主観性と，解釈可能性を保証するために（南1991），（a）課題や授業展開を明示した。（b）教師の意図や児童への判断を明示した。（c）学習者に関する情報を明示した。

1-1-3　結果と考察

1-1-3-1　児童中心の「受け手」を意識した話し合い

1-1-3-1-1　教師と児童の発言の比較から

　表3に教師と児童の発言回数の比較を示す。「夏のわすれもの」では，教師の発言が30％，児童の発言が70％であった。「ごんぎつね」では，教師の発言が30.4％，児童の発言が69.6％であった。つまり，取り上げた授業では，発言の7割は児童の発言であり，児童中心の授業であったといえる。次に，発話の関わりを調べるため，児童の全発話を発話対象（誰に向かって話をしているのか）別に分類した。

表3　教師と児童の発言回数の比較

	教　　　師	児　　　童
夏のわすれもの	24（30.0）	56（70.0）
ごんぎつね	28（30.4）	64（69.6）

注）（　）内は全体に対する比率

1-1-3-1-2　発話対象別の発話回数の比較から

　表4に発話対象別の発話回数の比較を示す。「夏のわすれもの」では，

全発話の内，対教師が2.5％，対児童（自己，個人，グループ，全員，その他）
が97.5％であり，「ごんぎつね」では，全発話の内，対教師が2.8％，対児
童が97.2％であった。つまり，取り上げた授業の発話の90％以上が，対児
童であり，児童相互を「聞き手」として話し合いか行われたといえる。

表4　発話対象別の発話回数の比較

	教師	自己	個人	グループ	全員	その他
夏のわすれもの						
発話回数	3	2	17	0	71	26
比率（％）	(2.5)	(1.7)	(14.3)	(0.0)	(59.7)	(21.8)
ごんぎつね						
発話回数	4	5	44	1	66	23
比率（％）	(2.8)	(3.5)	(30.8)	(0.7)	(46.1)	(16.1)

注)（ ）の中は全発話数に対する比率。「夏のわすれもの」 の全発話数119回，「ごん
　ぎつね」の全発話数143回。

　次に，対児童の内訳では，「夏のわすれもの」では，対全員が59.7％，
対個人が14.3％，「ごんぎつね」では，対全員が46.1％，対個人が30.8％の
順で多かった。つまり，取り上げた授業の発話の70％以上が，対個人・
対全員であり，児童相互が個人や全員を「受け手」としてお互いの考えを
述べ合っているといえる。

1-1-3-1-3　他者の「発話」の引用回数から

　次に表5に児童の「発話」の引用回数を示す。「引用」は，「夏のわすれ
もの」では全発話数119回の内76回（63.9％），「ごんぎつね」では，143
回の内95回（66.4％）出現した[1]。その内，他者の「発話」の「引用」は，
「夏のわすれもの」では，34回（44.7％），「ごんぎつね」では，50回（52.6％）
出現した。つまり，両授業での発話の60％以上に「引用」が使われており，
その内の40％以上が他者の「発話」を引用していたことになる[2]。

　以上のことから，対象とした授業では，「引用」を使いながら，児童中

表5　「発話」の引用回数（繋がり型別に分類）

	夏のわすれもの	ごんぎつね
引用を含む発話	76	95
a，比率（％）	（63.9）	（66.4）
「発話」の引用	34	50
b，比率（％）	（44.7）	（52.6）
聴き合い型（発話）	9	11
問い返し型（発話）	11	33
振り返り型（発話）	14	6

注）1　「夏のわすれもの」の全発話数119回，「ごんぎつね」の全発話数143回
　　2　a，比率は，全発話数に対する比率
　　3　b，比率は，引用を含む発話に対する比率

　心の，しかも，「受け手」を意識した話し合いが行われたといえる。次に，これらの「引用」がどのように発言の「繋がり」を作っているのかを繋がりのタイプ別に検討する。

1-1-3-2　「引用」が生み出す発言の「繋がり」

1-1-3-2-1　聴き合い型：「先行発話」〜「引用」

　表6では，BはAの発話を引用し，同意したとの発言を述べている。CはAの発話を引用し，付加したとの発言を述べている。つまり，図1のようになる。

表6　事例1　「先行発話」〜「引用」タイプ

	発　話　内　容
A	ごんは友だちになってほしいのだと思います。なぜなら，ごんは一人ぼっちじゃないですか。
B	今，Aさんは一人ぼっちだからと言いましたね。（はい）　ぼくも同じで……（同意を表す発言）
C	今，Aさんは一人ぼっちだからと言いましたね。（はい）　そこから考えたのですが……（付加を表す発言）

注）「ごんぎつね」の10時間目

---

①意見（A）←同意（引用）（B），②意見（A）←付加（引用）（C）

　　A ◄──── ① B「ぼくも同じで…」（同意）
　　　◄──── ② C「そこから考えたのですが…」（付加）

（→の先は，誰の意見に言及しているかを示す）

注）→の先は，誰の意見に言及しているかを示す。
　　誰に向かって（宛名）発言しているかを示すものではない。
　　例えば，Bは，Aの発言に言及しているが，Aに向かって発言しているのではない。全員に向かって発言している。

図1 「聴き合い型」の発話の繋がり

　これらのことから，A〜B，A〜Cの「先行発話」〜「引用」のペアが基本となり，発言の「結び付き」が形成され，A＋B＋Cのような連続した発言の流れとなっている。また，「○○さんは…と言いましたね。」とお互いの発言に言及することで，発言の共通点が明確化されている。

「聴き合い型」における「受け手」

　「聴き合い型」では，表6に示すBやCの発言のように「○○さんは…と言いましたね。」と他者の発話を引用する以外に，「○○ページに…と書いていますね。」のように教科書や既有知識からの引用が見られる。表7は，自分の解釈を主張している児童の発言である。全員を「受け手」とし，教科書等を根拠に，1つ1つ確認しながら，自分の考えを主張している様子がわかる。

　これらのことから，「聴き合い型」では，全員を「受け手」とし，「受け手」の視点に立ち，より納得の得られる主張をするために，共通点が明確化されている。また，そのことが次の「話し手」を生みやすくしていると考えられる。

　以上のことから，「聴き合い型」では，「先行発話」〜「引用」のペアが基本となり，発言の「結び付き」が形成され，連続した発言の流れとなっている。また，他者の発話を引用し，全員を「受け手」とし，同意，付加，学び等の意見を提示することで，共通点が明確化され，お互いの発言に「繋がり」が生まれている。

表7 事例2 「聴き合い型」に見られるもう1つの「引用」

	発　話　内　容
D	私はJさんに賛成で，62ページをあけてください。
全	はい
D	62ページに「おばあちゃんが，麦わらぼうしをぼくの前に置いた。これじいちゃんの？じいちゃんのわすれものだよ…。」と書いていますね。
全	はい
D	じいちゃんのわすれものだよ，ということは，その麦わら帽子はじいちゃんがかぶっていたことは知っていますね。
全	はい
D	なので，じいちゃんのわすれものだよ，ということは，おじいちゃんがかぶっていたものなので，まさるはそこでおじいちゃん自身だと思い，ここで麦わら帽子がおじいちゃんと気付いたのだと思います。

注)「夏のわすれもの」の6時間目

1-1-3-2-2　問い返し型：「先行発話」～「引用」～「応答」

　表8は「兵十にごんの気持ちは伝わったのか」の話し合いの場面である。Eの発言を聴いて，自分の意見との違いを感じたFが，Eの発話を引用し，Eを「受け手」として質問する。その質問にEが答える。さらに，GがEの発話を引用し，別の質問をする。今度はEに代わりHが答えている。つまり，図2のようになる。

　これらのことから，E～F～E，E～G～Hの「先行発話」～「引用」（質問・疑問，確認，反対）～「応答」の3つの発言が組み合わさり，発言の「結び付き」が形成され，E+F+E+G+H…のような連続した発言の流れとなっている。また，「○○さんは…と言いましたね。そこに質問して…」等とお互いの発言に言及することで，発言の差異が明確化されている。

「問い返し型」における「受け手」

　表8では，Fは，「ごんがくりを持ってきたことは伝わるが，そこから，ごんの友だちになりたい気持ちまでは，伝わってないのではないか。」と，Eに疑問を投げかけている。Fは，まず，「○○さんは…と言いましたね。」とEの発話を引用し，全員を「受け手」とし，確認をする。次に，自分の

考えとの差異（ズレ）を明確にし，今度はＥを「受け手」とし，「…では
ないですか。」と疑問を提示している。

　これらのことから，「問い返し型」では，「聴き合い型」と違い，固有名
を持つ個人を「受け手」とし，より相手の考えを理解するために，他者の
考えと自分の考えとの差異が明確化されている。但し，多くの意見を聴き
たい時は，「これについて，みんなはどう思いますか。」と全員を「受け手」
としていた。つまり，「受け手」意識を持ち，自分の考えを述べている。

「問い返し型」における「傍参与者」

　表8では，Ｅの応答に対して，さらに，ＧがＥの発言にあった「ごんが
くりやまつたけを持って行っている。」をもとに，「それで兵十はごんがし

表8　事例 3　「先行発話」～「引用」～「応答」タイプ発話

	発　話　内　容
F	私は，Ｅさんの3つ目の意見に質問するのですけれど，えっとごんが今まででにくりやまつたけを持って行ったことが伝わったからア（伝わった）と言いましたね。（はい）私はそれに質問して，えっと，伝わっても，ごんは，えっと，さびしさをまぎらわすためにいたずらをしてきたから，えっと，その兵十と友だちになりたい，友だちになりたいということは，兵十には伝わっていないのではないですか？
E	だから，それは，くりやまつたけ，それは予想で答えるのですけど，くりやまつたけを持って行っているのは，さびしさをまぎらわすために持って行っていると思ったから，なのでそれで，そのくりやまつたけを兵　十が気付いたのだったら，伝わっているのかなと思いました。
G	なぜ，くり…くりやまつたけだけで，兵十はごんがしたということがわかるのですか？
H	えっと，ぼくはそれに答えるのですけど，あの，たぶん，そのたぶん兵十は，あの，この時になって，兵十がおってから，誰もその兵十のうちに入ってなくて，ごん…ふと顔をあげた時，ごんが入って，「土間に，くりがかためて置いてあるのが目につきました。」と書いてありますね。……（後略）

注）「ごんぎつね」の10時間目

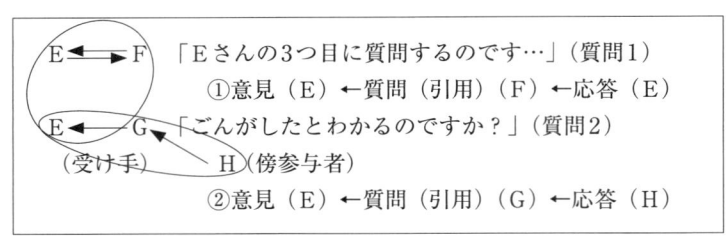

E ↔ F	「Eさんの3つ目に質問するのです…」（質問1）
	①意見（E）←質問（引用）（F）←応答（E）
E ← G	「ごんがしたとわかるのですか？」（質問2）
（受け手）　　H（傍参与者）	
	②意見（E）←質問（引用）（G）←応答（H）

注）→の先は，誰の意見に言及しているかを示す。
　　　誰に向かって（宛名）発言しているかを示すものではない。
　　　例えば，Gは，Eの発言に言及し，質問をいるが，Eだけに向かって発言している
　　　のではない。全員に向かって発言している。だから，HがGの質問に言及して
　　　いる。

図2　「問い返し型」の発話の繋がり

たとわかるのですか。」と質問をする。Eは「ごんがくりやまつたけを持って行っていることは，兵十に伝わった。」という前提で論を立てていた。そのため，Eは，Gの質問に少し戸惑う様子を見せた。Gは，自分の思いをなかなか発言しない児童であり，教師は，話し合いの流れが少しずれると思ったが，Gの感じるズレを受け止め，さらに，Gと同じように曖昧な児童もいると判断し，そのまま話し合いを続けることにした。すると，「受け手」のEの代わりに，「傍参与者」のHが応答した。

　「傍参与者」は，「受け手」と比べ，「質問者」と距離を置いた参与地位にあるため，「質問者」の意図を冷静に判断でき，新しい視点から発言できる可能性も高い。だが，現実には，「傍参与者」が自己内対話を行い，次の「話し手」としての準備を十分行っているとはいえない現状がある。「○○さんは……と言いましたね。でも，……はおかしくないですか。」等の引用は，論点（差異）を明確にした発言となり，「質問者」の推論過程が見えやすいため，「傍参与者」が次の「話し手」になる可能性も高くなるのではないだろうか。

　　以上のことから，「問い返し型」では，「先行発話」〜「引用」（質問・疑問，確認，反対）〜「応答」の3つの発言が組み合わさり，発言の「結び付き」が形成され，連続した発言の流れとなっている。また，他者の発

話を引用し，「受け手」意識を持ち，質問や疑問，反対等の意見を提示することで，差異が明確化され，お互いの発言に「繋がり」が生まれている。さらに，児童は，他者の発話を引用することで，多様な発話者の視点（傍参与者から話し手，質問者，反対者等）を体験することが可能になっている。

1-1-3-2-3　振り返り型：「先行発話」〜「過去の考え」〜「引用」

　表9では，KはIとJの考えを引用し，自分の考えを修正している。この時，Kは今までの自分の考えをもとにして，新しい考えを提示する。つまり，図3のようになる。

　ここでは，「先行発話」〜（「過去の自己の考え」）〜「引用」（修正，創造）がセットとなり，発言の「結び付き」が形成されている。また，新しい考えが生まれるのは，他者の視点を取り入れ，他者の考えと過去の自分の考えとを結び付け共通点や差異を明確化し，両者の考えのズレや矛盾を克服しようとした時である。Kは初め，Iと反対の意見を持っていた。そこで，自分の考えと異なるIとJの考えと出会い，新しい考えを作り出している。「引用」は，他者の考えと過去の自分の考えとの共通点や差異を明確化す

表9　事例4　「先行発話」〜「過去の考え」〜「引用」タイプ

	発　話　内　容
K	私は，考えが変わりました。その理由は，Iさんの，小さな太陽をみんなに配りに行っているという意見で変わりました。その理由は，Jさんの意見をいっしょに考えてみたのですけど，Jさんの意見を初めに考えてみたのですけど，それは，おじいちゃんのことをもっと考えて，おじいちゃんは麦わら帽子だと思っているから，ここから，おじいちゃんをかぶっているということだから，おじいちゃんのことを思い出して，そして，えっと，63pの9行目に「ふり返ると，ひまわり畑は，悲しいほど明るく，にぎやかに見えた。」と書いていますね。（はい）だからそれは，この部分は，今の自分と昔の自分を変えているようにしていると思うので，だから，Iさんと同じで，だから，わたしは，今の自分と昔の自分を変えて川に行っているのだと思います。

注）「夏のわすれもの」の6時間目

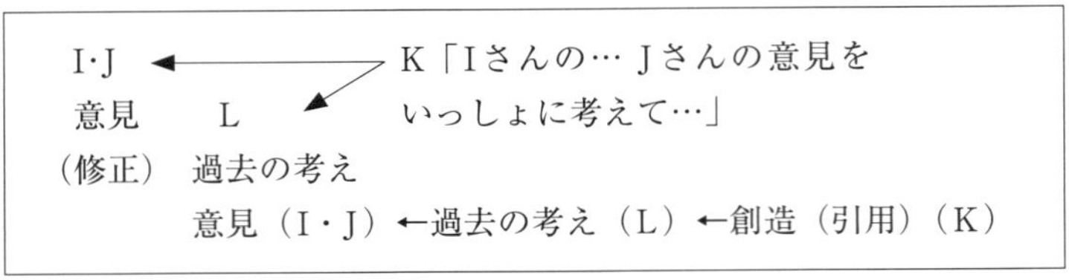

```
I・J ◄─────────┐   K「Iさんの… Jさんの意見を
意見    L  ◄───┘      いっしょに考えて…」
（修正）　過去の考え
　　　意見（I・J）←過去の考え（L）←創造（引用）（K）
```

注）→の先は，誰の意見に言及しているかを示す。
　　誰に向かって（宛名）発言しているかを示すものではない。
　　例えば，Kは，I・Jの発言，過去の自分の考え＝Lに言及し，自分の考えの変化
　　をみんなに向かって発言している。

図3　「振り返り型」の発話の繋がり

る働きをしている。つまり，「振り返り型」では，引用し自分の考えを見直すことで，お互いの発言に「繋がり」が生まれている。

　以上のことから，「引用」を使用することで，次のような発言の「繋がり」が生まれた。第1に，発言の「結び付き」が形成され，連続した発言の流れが生まれた。例えば，「聴き合い型」では，「先行発話」〜「引用」を，「問い返し型」では，「先行発話」〜「引用」に，「応答」が加わり，「振り返り型」では，「先行発話」〜「引用」に（「過去の自己の考え」）が加わり，それらをセットとして，発言の「結び付き」が形成され，連続した発言の流れが生まれている。

　第2に，お互いの発言に言及し，共通点や差異が明確化された。例えば，「聴き合い型」では，引用し，全員を「受け手」とし，同意や付加等の発言をすることで，共通点が明確化されている。「問い返し型」では，引用し，「受け手」意識を持ち，質問・疑問や反対の発言をすることで，差異が明確化され，多様な発話者の視点を体験できている。「振り返り型」では，引用し，自分の考えを振り返ることで，他者の考えと過去の自分の考えとの共通点や差異が明確化されている。

1-1-3-3　「引用」が生み出す読みの深まり
複数の対立する視点を「繋ぎ・深める」思考

　自分と異なる考えと出会ったJが，他者の発言を「繋ぎ」，その後，新

しい視点へと思考を深めていく過程を検討する（表9，表10）。「最後の場面で，川へ行ったまさるの行動をどう思うか」の話し合い場面である。Kは，最初「まさるの川へ行く行動はおかしい。おじいさんの心の奥には，ずっとまさると一緒にいたい気持ちがある。その気持ちに気付き，遊ぶばかりしていた自分をまさるは後悔している。それなのに最後にまた川へ遊びに行くのはおかしい。」と文章や前時までの既有知識を根拠に主張していた（表10）。これらの発言を受けて，異なる視点からの発言が続き，その中に，Iの意見があった。Iは「おじいさんは，太陽のように明るく元気なまさるになってほしいという願いもある。だから，川へ行くのは小さな太陽をみんなに配りに行っているのだ。」と文章を根拠に主張した（表10）。その過程で，「夏のわすれものとは，何か」が問題となり，Jが「麦わら帽子はおじいちゃん自身」と考えを述べる（表10）。そこで，Kは，Jの「麦わら帽子はおじいちゃん自身」ということばをより所に，自分とIの両方の立場を同時に考慮し，新しい視点，「（麦わら帽子を死んだおじいちゃんと思い），おじいちゃんをかぶって，おじいちゃんと一緒に川へ行っている。同じ川へ行っても，昔のまさるではない。」（表9）と考えを深めている。つまり，おじいさんの「まさると一緒にいたい。」と「明るいまさるであってほしい。」の両方の願いを叶えようとするまさるの成長が，川へ行く行動の中に表現されているという新しい解釈を作り出している。

　このように，引用し，他者のことばを思考の道具としながら，複数の異なる視点を同時に考慮し，それらをうまく繋ぎ，新たな考えを提示している。しかも，教科書や既有知識等を引用し，根拠を明確にしながら話し合うことで，より納得のいく解釈を可能にしていると考えられる。

　以上のことから，他者の発話を引用し，発言を「繋ぐ」行為は，複数の視点を同時に考慮し，異なる考えとのズレや矛盾を克服し，新たな枠組みを提案する，つまり，「読みの深まり」に結び付く可能性を持っているといえよう。「引用」と「読みの深まり」の関係については，今後，具体的な事例をもとに詳細に検討していきたい。

表10　事例5　最後の場面のまさるの行動をどう思うか

	発　話　内　容
K	私も○○さんと同じで，最後の行動はおかしいと考えます。その理由は，63ページの2行目では，おじいちゃんのことを後悔して泣いていましたよね。（はい）おじいちゃんは自分のことが大好きで，本当はずっと一緒にいたかったのに，気付かず，川で遊ぶばかりしていましたね。（はい）そのことに気付き後悔しているのに，また，川へ行くのはおかしいと思います。
	（中略）
I	私はおかしくないと考えます。その理由は，62ページ11行目に「まさる，ひまわりはなあ，小さな太陽だ。太陽と同じ明るさをくれる花だよ…。まさるも，ひまわりのようになればいいなあ…。」と書いてありますね。（はい）おじいちゃんは死んだけど，泣いていたのではおじいちゃんの願いがかなわないから，ひまわりのように明るく川へ行き，みんなに小さな太陽を配りに行ったのだと考えます。
	（中略）
J	62ページに「おばあちゃんが，麦わらぼうしをぼくの前に置いた。これじいちゃんの？じいちゃんのわすれものだよ…。」と書いていますね。（はい）じいちゃんのわすれものだよ，と聞いたら，それはじいちゃんがかぶっていたものですね。（はい）だから，じいちゃんがかぶっていたから，それは，まさるはここで，じいちゃん自身だと思ったのだと考えます。

注）「夏のわすれもの」の6時間目

1-1-3-4　ことばの繋がりによる「他者との関わり」の変化

　「引用」を通して，ことばとことばが繋がり，その結果，人と人が繋がりを生むことになる。そこで生じた児童の「他者との関わり」の変化を「他者の発言へのフォローという関わり」，「否定表現への対応」に焦点を当てて考察する。

1-1-3-4-1　他者の発言へのフォローという関わり
　表11は「『ごん，おまえだったのか…』は質問なのか」の話し合い場面

である。OがNの発言から疑問が生じ，「ごん，おまえだったのか…」は兵十に訊いているのではないか，と発言する。初め，この発言の意味がわからず，教室にざわめきが起こる。Oはおとなしい児童で，少し戸惑いを見せる。そこで，PがOの代わりに発言し，確認をする。つまり，「先行発話」〜「質問」〜「応答（確認）」の場面で，PがOの困っている様子を見つけ，咄嗟に「○○さんが…で言いたいことは…ですか。」とフォローし確認をする。

　この場面を，「引用」による「発言の繋がり」という観点で考察してみると，「○○さんが…で言いたいのは…ですか。」のように，発話を相互に引用し確認することで，お互いの推論過程を共有することが可能になっている。このことで，お互いの発言内容がより明確になり，理解されやすくなっている。

　これを「他者との関わり」という観点でみるならば，相互に引用し確認することは，「話し手」にとっては「困った時，誰かが援助してくれる」という「安心感」をもたらすことにもなる。表11でも，Pのフォローする発言により，Oの発言は学級の中にうまく位置づけられ，話し合いが進んでいる。同時に，「聴き手」にとっては，先行発言を受け入れ，評価（承認）することでもある。つまり，引用することは「話し手」への承認となり，

表11　事例6　「ごん，おまえだったのか」は質問か

	発　話　内　容
O	Nさんに質問するのですけど…（中略）…それで，おまえだったのか，で，おまえだったのか，と訊いているみたいに聞こえて，ほんとにわかっていたのだったら，おまえだったのだな，とか言うと思うのですけど，
全	えっ（ざわざわ）
P	ぼくはOさんに代わって言うのですけど，Oさんが言いたいのは，えっと，ここでは，「ごん，おまえだったのか。いつも，くりをくれたのは。」というのは，ごんに，おまえだったのか，とごんに質問して訊いているということですか？
O	はい

注）「ごんぎつね」の10時間目

プラスの評価となるといえる。

　そして，このような行為を繰り返す中で，「引用」を用いると，発言の「繋がり」が生まれるだけでなく，他者に対する信頼関係，他者に支えられている安心感が生まれると考えられる。

1-1-3-4-2　否定表現への対応

　表12 は「最後の場面で，川へ行ったまさるの行動をどう思うか」の話し合い場面である。RはQの発言を引用し，反対意見を述べている。つまり，「先行発話」〜「反対」〜「応答」の場面で，Rは自分との差異を感じた部分を引用し，反対意見を述べている。

　この場面を，「引用」による「他者との関わり」という観点で考察してみる。話し合いには批判的意見はつきものである。そして，その批判的意見を感情的に受け取り，人格を否定されたように捉えてしまうことも起こる。本授業では，児童の発言数（表3）からみても，児童は全員，授業に積極的に参加しており，批判的意見を感情的に捉えている児童はいないようである。これについては，次のように考えることができる。つまり，「○○さんは…と言いましたね。でも…」と引用することで，相手がどの部分に反論しようとしているかが明確になる。こうして引用された児童は「人格」が否定されたのではなく，どの部分を否定されているのかが厳格な意味で明確，正確になる。表12においても，Rは反対部分を明確にして，発言をしている。このことから，「引用」を用いると，批判的な意見は常に全否定ではなく部分否定となることがわかる。

　話し合いの中では，批判的な意見が全体の意見の発展に貢献することも多いが，それをすぐに体験できることは難しい。しかし，他者に自分の考えを引用してもらうと，たとえ反対の意見であっても，自分の意見が友だちの考えに反映されたのを知ることができ，他者に貢献していることを授業の中で体験することができる。（表9）

　以上のことから，「引用」を用いると，児童は，自分の意見に対する批判的な意見を聴いても，それを否定的に捉えるのではなく，自分の考えを

表12 事例7 最後の場面のまさるの行動をどう思うか

	発 話 内 容
R	Qさんはお墓で暗くなるよりかは，ひまわりのように明るくて，明るく川へ行く方がいいと言いましたね。（はい）私はそれにちょっと違うのですけど，もしそんな時に，ひまわりのように明るくなっていたのだったら，63ページの「じいちゃん，ぼく，ひまわりのように明るくなるからね。」ということばはいらないのじゃないですか。

注）「夏のわすれもの」の6時間目

高める1つの情報として，集団で考え高め合う過程の一部として，積極的に解釈することが可能になるといえる。

1-1-3-5 教師の介入とその影響

　本研究での教師の発言は少なかった（表3）。そこで教師がどのような介入をしているのかを調べるため，教師の発言を分類してみた（表13）。すると「話がずれていますよ。」等の「進行」,「そこをもう少し詳しく言って，どんな所が繋がらないの？」（認知面）「まだ言ってない人に譲ってね。」（社会面）等の「繋がりの支援」,「兵十にごんの気持ちは本当に伝わったのだろうか。」等の「発問」,と大きく3つに分かれた。その中で70％以上が「繋がりへの支援」であった。

　表14，表15は，教師の「繋がりへの支援（認知面）」場面である。Sは，語りの部分を根拠に，「兵十にごんの気持ちは伝わっている。」と主張している。教師は，Sの論理が他の児童に伝わっていない，Sの考えがユニークで面白いと判断し，Sの発言を整理・確認することで，Sの考えを全体に広げている。表15では，教師は，TとUの論点がずれていること，また，同じような質問が2回も出たこと，この「ごんのどんな気持ちが伝わったのか。」の指摘は重要と判断し，Tの発言を確認し，さらに質問を加えることで，論点を明確にしている。

　このように，教師は，曖昧な点や児童が気付いていないズレや矛盾が出現した時，確認・整理したり，質問・疑問を提示したりする「解決の手が

<table>

表13　発言内容別の教師の発言回数

	夏のわすれもの	ごんぎつね
a）進行	5（18.5）	4（12.5）
b）繋がりへの支援① 認知面		
確認・整理	4（14.8）	15（46.8）
質問・疑問	5（18.5）	7（21.9）
説明	1（ 3.7）	1（ 3.1）
b）繋がりへの支援② 社会面		
ルール作り	4（14.8）	0（ 0.0）
全員参加を促す	6（22.3）	3（ 9.4）
c）発問（課題）	2（ 7.4）	2（ 6.3）
合計	27	32

注）1　一つの発言の中に，二つ以上の機能があるため，発言数よりも増えている。
　　2　（ ）の中は全体に対する比率である。

かり」を与える介入法を行っていた。つまり，児童相互による「引用」を基本とし，必要に応じて教師による介入が行われていた。そのため，教師には，児童の学習状況と話し合いの流れを読み取り，状況に応じて即興的な判断が求められた。また，「だれが，どこで，どのような発言をするか」「どこで，異なる考えが出るか」「児童は，何を根拠とするか」等の予想を前もって立て，後は，状況に応じて柔軟に対応することも求められた。

教師の指導内容は，児童との関係によって変化すると言える。表13を見ると，学年初めは，「繋がりの支援（社会面）」が多く（44.5%），学年の後半になると，「発言の繋がりの支援（認知面）」（71.8%）が多くなっている。話し合いに「引用」を導入した初期から，児童相互の「引用」との関係において，教師の指導内容がどのように変化しているのかを詳細に検討する必要がある。そうすることで，話し合いに「引用」を導入する道筋が明らかになろう。

</table>

表14 事例8 兵十にごんの気持ちは伝わったのか

	発　話　内　容
S	それは，このお話が伝わると兵十の気持ちとごんの気持ちも伝わらないと，このお話にならないので，なのでこのお話全体が伝わった。このお話が伝わるということだから，兵十とごんの気持ちも伝わっていると思うので，だから伝わったのだと考えます。
先生	だから，このお話がずっと茂平さんを通じて私に繋がっている……ずっと。ということは，そういったことも伝わっていないとおかしいのじゃないかということですね。

注）「ごんぎつね」の10時間目

表15 事例9 兵十にごんの気持ちは伝わったのか

	発　話　内　容
T	Uさんに，Eさんと似た質問で，質問するのですけど，私は，ごん…ごん，えっと，兵十がごんのしていることに気付いたというのじゃなくて，ごんが兵十に友だちになりたいやわかってほしいと思っていたことが伝わったかどうかだと思うのですけど，それについてはどう思いますか？
先生	ここにごんの気持ちと書いてあるけど，ごんの気持ちの中で，何が伝わったのかなということを言いたいのですね。ごんの気持ちの中の，そのうちの何が伝わったと考えますか。

注）「ごんぎつね」の10時間目

1-1-4　総合考察

1-1-4-1　繋がりのある授業：発言の「繋がり」と互恵的関わり

　話し合いに「引用」を導入した授業の特徴を示す。第1に，「引用」を用いると，次のような発言の「繋がり」が生まれた。表6，表8，表9に示すように，1つは，「引用」を用いることで，発言の「結び付き」が形成され，連続した発言の流れが生まれた。例えば，「聴き合い型」では，「先行発話」～「引用」を「問い返し型」では，「先行発話」～「引用」～「応答」を，「振り返り型」では，「先行発話」～（「内なる自己の考え」）～「引用」をセットとし，連続した発言の流れが作られている。もう1つは，お

互いの発言に言及し，共通点や差異が明確化された。例えば，「聴き合い型」では，引用し，全員を「受け手」とし，同意や付加等の発言をすることで，共通点が明確になり，「問い返し型」では，引用し，「受け手」意識を持ち，質問・疑問や反対の発言をすることで，差異が明確になり，多様な発話者の視点を体験でき，「振り返り型」では，引用し，自分の考えを振り返ることで，他者の考えと過去の自分の考えとの共通点や差異が明確になっている。

　つまり，「引用」することで，自分の考えは，誰の文章の，どこから考えたものなのか，他者の考えとどこが同じで，どこが異なるのか，を言語化し，学級で共有できるようになったことである。このことが，表3に示すように，教師の介入を少なくし，多様な発話者の視点（例，傍参与者から話し手，質問者，反対者等）を体験しながら，児童が自分たちで，お互いの発言を繋ぎながら進める話し合いを可能にしたといえよう。そしてその結果，教師は，自分の解釈に児童を導くのではなく，児童の思考の多様性を認め，話し合いの方向性や理解を深める時に，曖昧な点を確認・整理したり，質問・疑問を提示したりする「解決の手がかり」を与える方法で，介入できたのではないかと考える。

　第2に，「引用」方略を導入した結果，他者の発話を引用し，発言を「繋ぐ」行為は，複数の視点を同時に考慮し，異なる考えとのズレや矛盾を克服し，新たな枠組みを提案する，つまり，学習者が，文学作品の「読み」を媒介として，　二つの「外部の物語」（一つは作品，もう一つは他者）が立ち上がり，内部に生じた「揺らぎ」「ズレ」を克服し，「登場人物の自己像・世界像」の語り直し，読み直しに繋がることが示された。「引用」方略は，「語り直し」に結び付く可能性を持っているといえよう。「引用」と「語り直し」との関係については，今後，具体的な事例をもとに詳細に検討していきたい。

　第3に，「引用」を用いると，ことばとことばが繋がり，児童相互に互恵的関わりが生まれた。表11に示すように，「○○さんが…で言いたいことは，…ですか。」と，相互に引用し確認することは，「話し手」にとって

は，「困った時に，誰かが助けてくれる」という「安心感」をもたらすことにもなる。同時に，「聴き手」にとっては，「話し手」を承認し，プラスの評価をすることにもなる。また，表12に示すように，「引用」を用いると，批判的な意見は常に全否定ではなく部分否定となる。そのため，児童は，自分の意見に対する批判的な意見でも，自分の考えを高め，さらに，集団で考えを高め合うための1つの情報として，解釈することが可能になるといえる。このような安心・信頼を基盤にした学習環境が，児童の多様な考えを認め合いながら進める話し合いには必要であろう。「引用」はそのための有効な方略の1つになるのではないだろうか。

1-1-4-2　今後の課題

　以上本稿は「引用」を導入した授業の特徴を，発言の「繋がり」に焦点を当てて示してきた。その中で，発言を「繋ぐ」手立てとしての他者の発話の「引用」の可能性を示してきた。しかし，「引用」は，発言の「繋がり」だけでなく，表9，表10に示すように，「お互いの考えを批判的に吟味検討し，新しい視点を生み出す」話し合いの「深まり」の手立てとしての可能性も持っている。今後，この点については，具体的な事例をもとに詳細に検討していきたい。

　また，「引用」には「発話」だけではなく，「テクスト」「既有知識」等の引用も含まれる。このような多様な「引用」が，話し合いの場において，どのように機能しているのか，加えて，加齢することで，どのような機能が発達し，それらが話し合いの深まりとどう関わるのかを明らかにすることも必要である。さらに，話し合いに「引用」を導入した初期から，教師の指導内容はどのように変化しているのかを検討し，話し合いに「引用」を導入する道筋を示す必要もあろう。

「お互いを高め合う授業」の実現を求めている教育現場に，真に貢献できる研究にするためには，このような点について，さらに研究を進めていく必要があるだろう。

1）「引用」を含まない発話には，「私は…だと考えます。だってかわいそうだから…」などの主張だけの発話や「まだ，意見を言ってない人，だれか言ってくれませんか。」等の進行の発話や「○ページをあけてください。」等の指示の発話がある。
2）他者の「発話」以外の「引用」には，教科書，読書した本，既有知識，体験，等からの引用がある。

1-2　実験授業2

「引用」方略の継続が「聴くこと・発言形成」に関わる方略の習得，及び，「登場人物の自己像・世界像」の語り直しに及ぼす効果の検討

実験授業2では，「引用」方略を継続することで，学習者の「応答＝他者の発言を聴き，発言する」に関する方略が，どのように変化するのかを考察する。また，「語り直し」への影響を考察する。

1-2-1　はじめに

質問や疑問を出し合い，吟味し議論しながらお互いの考えを高め合う授業が求められている（秋田 2000, 村松 2001, 丸野 2002 , 有元 2006）。また，読みの授業においても，話し合いにおける対話的な相互作用の中で，お互いの読みを交流し，他者の異なる解釈と出会う中で，自己の読みを変容させていくことが示されている（PALINCSAR and BROWN 1984, 佐藤 1996）。しかし，多くの教師にとって，話し合いの重要性は認識しているものの，その実現は容易でない現状がある。その原因の一つに，お互いの考えを深める話し合いを実現するための有効な手立てを教師が持っていないこと，また，研究においても，その手立てを明らかにする実証的な研究が少ないことが考えられる。

話し合いに関する先行研究では，教育心理学研究において，議論（アー

ギュメント）を扱った研究がある。焦点の当て方によって，議論を思考スキルや思考過程を捉える枠組みとした研究（ANDERSON, CHINN, CHANG WAGGONER, and YI 1997, KUHN 1991, MEANS and VOSS 1996, PONTECORVO and GIRARDET 1993）つまり，思考の側に焦点を当てた研究と，話し合いの質を分析するための談話プロセスの研究（BERKOWITZ and GIBBS 1983, MERCER 1995, 1996）つまり，やりとりの側に焦点を当てた研究に分けられる。その中で，例えば，話し合いを分析することで批判的思考や反省的思考が獲得される過程や，理解の促進を生じさせる話し合いの特徴，を考察できるようになったことは意義深い。だが，教育現場が求めている「思考を進展させる」質の話し合いを実現するためには，これらの知見を踏まえ，授業場面を研究対象とした具体的な手立てを明らかにする研究が必要であろう。

　一方，国語教育研究においては，話し合い行為や話し合い能力の発達研究（間瀬ほか 2007, 山元 1996, 山元・稲田 2008, 2009, 蔵内ほか 1998），有効な交流を生み出すための読みの方略の研究（山元 2002），読みの交流を進める課題研究（松本 2010）等がある。

　間瀬ほか（2007）は，小学3年生から6年生まで同一課題で小集団による話し合いを行わせ，話し合い行為の特徴を明らかにしている。その結果，中学年から高学年にかけての話し合い行為の発達過程は，論争的会話（disputational talk＝主張と反論によって構成される顕著に短いやりとり）から，累積的会話（cumulative talk＝繰り返しと，確認と，精緻化によって特徴づけられる）へと移行し，その途中の4年生で，探索的会話（exploratory talk＝会話の参加者が批判的で，しかも建設的にお互いに関わり合う）が出現したことを明らかにしている。間瀬ほか（2007）は，4年生で探索的会話が出現した原因として，認知思考の発達特性から分析し，4年生は自分と他者が分離し，立場を明確化する時期であり，話し合い能力の発達の重要な契機があると分析している。また，山元・稲田（2009）は，自他が「分離」し，自分の意見や他者の意見を対象化して認知されてこそ，個々の意見の対立が見られ，それを前提とした協調・合意形成が可能となると述べ

ている。

　このことから，話し合い行為の形成には，児童の認知思考の発達特性（生得的な機能要因）が密接に関わっていると考えられる。だが，4年生になれば，探索的会話が自然と出現するものでもない。成人になってもそのような探索的会話を営む意識や技術が獲得されなければ出現しないとも言われている（山元・稲田 2008）。児童の認知思考の発達特性を踏まえた話し合い方略等の習得（経験を通した後成的要因）が必要といえる。つまり，認知思考の発達特性を踏まえた話し合い方略の習得状況によって，話し合い行為の発達が影響を受けるということである。

　4年生（9歳，10歳）には，認知発達に大きな質的転換が起こると言われている（加藤 1987，田中 1987，秋葉 1989）。このような先行研究の知見を踏まえるならば，3年生から4年生にかけて，どのような話し合い方略の習得が，どのような話し合い行為の出現をもたらすのか，を明らかにすることは意義がある。そうすることで探索的会話を生み出す手立てが明確になるからである。

　話し合いについて考える上で，バフチン（1988, 1989, 1996）の対話論が参考になる。WERTSCH（1991, 邦訳 1995）は，バフチンの対話について，「意味が，二つあるいはそれ以上の声が出会ったとき，つまり，話している人の声に対して聞いている人の声が応答しているというときにだけ成立する」と述べている。つまり，話し手が宛名を持った聴き手に向かって発言をし，それに対して聴き手からの応答があってこそ対話は成立する。話し合いで考えるならば，まず，話し手による「話す」行為があり，続いて，聴き手による「聴く」行為がある。この間に，聴き手は「聴いた内容」をもとに発言を形成し，次の「話す」行為を行うことになる。話し合いにおける，聴き手の応答者としての重要性が浮かび上がる。

　話し合いでは，「話す」行為を中心に考えるのではなく，「聴く」行為を中心に捉え直す必要がある。そして，「聴くこと」と次の「発言形成」を連動して捉え，話し合い方略の中でも，「聴くことに基づいて発言を形成する」（以後，「聴くこと・発言形成」と表記）という行為に関わる方略が習

得される過程を明らかにする必要があろう。しかし，これまで，「聴くこと」の可視化が難しい（秋田ほか 2002）ため，話し合いにおける「聴くこと」の研究は，授業後の理解テストの結果（INAGAKI et al 1998，藤村・太田 2002）や再生課題の記憶（秋田ほか 2002）等から推測しようとしており，次の「発言形成」とは連動しては考えられていなかった。

　「聴くこと」と「発言形成」との関わりについての実証的研究は極めて少ない（一柳 2007）。一柳（2007）は，積極的に発言するが，聴くことが苦手と教師から判断されている児童の分析を行っている。分析の結果，児童の発言が常に教師に向かい，周りの発言との繋がりが意識されていないことを報告している。つまり，一柳（2007）の研究から次のことがわかる。聴くことが苦手な児童は，周りの発言との繋がりや話し合いの流れを考慮せず，自分の考えを主張することのみに意識を向けた聴き方をしている。その結果，それまで何が話されたのかに関心がなく，教師のみを宛名として予定通りの話をしている。「聴くこと」と「発言形成」とを関連づけて考察した一柳（2007）の研究は示唆に富む。

　他者の発言を聴き，他者の言葉を取り込み，発言が形成される過程を論じた研究がある（WERTSCH and TOMA 1995，村瀬2005，秋田ほか 2004）。WERTSCH and TOMA（1995）は，日本の小学校の理科の授業を分析し，他者の言葉を取り込み，「…が言ったように」と間接話法を用いて話し合うことで，思考の深まりがみられたことを指摘している。具体的には，児童は，友だちAの発言を聴き，Aの発言を加工し自分の考えの中に取り込み，Bへの反対意見を形成していた。つまり，Aの発言を「思考の道具 thinking devices」（WERTSCH and TOMA 1995）として利用しながら，自分の意見を形成していたことを報告している。村瀬（2005）は，小学校の理科の「人体の血液循環」の授業で，「中継地点」という言葉をお互いが借用しながら話し合い，その言葉を「思考の道具」とし，新しい意味を生成している様子を報告している。

　WERTSCH and TOMA（1995），村瀬（2005）らの先行研究から，他者の言葉を取り込み，「思考の道具」として利用しながら話し合うことで，

話し合いが深まり，新しい意味生成が起こることを示している。このことを「聴くこと」と「発言形成」という視点から捉えると，他者の言葉を取り込み，発言を形成するという意識が，必然的に，他者の発言を真剣に「聴く」行為を生み出していると考えられる。だが，これらの先行研究では，他者の発言を「どのように」真剣に聴くことで，次の発言を形成しているのか。つまり，「だれの・どこに」注目して聴き「どのような言葉」を取り込み，次の発言を形成しているのかは明らかにしていない。

　佐々原・青木（2012）は話し合いに，児童相互が，他者の発話等を取り込む「引用」（他者の表現の一部を自分の表現に取り込む）を導入した授業の特徴を考察している。その結果，話し合いに「引用」を導入することで，周りの発言の「だれの，どこに」共通点や差異を感じるかを意識して聴くようになり，そのように感じる言葉を取り込み，次の発言を形成するようになること，さらに，そのことが「発現の繋がり」を形成すること，を明らかにしている。つまり，「聴くこと・発言形成」に関わる方略の習得が「発言の繋がり」（佐々原・青木は，「発言の繋がり」を「お互いの発言に言及し，共通点や差異を明確にする過程」と定義している。）を形成することを明らかにしている。また，佐々原・青木（2012）は，話し合いに「引用」を導入することで，「聴くこと・発言形成」に関わる方略の習得が，深まりのある話し合いを形成する可能性も報告している。だが，単学年を対象にした考察であり，「引用」を導入することで，どのような「聴くこと・発言形成」に関わる方略が習得され，その方略の習得の結果，どのような話し合い行為が出現するのか，を詳細に検討していない。

　では，深まりのある話し合い行為とは，具体的にどのような相互作用が行われることであろうか。これについては，BERKOWITZ and GIBBS（1983）と MERCER（1995, 1996）の研究が参考になる。BERKOWITZ and GIBBS（1983）は，同性ペア（大学生）の道徳課題の「話し合い」における相互作用のある対話（transactive discussion：TD）の質的分析を行い，その結果，「話し合い」過程における相互作用の変化を引き起こす要因は，他者の考えを引き出したり単に表象したりする「表象的トランザク

ション（representational transaction）」：正当性の要請，言い換え，併置等」
ではなく，お互いの意見を変形させたり認知的に操作したりする「操作的
トランザクション（operational transaction）：拡張，比較的批判，精緻化，
統合等」の対話の生成で起こることを明らかにしている。

　また，MERCER（1995, 1996）は，児童・生徒の話し合い行為を分析し，
累積的会話（cumulative talk），論争的会話（disputational talk），探索的会
話（exploratory talk）の三つのタイプに類型化している。その中で生産的
な「話し合い」として定式化したのが，「探索的会話」である。「探索的会
話」とは，参加者が相手の意見について批判的かつ建設的に関わる会話で
あり，その特徴としては，根拠か代替仮説が明確に述べられ，二つの会話
と比べ，推論過程が観察可能となると述べている（MERCER 1995, 1996）。
これらの先行研究から，本研究では，話し合い行為の「深まり」を，次の
3つの視点から捉えることとする。（1）明確な根拠を持って，お互いの考
えを述べ合う，（2）質問・疑問や反対意見等の批判的建設的なやりとり
がある，（3）集団として解釈の見直しが起こる，とする。

　そこで，本研究では，間瀬ほか（2007）の知見を踏まえ，中学年を研究
対象とし，「引用」を導入した学級を事例的に検討する。そして，上記（1）
から（3）における「引用を活用する場」「引用するもの」を学年間で比較
検討することにより，以下のことを明らかにする。「引用」を導入した学
級（3年生から4年生）において，どのような「聴くこと・発言形成」に関
わる方略が習得されるのか。また，その方略の習得の結果，どのような話
し合い行為が出現し，「登場人物の自己像・世界像」の語り直しにどのよ
うな効果があるのか検討する。

1-2-2　方法

1-2-2-1　参加者

　S県内の公立小学校児童の1学級23名（男子9名,女子14名）で，授業者
が3年生から4年生にかけて担任している学級。間瀬ほか（2007）の研究
では，4年生は「探索的会話」が出現し，話し合い能力の発達の転換期と

分析している。その点から考え，3年生〜4年生は，本研究の研究対象に適していると考えた。

1-2-2-2 授業者

　授業者は研究者本人であり，本学級の担任である。授業者は，教師歴28年で，小集団学習や学級全体での学び合いよる学習者の相互作用を中心にした授業を行っている。3年生の4月より，他者の発話を引用するように指導しており，通常の授業で資料に示す手立てをとって，相互作用の促進をしてきた。授業者は，「引用」の導入に当たり，4月より「聴き合うことが一番大切。聴き合うとは反応すること。」と繰り返し述べてきた。具体的には，例えば，わかりにくい発言の場合，「○○さんは△△と言いましたね。△△ってどういうことですか？」等と，発話を引用しながら，すぐに，質問するように指導してきた。

1-2-2-3 分析した授業

　文学作品の読みの授業は，個々の児童の主観的解釈を基盤とする。そのため，その主観的解釈を交流し，質問や反論を出しながら，納得できるまでお互いの読みを吟味・検討し，自分の解釈を見直すことが重要となる。そこで，「引用」を導入することで，どのような「聴くこと・発言形成」に関わる方略が習得されるのかを考察するには，文学作品の授業事例が適していると考えた。

　分析対象とする授業は，比較検討する上にも，同じ教科の，同じような単元で，しかも，各学年の同じような時期に扱った授業が適していると考えた。その点を考慮し，分析対象とした授業は，2006年10月17日（火）〜10月31日（火）に行われた国語科における「サーカスのライオン」（東京書籍出版　小学国語・下）の12時間の授業，2007年11月2日（金）〜11月22日（木）に行われた国語科における「ごんぎつね」（東京書籍出版　小学国語・下）の16時間の授業である。しかも，最終場面の主題の読み取りを扱い，話し合い中心の研究授業として行われた3年10月「サーカスのラ

イオン」8時間目の授業，4年11月「ごんぎつね」10時間目の授業を中心
に分析することとした。

1-2-2-4　課題について

　「話し合い」は課題の質に影響を受ける（FERNANDEZ et al. 2001）ため，
本研究の対象とした授業では，できるだけ課題の等質を担保するために，
次のような点を考慮し，両授業の課題を設定した。
・二つの選択課題。（参加の保障）
　選択肢を与え，自分の立場を明確化できる課題。
　3年…ア　じんざは幸せである　　イ　じんざは幸せでない
　4年…ア　兵十に気持ちは伝わる　イ　気持ちは伝わらない
・多様な根拠が持てる課題。（根拠の多様性）
　両課題とも登場人物の内面を言動や人物の様子（比較）から推論する課
　題であり，多様な根拠が持てる課題。
・読者がテクスト全体を繋いで解釈する必要がある課題。
（解釈の一貫性）
　両課題とも一つの場面から判断する課題ではなく，多くの場面を比較し
　たり，結び付けたりして考える課題。

設定した課題と活動単位

　上記のような点を考慮し，次のような課題を設定した。3年生の「サー
カスのライオン」では，「じんざを幸せだと思うか」，4年生の「ごんぎつ
ね」では，「兵十にごんの気持ちは伝わったのか」の課題を設定した。ま
た，どちらの授業も，授業の活動単位として，「個人思考→ペア交流→全
体の話し合い→ペア交流→全体の話し合い→個人思考」を設定した。本研
究では，全体の話し合い場面を中心に分析した。

1-2-2-5　データの収集法

　授業のデータの収集は，教室全体の様子を撮影するために，ビデオカメ

ラを教室の前後に，また，ICレコーダを2人に1台配置し，映像・音声を
採集した。

1-2-2-6　分析の方法

　データをもとに授業逐語録を作成し，児童の発言を量的，質的に分析し
た。量的分析では，児童の全発話を発話単位ごとに下記に示すカテゴリに
分類した。コーディングは，筆者と小学校教師の2名で行った。不一致の
箇所は両者で協議し決定した。質的分析では，本研究の目的に照らして，
典型的な個別事例を選んだ。また，都合のよい事例のみを選んでないか，
2名で検討した。なお，「発話」の単位は，話者交替を基本単位とした。「発
話」と「発言」は以下の通り区別した。

A「a: ○○ページに…と書いてますね（全員はい）b: そこから，ごんは一
　　　人ぼっちとわかりますね（全員はい）

　　c: だから，ごんは寂しくていたずらしたのだと考えます」

　他の学習者の返事（言語的応答　はい）がある場合，話者が交替したと
捉え，それぞれa, b, c, を「発話」とし，A（a＋b＋c）を「1人の連続し
た発話」と捉え，「発言」とした。

1-2-2-6-1　引用を含む発話のコーディング

　どのような「聴くこと・発言形成」に関わる方略が習得されるのか，を
考察するためには，まず，児童が1）どのような言葉を，2）どのような
目的で，引用し，そこから，3）どのような場で活用しているのか，を明
らかにする必要がある。つまり，1）2）を「聴くこと」の，3）を「発言
形成」の指標とする。その上で，3年生から4年生で，1）2）3）がどの
ように変化するかを考察する。

　そこで，児童の全発話を「引用を含む発話」と「それ以外の発話」に大
きく分類し，「引用を含む発話」を分析対象とした。まず，「引用」の機能
を調べるためには，佐々原・青木（2012）の「発言の繋がりの型」別に考
察するのが有効と考えた。そこで，佐々原・青木（2012）の「発言の繋が

りの3つの型」を援用し，「引用を含む発言」を，a）聴き合い型（同意，
付加，学び等），b）問い返し型（確認，質問・疑問，反対），c）振り返り型（修
正，創造）の3つに分類した。次に，そこから，4つの「引用」の機能（目的），
根拠の提示，共通点の提示，論点の提示，見直しの提示，を抽出した。4
つの「引用」の機能（目的）の定義は，以下の通りである。

表1 「引用を含む発話」の4つの機能（目的）

根拠の提示	引用し，根拠を提示する。
共通点の提示	引用し，先行発話と自分の考えとの共通点を提示する。「○○さんは……と言いましたね。私も同じで…」
論点の提示	どこに差異を感じたかを示すため，引用し，質問・疑問，反論等の論点を提示する。「○○さんは……と言いましたね。でも私は，その点が少し違って…」
見直しの提示	引用し，自分の考えの見直しの切っ掛けとなった発話等を提示する。「○○さんが……と言ってくれたこと……そこから，考え直したのですが……」

　児童が「どのような目的」で，引用しているのかを考察するのに有効と
考え，「引用を含む発話」を，4つの「引用」の機能（目的），根拠の提示，
共通点の提示，論点の提示，見直しの提示，に分類した。これを一覧表に
したものを表2に示す。一致率は，86.8％であった。（発言の繋がり別の分
類も含む）。

1-2-2-6-2 「根拠の提示」の引用と発言形成
根拠の下位カテゴリ
　明確な根拠を持って，話し合いに参加することは重要である。その時
に，児童は，「どのような言葉」を引用し，根拠としているのだろうか。
それは，話し合いの質に関わることでもあろう。そこで，引用された根
拠を，テクスト・既有知識，発話，の2つの種類に分類した。一致率は，
91.2％であった。

表2　発言の繋がり別の「引用」の目的

a) 聴き合い型…引用し，同意，学び，付加した発言を述べ，「共通点」を明確化した発言の繋がり。

　　根拠の提示

　　　「前の授業で……と習いましたね。だから，私も……と考えます。」

　　共通点の提示

　　　「○○さんは……と言いましたね。私も同じで……」

b) 問い返し型…先行発話を引用し，確認，質問・疑問，反対意見を述べ，「差異」を明確化した発言の繋がり。

　　根拠の提示

　　　「○○さんは……と言いましたね。そこに反対で，△△さんが前……と言ったじゃないですか。だから，……」

　　論点の提示

　　　「○○さんは……と言いましたね。その点に質問するのですが……（その点に反対するのですが……）」

c) 振り返り型…他者の考えや自分の考えを引用し，修正，創造した発言を述べ，自分の考えを振り返る発言の繋がり。

　　根拠の提示

　　　「○○さんが……と言ったことから少し考えが変わったのですが……，その理由は，教科書に……と書いていますね。だから，……」

　　見直しの提示

　　　「○○さんが……と言ってくれたことは……ことじゃないですか。そこから，考え直したのですが……」

注) 1　佐々原・青木（2012）の「発言の繋がりの3つの型」を援用し分類。そこから，4つの「引用」の機能を抽出

　　 2　佐々原・青木（2012）の「発言の繋がりの3つの型」とは，a)「聴き合い型」…「先行発話」―「引用発話」（同意・付加等），b)「問い返し型」…「先行発話」―「引用発話」（質問・反対等）―「応答」，c)「振り返り型」…「先行発話」―「過去の考え」―「引用発話」（修正・創造）

1-2-2-6-3 「論点の提示」の引用と発言形成

論点の下位カテゴリ

　児童は，「どのような言葉」を引用し，論点としているのか，つまり，

表3 根拠の下位カテゴリ（種類別）

テクスト・既習知識	「○○ページに……と書いていますね。」
	「前の授業で……と習いましたね。」
発　話	「○○さんは……と言いましたね。」

何に注目して聴いているのかを考察するのに有効と考え，「論点の提示の引用」を，主張，根拠，根拠と主張の関わり，論点，テクスト，の5つの種類に分類した。一致率は，87.1％であった。

表4 論点の下位カテゴリ（種類別）

主　張	発話の中の主張部分を引用
根　拠	発話の中の根拠部分を引用
根拠・主張	発話の中の根拠と主張の両方を引用
	「呼び方が変わっているから，伝わったと言いましたね。」
論　点	他者の出した論点を引用
テクスト	テクストを引用

「論点の提示の引用」の活用の場

　質問や反対意見を述べる場では，論点を提示するために「引用」が使われている。そこで，「論点の提示の引用」が「どのような場」で活用されているのか，を考察するのに有効と考え，「論点の提示の引用」の活用の場を，説明要求，応答，確認，反対，の4つに分類した。一致率は，90.3％であった。

1-2-2-6-4　話し合い行為の「深まり」を分析する枠組み

　本研究では，話し合い行為の「深まり」を分析する指標として，（1）明確な根拠を持って，お互いの考えを述べ合う，に関しては，すべての話し合い場面における「引用」の「根拠の提示」を，（2）質問・疑問や反対意見等の批判的建設的なやりとりがある，に関しては，「問い返し型」場面における「引用」の「論点の提示」を，（3）集団としての解釈の見

表5　「論点の提示の引用」の活用の場

説明要求	「○○さんに質問をします。」や「○○についてどう思いますか？」等の質問・疑問，応答要求
応答	「質問に答えます。」（最後に，「……はどうですか？」と，応答要求がある発言は，説明要求に含める）
確認	「○○さんが言いたいことは……ですか。」
反対	「○○さんの意見に反対で……」

直しが起こる，に関しては，「振り返り型」場面における「引用」の「見直しの提示」を用いる。これらを一覧表にしたものを表6に示す。

表6　話し合い行為の「深まり」を分析する3つの枠組み

（1）　明確な根拠を持って自分の考えを述べる。
　　　　聴き合い型・問い返し型・振り返り型　→：**根拠の提示**
（2）　質問・疑問，反対意見を述べ合うやりとりがある。
　　　　問い返し型　→：**論点の提示**
（3）　集団としての解釈を振り返る。
　　　　振り返り型　→：**見直しの提示**

1-2-2-7　分析上の配慮

　実践者が自らの授業を対象に研究を行う意図は，授業実践の豊かさと複雑さを捉えるためには，研究者の外側の目からだけでなく，実践者の内側の目から捉えることが必要であり（LAMPERT 2000），そうすることでより実践を豊かにし，より多くの教師や児童に貢献できると考えたからである。

　同時に，そのことは，実践者の主観的な解釈に陥る可能性も持っており，分析の妥当性，信頼性を確保することが重要である。事例分析に関しては，厳密性と妥当性を保証するために，相互主観性と解釈可能性を担保することが指摘されている（南 1991）。そこで，事例分析では，上記の点を踏まえ，（a）課題や授業展開を明示した。（b）教師の意図や児童への判断を明示した。（c）学習者に関する情報を明示した。

1-2-3　結果と考察

1-2-3-1　話し合いの共通した特徴

1-2-3-1-1　教師と児童の発言の比較から

　表7に教師と児童の発言回数の比較を示す。3年生の「サーカスのライオン」では，教師の発言が34.0%，児童の発言が66.0%であった。4年生の「ごんぎつね」では，教師の発言が30.4%，児童の発言が69.6%であった。つまり，どちらの授業も，発言の7割近くが児童の発言であり，児童中心の授業であったといえる。

表7　教師と児童の発言回数の比較

	教　師	児　童
サーカスのライオン	18（34.0）	35（66.0）
ごんぎつね	28（30.4）	64（69.6）

注）（　）内は全体に対する比率

1-2-3-1-2　「引用を含む発話」の比較から

　次に，表8に，「引用を含む発話」の頻度を示す。「引用」は，「サーカスのライオン」では全発話数69回の内56回（81.2%），「ごんぎつね」では143回の内95回（66.4%）出現した[1]。つまり，両授業での発話の60%以上に「引用」が使われており，しかも，3年生の「サーカスのライオン」の方が多くの「引用」が使われていたことになる。

　以上のことから，対象とした授業は，どちらも「引用」を使いながら，児童中心の話し合いが行われたといえる。次に，どのような「聴くこと・発言形成」に関わる方略が習得されるのか，また，その方略の習得の結果，どのような話し合い行為が出現するのか，を考察する。

　そこで，次の順序で検討する。まず，話し合い行為の「深まり」を捉える3つの指標，（1）根拠の提示，（2）論点の提示，（3）見直しの提示　ごとに，各学年の「引用を活用する場」「引用するもの」を比較検討する。次に，そこから習得されている「聴くこと・発言形成」に関わる方略を明

表8 「引用を含む発話」の頻度（発言の繋がり別）

	サーカスのライオン （3年10月）	ごんぎつね （4年11月）
引用を含む発話	56	95
比率（％）	（81.2）	（66.4）
聴き合い型	35	24
問い返し型	19	55
振り返り型	2	16

注）1　「サーカスのライオン」の全発話数69回，「ごんぎつね」の全
　　　発話数143回
　　2　比率は，全発話数に対する比率

らかにする。最後に，話し合い行為の出現について検討する。

1-2-3-2　「根拠の提示」にみる，「聴くこと・発言形成」に関わる方略の特徴

　各学年の「引用を活用する場」「引用とするもの」を比較検討するために，学年間の「根拠の活用の場」，「根拠とするもの」を考察する。

1-2-3-2-1　「根拠の活用の場」の比較から

　「根拠の提示の引用」の頻度を検討した（表9）。フィッシャーの直接確率計算法による検定の結果，学年間で，「根拠の提示の引用」の頻度のばらつきは，有意であった（1×2，$p < .01$，$P = 0.0032$　両側検定）。つまり，両授業とも「根拠の提示の引用」は使われていたが，3年生の「サーカスのライオン」よりも4年生の「ごんぎつね」の「根拠の提示の引用」の出現率が高い。

　次に，「根拠の提示の引用」がどのような場で活用されているのかを考察した。そのために，発言の繋がり型別にみた「根拠の提示の引用」の頻度を検討した（表9）。フィッシャーの直接確率計算法による検定の結果，学年間で，「根拠の提示の引用」の発言の繋がり型別の頻度のばらつきは，有意であった（3×2，$p < .01$，$P = 0.000382332$）。さらに，残差分析の結果，

「根拠の提示の引用」は，3年生の「サーカスのライオン」では，「聴き合い型」場面が期待値より有意に多かった。4年生の「ごんぎつね」では，「問い返し型」場面と「振り返り型」場面が期待値より有意に多い。

表9 「根拠の提示の引用」の頻度（発言の繋がりの型別）

	サーカスのライオン （3年10月）	ごんぎつね （4年11月）
全根拠数	34（60.7）	64（67.4）
発言の繋がり別		
○聴き合い型		
根拠の提示（回）	25（73.6）△	21（32.8）▼
○問い返し型		
根拠の提示（回）	8（23.5）▼	31（48.4）△
○振り返り型		
根拠の提示（回）	1（2.9）▼	12（18.8）△

注）1 「サーカスのライオン」の全引用数56回，「ごんぎつね」の全引用数
　　　95回
　　2 全根拠数の（ ）は，全引用数に対する比率
　　3 発言の繋がり別の（ ）は，全根拠数に対する比率
　　4 △は残差分析の結果，5％水準で有意に多い項目，
　　　▼は5％水準で有意に少ない項目を示す

　このことから，学年間で，根拠を活用する場が異なっているといえる。例えば，3年生では，同意，学び，付加した発言を述べる「聴き合い型」の話し合い場面で，根拠を示すために「引用」が多く使われていた（表9）。それに対して，4年生では，他者の考えに質問・疑問や反対意見を述べる「問い返し型」の話し合い場面で，あるいは，自分の考えの修正や新しい考えを作る「振り返り型」場面で，根拠を示すための「引用」が多く使われている（表9）。

　次に，児童は，どのような言葉を引用し，根拠としているのか検討する。そこで，「根拠の提示の引用」を種類別（テクスト・既有知識，発話）に分類し，考察した。以下に，結果を示す。

1-2-3-2-2 「根拠とするもの」の比較から

どのような言葉を根拠としているのかを考察した。そのために，種類別にみた「根拠の提示の引用」の頻度を検討した（表10）。フィッシャーの直接確率計算法による検定の結果，学年間で，「根拠の提示の引用」の種類別の頻度のばらつきは有意であった。（2×2, $P < .05$, $P = 0.0219689$）。さらに，残差分析の結果，「根拠の提示の引用」は，3年生の「サーカスのライオン」では，「テクスト・既有知識」の「引用」が期待値より有意に多かった。4年生の「ごんぎつね」では，「他者の発話」の「引用」が期待値より有意に多い。

表10　「根拠の提示の引用」の頻度（種類別）

	サーカスのライオン （3年10月）	ごんぎつね （4年11月）
○全　体		
テクスト （既有知識も含む）	31（91.1）△	45（70.3）▼
発　話	3（8.9）▼	19（29.7）△

注）1　「サーカスのライオン」の「根拠の提示」の引用数34回，「ごんぎつね」の「根拠の提示」の引用数64回
　　2　（　）は，「根拠の提示」の引用数に対する比率
　　3　△は残差分析の結果，5％水準で有意に多い項目，
　　　▼は5％水準で有意に少ない項目を示す

このことから，学年間で，根拠とするものが異なっているといえる。例えば，3年生では「テクスト・既有知識」を多く引用し根拠としている（表10）。それに対して，4年生では「テクスト・既有知識」だけでなく，「他者の発話」も多く引用し根拠としている（表10）。

1-2-3-2-3 「根拠の提示」の「引用」の質的分析

児童は，他者の発言を聴き，「テクスト・既有知識」，「他者の発話」を引用して根拠とし，どのように発言形成をしているのか，事例をもとに検討する。

「聴き合い型」場面の「根拠の提示の引用」 3年

　3年生の「聴き合い型」場面の一部を表11に示す。「じんざを幸せだと思うか」で話し合っている。

　A児：Aは，複数の場面の「テクスト」を引用し，根拠としている。「金色に輝くライオンはたちまち暗闇の中に消え去った」（根拠1）という「人物の様子」を根拠に，「金色に輝くのだから，うれしいはずだ。」と推測し，ここから「じんざは男の子を助けられただけでうれしく思っている。」（解釈1）と解釈する。もう1つは，「テクスト」の「お客は心の中で一生懸命手をたたいた。」（根拠2）という「人物の行為」を根拠に，「心の中でじんざは火の輪を跳んでいる。」「お客の中で生きている」（解釈2）と解釈する。そして，この2つの解釈を繋いで，「じんざは幸せだ」と「主張」をしている。Aの発言に対して，「金色に輝くの表現から，どうしてじんざがうれしいとわかるのですか？」等の他者の解釈を明確化する質問を期待したが，3年生では難しかった。

　B児：Bは，「他者の発話」，「既有知識」を引用し，根拠としている。Bも「テクスト」の「金色に輝くライオンは…」を引用している。だが，この「引用」は，単に「テクスト」の「引用」ではなく，その前に発言していたDの「金色に輝くのはじんざのうれしさを表現している。」という解釈を自分なりに取り込み，根拠としたものである。

　3年生の多くは，A児のような発言である。前もって考えていた「テクスト」や「前時までの学習内容」を根拠として，自分の解釈を主張する。だが，3年生でも，B児のように，「今，ここで」聴いた友だちの発言を取り入れ，根拠とする児童もいる。4年生になると，Bのような「他者の発話」を引用し，根拠とする児童が増えている（表10）。

「問い返し型」場面の「根拠の提示」の「引用」 4年

　4年生の「問い返し型」場面の一部を表12に示す。「兵十にごんの気持ちは伝わったか」で話し合っている。

　E児：Eは，Gが引用した「村の茂平というおじいさんから聞いたお話です。」という語り手の部分を取り上げ，「これだけで，ごんの気持ちが兵

十に伝わったことになるのか？」という趣旨の質問をしている。その時に，「村に伝わったのはお話であり，ごんの気持ちが伝わったのではない。」と自分の考えを述べ，「質問」のための根拠を示している。Eの質問に対して，Gは少し戸惑っていたが，Gまたは他の者が必ず応答すると判断し，少し待つ。

　F児：それに対して，Fは，Eの根拠とした「お話が伝わり，ごんの気持ちは伝わっていない。」を取り上げ，反論をしている。その時に，「お話が伝わるとは，ごんや兵十の気持ちも伝わることである。そうでないとお話にならない。」と自分の考えを述べ，それを「応答」の根拠としている。「伝わる」という言葉を「思考の道具」としながら，やりとりが進められ

表11　事例1　3年「じんざを幸せだと思うか」

発　話　内　容	
A	Cさんは，「男の子が毎日，毎日やってきた男の子を助けられて幸せだ。」と言いましたね。私も同じで，教科書の75ページを見てください。（はい）75ページの最後の行に「金色にかがやくライオンはたちまち暗闇の中に消え去った。」と書いていますね。なので，私はじんざは男の子を助けて，自分は死を覚悟したから，じんざは男の子を助けるだけでもうれしかったから。76ページの後ろからに「それでもお客は一生懸命手をたたいた。」と書いていますね。（はい）なので，お客の心の中ではじんざは火の輪を跳んでいるから，お客の心の中では生きているからじんざは幸せだと考えます。
B	「私も幸せだと考えます。理由は2つあります。1つ目は，文章の75ページを見てください。75ページに「金色に輝くライオンはたちまち空に……暗闇に消え去った。」と書いていますね。（はい）そこから考えました。「金色に輝く」のは男の子を助けてうれしかったから，と考えました。Dさんが言ってましたね。これは男の子が助けられてうれしかったから，金色になったのだと思います。だから幸せだと考えます。2つ目は，文章の2の場面の66ページをあけてください。66ページと67ページを開けていますか。男の子に会って，勇気・元気・生き甲斐・やる気をもらったじゃないですか。勇気ややる気をもらってうれしかったから……　（後略）

注）「サーカスのライオン」の8時間目

表12　事例2　4年「兵十にごんの気持ちは伝わったか」

	発　話　内　容
E	はい。Gさんの二つ目の理由に質問するのですけど，Gさんは，「わたしが小さいときに村の茂平というおじいさんから聞いたお話です。」ということを書いているから伝わったと言いましたね。（はい）そこに質問するのですが，これを，えっと，このことで，Gさんの言うのは，わたしは伝えるということだから，それは気持ちを伝えるじゃなくて，このお話を伝えるということだと思うので，えっとGさんはこのことについてどう思うのですか？
F	Gさんに代わって言うのだけど，それは，このお話が伝わるというのは兵十の気持ちとごんの気持ちも伝わらないと，このお話にならないので，このお話全体が伝わった。このお話が伝わるということだから，兵十にごんの気持ちも伝わっていると思うので，だから伝わったのだと考えます。

注）「ごんぎつね」の10時間目

ている。

　事例（表12）のように，4年生では，より相手に納得してもらうために，ただ質問等をするのではなく，なぜ「質問・応答」等に至ったか根拠を示し，説明している様子がわかる。また，その時に，相手の使った言葉を引用し，「質問や応答」を形成しているといえる。

　以上のことから，表11，表12に示すように両学年とも根拠を示しお互いの考えを述べているが，学年間で，根拠を活用する場が異なっていることが示された。3年生では，「聴き合い型」（同意・学び・付加等）の話し合い場面で，自分の考えを述べるために，「根拠の提示の引用」が多く使われていた（表9）。それに対して，4年生では，「問い返し型」（質問・疑問・反対等）の話し合い場面や「振り返り型」（修正・創造）の話し合い場面で，質問・反対，修正等の意見を述べるために，「根拠の提示」の「引用」が多く使われている（表9）。また，学年間で，根拠とするものが異なっていることが示された。3年生では「テクスト・既有知識」を根拠に自分の考えを述べていたが，4年生では「テクスト・既有知識」だけでなく，「他者の発話」も根拠に自分の考えを述べている（表10）。

「根拠の活用の場」「根拠とするもの」の比較から，次のような「聴くこと・発言形成」に関わる方略の習得が見出だせた。3年生では，「テクスト・既有知識」を引用し，それを根拠とし発言を形成する方略を習得している（表10，表11）。また，表9,表11に示すように,他者の意見との共通点を意識して聴き，賛同の意を積み重ねていく場で根拠の「引用」を活用している。ただ，即興的に根拠を形成することは少なく，前もって考えていた「テクスト・既有知識」を根拠に，自分の考えを述べている（表9，表10，表11）。それに対して，4年生では，「他者の発話」を即興的に取り入れ，それを根拠とし発言を形成する方略を習得している（表10，表12）。また，表9，表12に示すように，相手の意見との差異を意識して聴き，お互いの意見を検討する中で生まれた疑問や反対意見を述べる場で根拠の「引用」を活用している。このことは，児童が他者の言葉を自分の中で捉え直して聴き，他者の言葉を「道具」のように利用しながら，その言葉を根拠とし，発言形成ができるようになりつつあるといえよう。

　このような方略の習得の結果，以下のような話し合い行為の出現が示された。3年生の話し合い行為は，間瀬ほか（2007）によれば，「論争的会話」が出現すると捉えられていたが，自分の考えを主張する場では，むしろ，相手の発言を活かしながら，賛同の意を積み重ねていく「累積的会話」が出現している（表9，表11）。これは，次のように考えることができる。3年生は，自他の違いは意識しているものの，自己の意見を対象化して認知したり，自分という視点から離れて考えたりすることが不十分な発達特性にある（落合 2000a, 柿・辻河 2008）。そのため，異なる他者の意見に対して攻撃的になることがある。ところが，他者の意見との共通点を意識して聴き，賛同の意を積み重ねていく方略の習得，さらに，「引用」による協同的な態度の形成（佐々原・青木 2012）によって，「累積的会話」が出現したと考えられる。

　4年生の話し合い行為では，お互いの意見を吟味検討する中で，即興的に疑問や反対意見を述べ合う話し合いが進められており，「探索的会話」が出現している（表9，表12）。これは，次のように考えることができる。

4年生は，自己の意見を対象化して認知したり，他者の視点を自分の中に取り込んだりすることが可能な発達特性にある（落合 2000b，柿・辻河 2008）。この期の児童が，他者の発話を即興的に取り入れ，それを根拠とし発言を形成する方略を習得するためには，次のようなことが必要とされる。まず，他者の視点に立ち，「どうすればわかりやすい説明になるか」と自分の行為を対象化する必要がある。次に，自分と他者の考えを比較照合する。最後，必要な言葉を自分の中に取り込み，関連づけ根拠とする。このような過程が，自他の意見の対象化を促進し，「探索的会話」を出現させたと考えられる。

1-2-3-3 「論点提示」にみる「聴くこと・発言形成」に 関わる方略の特徴

各学年の「引用を活用する場」「引用とするもの」を比較検討するために，学年間の「論点の活用の場」，「論点とするもの」を考察する。

1-2-3-3-1 「論点の活用の場」の比較から

「論点の提示の引用」は，「問い返し型」の話し合い場面で，活用されている。そこで，「問い返し型」場面の「論点の提示の引用」の頻度を検討した（表13）。フィッシャーの直接確率計算法による検定の結果，学年間で，「論点の提示の引用」の頻度のばらつきは，有意であった（1×2，p＜.05，P＝0.00410　両側検定）。つまり，両授業とも「論点の提示の引用」は使われていたが，3年生の「サーカスのライオン」よりも4年生の「ごんぎつね」の「論点の提示の引用」の出現率が高い。

次に，「論点の提示の引用」がどのような場で活用されているかを考察した。そのために，活用の場別にみた「論点の提示の引用」の頻度を検討した（表13）。フィッシャーの直接確率計算法による検定の結果，学年間で，「論点の提示の引用」の活用の場別の頻度のばらつきは有意であった（4×2，p＜.05，P＝0.0241475）。さらに，残差分析の結果，「論点の提示の引用」は，3年生の「サーカスのライオン」で，「反対」の発言が期待値

より有意に多かった。4年生の「ごんぎつね」で，「説明要求」の発言が期待値より有意に多い。

　このことから，学年間で，論点を活用する場が異なっているといえる。例えば，3年生では，論点を提示するのは，「反対」意見を述べる場が多かった（表13）。それに対して，4年生では，「○○さんの言った…はどういうことですか?」等と質問したり，「○○さんの言った…についてこう考えるのですが，これについてどう思いますか?」と応答を要求したり，と説明要求する場が多い（表13）。

児童は，どのような「説明要求」をしているのか

　そこで，児童がどのような「説明要求」をしているのか，事例をもとに考察した。すると，3年生では2つのタイプがみられた（表14）。

　a）質問の形態をした反対意見を述べるタイプ：「主張」を引用し質問
　　　例「なぜ…なのですか（おかしいです）」
　b）自分の考えに対する応答を要求するタイプ：「主張」「根拠」「根拠

表13　「論点の提示の引用」の頻度（活用の場別）

	サーカスのライオン （3年10月）	ごんぎつね （4年11月）
○問い返し型		
論点の提示	11 （19.6）	24 （25.3）
○活用の場別		
説明要求	3 （27.3）▼	17 （70.8）△
応　　答	2 （18.2）	3 （12.5）
確　　認	0 （ 0.0）	1 （ 4.2）
反　　対	6 （54.5）△	3 （12.5）▼

注）1　「サーカスのライオン」の全引用数 56回，「ごんぎつね」の全引用数95回
　　2　論点の提示の（　）は，全引用数に対する比率
　　3　「サーカスのライオン」の「論点の提示」の引用数11回，「ごんぎつね」の
　　　　「論点の提示」の引用数24回
　　4　活用の場別の（）は　「論点の提示」の引用数に対する比率
　　5　△は残差分析の結果，5%水準で有意に多い項目，
　　　　▼は5%水準で有意に少ない項目を示す

と主張」等を引用し応答要求　例「○○について，私は…と考えま
すが，どう思いますか？」

　3年生では，a）質問の形態をした，反対意見タイプが多く，b）自分の
考えに対する応答要求タイプは少なかった（表16）。それに対して，4年
生では，3年生でみられた2つのタイプとそれ以外に別のタイプが1つみ
られた（表14，表15）。

a）質問の形態をした反対意見を述べるタイプ

b）自分の考えに対する応答を要求するタイプ

c）「根拠，過程，意味」を明確化するための質問タイプ：「主張」を引
　　用し質問　例「どこからそう考えたのですか？」（根拠），「根拠」を
　　引用し質問　例「そこ（根拠）からどう考えたのですか？」（過程），
　　例「○○さんの言った…とはどういう意味ですか？」（意味）

表14　3年，4年にみられた説明要求のタイプ

（a）質問の形態をした反対意見タイプ

H	Iさんは，「拍手等しなくていい」と言いましたね。<u>なぜ，お客さんは一生懸命拍手しているのに，拍手しなくていいのですか。</u>（3年）
J	それだったら，くりをと書いているから，全部伝わったと言わないのじゃないですか。（4年）

（b）自分の考えに対する応答要求タイプ

K	今，Lさんは「男の子を助けて幸せ」と言ったじゃないですか，私はそこから少し質問なのですけど，ということは，似ているからじゃなくて，普通のただの男の子を助けてもじんざはうれしかったのですか。<u>私は自分と似ている男の子を助けたから幸せと思ったと思うのですが，どうですか？</u>（3年）
	（「ごん，おまえだったのか」は質問か，の話し合い場面）
M	Nさんは，自分に言ってると言いましたね。ちょっと質問で，<u>私はごんに質問していると思うのですけど，</u>それはごんおまえだったのかと聞き込んでいるように言っているので，訊いてごんだったのか，ごんじゃないのかうってしまったからとか，<u>くりがあったからごんに訊いたのだと考えますけど，どう思いますか？</u>　（4年）

注）「サーカスのライオン」の8時間目，「ごんぎつね」の10時間目

4年生では，a）の質問の形態をした反対意見を述べるタイプが少なく，b）自分の考えに対する応答を要求するタイプ，c）「根拠，過程，意味」を明確化するための質問タイプ，が多い（表16）。

　このことから，3年生の説明要求では，質問の形態をしているが，内容は反対意見を述べるタイプが多かった（表16）。そのため，相手からの説明が生成されることが少ない。それに対して，4年生では，「どこからそう考えたのですか？」等と相手の考えの「根拠，過程，意味」を問うタイプ，「○○について，私…と考えますが，どう思いますか？」と自分の考えに対する応答要求タイプが多い（表16）。そのため，相手からの説明が生成される。そのことが，自分の考えの見直し，他者の考えの理解を促進していると考えられる。

　次に，児童は，どのような言葉を引用し，論点としているのかを検討する。そこで，「論点の提示の引用」を種類別に分類し考察した。以下に，

表15　4年だけにみられた説明要求のタイプ

（c）「根拠，過程，意味」等を明確化するための質問タイプ	
O	Pさんは今，「兵十は後悔している」と言いましたね。そこをもう少し詳しく教えてくれませんか？（4年）
Q	Rさんは，友だちになってほしい気持ちも兵十に伝わったと言いましたね。それは，どこからそう考えたのですか？（4年）

注）「ごんぎつね」の10時間目

表16　「論点の提示」にみる「説明要求」のタイプ

	サーカスのライオン （3年10月）	ごんぎつね （4年11月）
反対意見タイプ	6（75.0）	2（6.3）
応答要求タイプ	2（25.0）	18（56.2）
根拠・過程・意味タイプ	0（0.0）	12（37.5）

注）1　「サーカスのライオン」の「説明要求」数8回，「ごんぎつね」の「説明要求」数32回
　　2　（　）は，「説明要求」数に対する比率
　　3　「サーカスのライオン」の6時間目，8時間目，「ごんぎつね」の8時間目，10時間目

結果を示す。

1-2-3-3-2 「論点とするもの」の比較から

どのような言葉を論点としているのかを考察した。そのために，種類別にみた「論点の提示の引用」の頻度を検討した（表17）。フィッシャーの直接確率計算法による検定の結果，学年間で「論点の提示の引用」の種類別の頻度のばらつきは有意であった（5×2,p＜.05 P＝0.0305168）。さらに，残差分析の結果，「論点の提示の引用」は，3年生の「サーカスのライオン」では，他者の発話の「主張」が期待値より有意に多く，4年生の「ごんぎつね」では，他者の発話の「主張」が期待値より有意に少ない。

　このことから，学年間で，論点とするものが異なっているといえる。例えば，3年生では，他者の発話の「主張」を多く引用し，論点としていた（表17）。それに対して，4年生では，他者の発話の「主張」を引用し，論点とするのは少なく，「主張」，「根拠」，「根拠・主張」等，様々なものを「引用」の対象としている（表17）。

児童は「何を」論点にしようと，聴いているのか

　児童は，「主張」，「根拠」，「根拠・主張」等，様々なものを引用し，何を論点にしようと聴いているのか，4年生の事例をもとに，さらに詳しく

表17　「論点の提示の引用」の頻度（種類別）

	サーカスのライオン（3年10月）	ごんぎつね（4年11月）
主　張	7（63.6）△	5（20.9）▼
根　拠	1（9.1）	2（8.3）
根拠・主張	1（9.1）	8（33.3）
論　点	1（9.1）	9（37.5）
テクスト	1（9.1）	0（0.0）

注）1　「サーカスのライオン」の「論点の提示」の引用数11回，「ごんぎつね」の「論点の提示」の引用数24回
　　2　（　）は，「論点の提示」の引用数に対する比率
　　3　△は残差分析の結果，5%水準で有意に多い項目，▼は5%水準で有意に少ない項目を示す

検討する（表12，表18）。

　H児：表18に示すように，HはIの「くりやまつたけを見たから，兵十に伝わった。」という発言を引用し，「根拠・主張」を論点にする。そして，「ごんがくりを持ってきたことは伝わっても…」と賛同を示し，だが，「気持ちが伝わったとは書いてない。」と根拠を示し，だから，「ごんがくりを持ってきたことは伝わる。しかし，ごんの気持ちが兵十に伝わったかは，わからないのでないか。これについてどう思うか？」と応答要求している。つまり，Hは，「伝わった」という言葉の背後の「論理」（因果関係）の曖昧さを問題にしている。このような「論理」の曖昧さを問題にするのは，表12のE児の中にもみられる。

　E児：Eは，「村の茂平というおじいさんから聞いたお話です，と書いているから伝わった。」というGの発言の「根拠・主張」を引用し，ここでも，「伝わった」の言葉の背後の「論理」の曖昧さを問題にしている。Eは，「お話が伝わったことはわかる。」と賛同を示し，だが，「伝わったのは話であり，気持ちが伝わったかはわからないのでないか。これについてどう思うか？」と応答要求している。HやEのような質問が児童から出ると判断し，教師は前面に出ず，児童の発言を待つようにしてきた。

　これらの事例（表12，表18）から，4年生では，他者の考えの背後にある「論理」に意識を向けて聴き，そこに立ち現れた「主張」「根拠」「根拠・主張」等を表す言葉を引用しているといえる。例えば，表18のHは，兵十の知り得たごんの行為（ごんがくりやまつたけを持ってきていたこと）から，つぐないをしよう，友だちになりたい等のごんの内面，あるいは，そのような気持ちに至った過程を兵十が一瞬で知り得るのか，という「論理」を問題にしている。それに対して，3年生では，他者の考えとの表層上の「差異」（自分の考えに賛成か反対か）に意識を向けて聴き，そこに立ち現れた「主張」を引用しているといえる（表17）。

　以上のことから，学年間で，論点を活用する場が異なっていることが示された。3年生では，論点の提示は「反対」意見を述べる場が多かった（表13）。また，質問する場合も，質問の形態をした反対意見を述べるために，

表18　事例3　4年　「兵十にごんの気持ちは伝わったか」

発　話　内　容	
H	わたしは，最初のIさんの1つ目の意見に質問するのですけど，Iさんは，くりやまつたけを見たから，だから兵十に伝わったと言いましたね。（はい）でも，くりやまつたけを見て，兵十は，ごんが持ってきてくれたということはわかっても，その中に自分がごんが友だちになりたかったということは書いてもいないし何もなっていないのでわからないのじゃないですか。これについてどう思いますか？

注）「ごんぎつね」の10時間

論点の「引用」が活用されていた（表16）。それに対して，4年生では，論点の提示は，「説明要求」をする場が多い（表13）。しかも，「○○さんの言った…はどういうことですか？」等の「根拠，過程，意味」等の質問や「○○さんの言った△△についてこう考えるのですが，これについてどう思いますか？」等の応答要求するために，論点の「引用」が活用されている。（表16）。また，学年間で，論点とするものが異なっていることが示された。3年生では，他者の考えとの表層上の「差異」（自分の考えに賛成か反対か）に意識を向けて聴き，そこに立ち現れた「主張」を引用し，論点とすることが多かったが（表17），4年生では，事例（表12，表18）が示すように，他者の考えの背後にある「論理」に意識を向けて聴き，そこに立ち現れた「主張」「根拠」「根拠・主張」等を表す言葉を引用し，論点としている（表17）。

　「論点の活用の場」，「論点とするもの」の比較から，次のような「聴くこと・発言形成」に関わる方略の習得が見出だせた。3年生では，一部ではあるが，疑問や反対意見を述べる場で，他者の考えの「主張」を即興的に取り込み論点とし，発言を形成する方略を習得している児童がみられた（表17）。また，その際に，「○○さんの言った…について，△△と考えるのですが，これについてどう思いますか？」等の応答要求する方略を活用する児童もいた（表14，表16）。それに対して，4年生では，他者の考えの背後にある「論理」に意識を向けて聴き，そこに立ち現れた「主張」「根

拠」「根拠・主張」等を表す言葉を即興的に取り込み論点とし，発言を形成する方略を習得している（表17）。また，その際に，相手の考えの「根拠，過程，意味」を問う質問や自分の考えに対する応答要求することで（表14，表15，表16）相手からの説明を引き出そうとしている。

　このような方略の習得の結果，以下のような話し合い行為の出現が示された。3年生の疑問や反対意見を述べる場では，一部ではあるが，相手の発話を即興的に取り込み論点とし，疑問や反対意見が述べられ（表13，表17），「探索的会話」が出現している。これは，次のように考えることができる。3年生は，自他の違いは意識しているものの，自己の意見を対象化して認知するには不十分な発達特性にある（落合 2000a，柿・辻河 2008）。この期の児童が，他者の発話を即興的に取り込み，応答要求する方略を活用するには，次のようなことが必要とされる。まず，「○○さんはなぜ，…と言ったのだろうか？」と「他者の視点」に立つ必要がある。次に，「○○さんなら，自分の考えをどう思うだろうか？」と自分という視点から離れることが求められる。このような過程が，自己の意見の対象化を促進し「探索的会話」を出現させたと考えられる。

　4年生の疑問や反対意見を述べる場では，他者の考えの「論理」を探索的に吟味するやりとりが見られ（表12，表18），「探索的会話」が出現している。その際，相手の発話を即興的に取り込み論点とし，疑問や新たな考えを提示し，お互いの説明を引き出そうとしている（表13，表17）。これは，次のように考えることができる。「どこからそう考えたのですか？」「そこからどう考えたのですか？」等と，「考えに至った過程」を説明要求することは，相手の視点に立ち，相手の考えの論理を理解しようとすることになる。また，「○○さんの言った…について，私は△△だと考えるのですが，どう思いますか？」と要求され，それに応答することは，自分の考えを見直し，相手の考えの捉え直しをすることになる。そのため，このような方略の習得が，自他の意見の対象化を促進し，論理を探索する会話を出現させたと考えられる。

1-2-3-4　「見直しの提示」にみる「聴くこと・発言形成」に
　　　　関わる方略の特徴

1-2-3-4-1　「見直しの提示の引用」の頻度

　「見直しの提示の引用」は，「振り返り型」の話し合い場面で，活用されている。そこで，表19に，「振り返り型」の話し合い場面での「見直しの提示の引用」の頻度を示す。「見直しの提示の引用」は，３年生の「サーカスのライオン」では１回（1.8%），４年生の「ごんぎつね」では４回（4.2%）であった。つまり，どちらの授業も自分の考えの見直しを提示するために，「引用」はあまり使われていなかった。そこで，各学年の特徴を示す事例をもとに分析する。

表19　「見直しの提示」の「引用」の頻度　（振り返り型）

	サーカスのライオン （3年10月）	ごんぎつね （4年11月）
○振り返り型	7（63.6）△	5（20.9）▼
見直しの提示	1（1.8）	4（4.2）

注）1　「サーカスのライオン」の全引用数 56回，「ごんぎつね」
　　　　の全引用数　95回
　　　2　（　）は，全引用数に対する比率

1-2-3-4-2「見直しの提示」の「引用」の質的分析

　表20に示すように，Tは最初，「男の子が助かったこと」「お客の心に生き続けていること」から，「じんざは幸せ」と考えていた。ところが，Uの「暗闇に消え去っている。もうじんざは光れない。」の考えで，「じんざは幸せではない」に自分の考えを変更する。他者の考えを全面的に受け入れ，自分の解釈を変えている。他者の主張を取り入れ，自分の主張と異なる文脈を繋いで，新しい視点を提示しようとはしていない。

　それに対して，4年生では，表21，表22に示すように，他者の考えと自分の考えを繋いで，新しい視点を提示しようとしている。Vは，Wの「兵十は後悔している」とXの「ごんがくりやまつたけを持ってきたは伝わっ

表20 事例4 3年「じんざを幸せだと思うか」

	発　話　内　容
T	私は最初，幸せと考えていたのですが，Uさんが，「じんざは暗闇に消え去った，と書いていて，消え去ったのだから，もうじんざは，光れない，だから幸せじゃない。」と言いましたね。（はい）それを聴いて，男の子を助けられたけど，やっぱり幸せじゃないに変わりました。

注）「サーカスのライオン」の8時間目

た。」の考えを繋いで，自分なりの解釈を作り出そうとしている。まず，「くりやまつたけを持ってきたごんを撃ったくらいでは後悔しない。」と推論し，そこから，「自分のことをかわいそうと思っていてくれたごんを殺したから，後悔している。」という新しい解釈を提示している。

　同じように，Yは，Zの加助の話をもとに，新しい解釈を模索している。まず，「神様が自分のことをあわれにおもわしゃって…と兵十は思っている。」というZの意見から，「本当は神様でなくて，ごんだった。」だから，「ごんが兵十のことをあわれに思っていたことは伝わったはずだ。」と推論し，新しい解釈を提示している。

　このことから，次のような「聴くこと・発言形成」に関わる方略の習得が見出せた。3年生では他者の解釈を自分の中に取り込み，よりよい解釈を選ぶ方略を習得している児童がみられた（表20）。それに対して，4年生では他者の解釈を自分の中に取り込み，他者の解釈と繋いで，新しい解釈を生みだそうとする方略を習得している児童がみられた（表21，表22）。

　その結果，次のような話し合い行為が出現している。3年生ではお互いの考えを吟味検討し，よりよい考えを選ぶためのやりとのが出現しており（表20），それに対して，4年生ではお互いの考えを吟味検討し，他者と自分の考えを結び付け，新しい考えを生み出すためのやりとりが出現している（表21，表22）。

　本授業では，どちらの授業においても，「見直しの提示の引用」は少なかったが，自分の考えに対する振り返りは，決して，授業中だけに行われ

るものではない。授業後に書かれるノート等を通して行われることが考えられる。事実，授業後に書かれたノートには，解釈の見直しがみられた。本研究は，話し合いの「深まり」に限定して，検討してきたため，その点の詳しい考察ができていない。今後は，授業後に書かれたノート等をもとに，集団としてではなく，「話し合い」と「一人一人の解釈の見直し」との関係を詳細に検討する必要があろう。

表21　事例5　4年　「兵十にごんの気持ちは伝わったか」

	発　話　内　容
V	私はア（伝わった）との人とイ（伝わっていない）の人とを繋いで考えてみました。私は，Ｗさんの言った「火縄銃をバタリと取り落とした。」のと，Ｘさんの言った「ごん，おまえだったのかいつもくりをくれたのは。」から考えました。伝わったと思うけど，全部は伝わってないと考えます。「ごん，おまえだったのか。いつもくりをくれたのは。」と書いているから，くりやまつたけを持っていたのがごんだったのは伝わり，「火縄銃をバタリと落とした。」のだから，兵十は後悔していると考えます。そこを繋いで，友だちになりたいは伝わってなくて，ごんが自分のことをかわいそうと思っているのは伝わったと思います。

注）「ごんぎつね」の10時間目

表22　事例6　4年　「兵十にごんの気持ちは伝わったか」

	発　話　内　容
Y	僕は，最初，ごんがくりやまつたけを持ってきたことしか伝わっていないと考えてました。前，Ｚさんが，加助との話について言っていましたね。そこから，考えを変えました。78ページを開けてください。「神様がお前がたった1人なったのをあわれにおもわしゃっていろんなものをめぐんでくださるのだよ。」と書いていますね。（はい）そこで，兵十は神様が持ってきてくれているのだと思っていて，それが最後にはごんが持っていると知りましたね。（はい）そこから，自分のことをあわれに思ってくれているのが，ごんだとは伝わったと思います。

注）「ごんぎつね」の10時間目

1-2-4 総合考察

　本研究の目的は，「引用」を導入した学級（3年生から4年生）において，どのような「聴くこと・発言形成」に関わる方略が習得されるのか，また，その方略の習得の結果，どのような話し合い行為が出現し，そのことが「登場人物の自己像・世界像」の語り直しにどのような効果があるのか，を明らかにすることであった。その結果，以下のような知見が得られた。第1に，学年間で，「引用を活用する場」「引用するもの」に次の「差異」が示された。まず，学年間で，根拠を活用する場や根拠とするものが異なっていた。3年生では，「聴き合い型」の話し合い場面で，「テクスト・既有知識」を引用し，自分の考えを述べるための根拠としていることが多かった（表9，表10）。それに対して，4年生では，「問い返し型」や「振り返り型」の話し合い場面で，「テクスト・既有知識」だけでなく，「他者の発話」を引用し，質問・反対，修正等を述べるための根拠としていることが多い（表9，表10）。次に，学年間で，論点を活用する場や論点とするものが異なっていた。3年生では，反対意見を述べる場で，他者の考えとの「差異」に意識を向けて聴き，そこに立ち現れた「主張」を引用し，論点とすることが多かった（表13，表17）。それに対して，4年生では，「説明要求」をする場で，他者の考えの背後にある「論理」に意識を向けて聴き，そこに立ち現れた「主張」「根拠」「根拠・主張」等を表す言葉を引用し，論点としている（表13，表17）。

　第2に，そこから，次のような「聴くこと・発言形成」に関わる方略の習得が見出だせた。3年生では，次の6つの方略の習得が見出だせた。1）テクスト等を引用し，それを明確な根拠として発言を形成する方略を習得している（表10，表11）。2）相手の意見との共通点を意識して聴き，賛同の意を積み重ねていく場で根拠の「引用」を活用している（表9，表11）。3）即興的に根拠を形成することは少なく，前もって考えていたテクスト等を根拠に自分の考えを述べている（表9，表10，表11）。4）一部ではあるが，疑問や反対意見を述べる場で，他者の考えの「主張」を即興的に取

り込み論点とし，発言を形成する方略を習得している児童がみられた（表17）。5）その際に，「○○さんの言った…について，△△と考えるのですが，これについてどう思いますか？」等の応答要求する方略を活用する児童もいた（表14，表16）。6）他者の解釈を自分の中に取り込み，よりよい解釈を選ぶ方略を習得している児童がみられた（表20）。

それに対して，4年生では，次の5つの方略の習得が見出だせた。1）他者の発話を即興的に取り入れ，それを根拠とし発言を形成する方略を習得している（表10，表12）。2）相手の意見との差異を意識して聴き，お互いの意見を検討する中で生まれた疑問や反対意見を述べる場で根拠の「引用」を活用している（表9，表12）。3）他者の考えの背後にある「論理」に意識を向けて聴き，そこに立ち現れた「主張」「根拠」「根拠・主張」等を表す言葉を即興的に取り込み論点とし，発言を形成する方略を習得している（表17）。4）その際に，相手の考えの「根拠，過程，意味」を問う質問や自分の考えに対する応答要求することで（表14，表15，表16），相手からの説明を引き出そうとしている。5）他者の解釈を自分の中に取り込み，新しい解釈を生み出そうとする方略が習得されつつある（表21，表22）。

第3に，このような方略の習得の結果，以下のような話し合い行為の出現が示された。3年生の話し合い行為では，「累積・探索的会話」が出現していた。例えば，自分の考えを主張する場では，相手の発言を活かしながら，賛同の意を積み重ねていく「累積的会話」が出現している（表11）。また，疑問や反対意見を述べる場では，一部ではあるが，相手の発話を即興的に取り込み論点とし，疑問や反対意見が述べられ（表13，表17），「探索的会話」が出現している。それに対して，4年生の話し合い行為では，「論理を探索する会話」が出現している。例えば，他者の考えの「論理」を探索的に吟味するやりとりがみられる（表12，表18）。その際，相手の発話を即興的に取り込み論点とし，疑問や新たな考えを提示し，お互いの説明を引き出そうとしている（表9，表13，表16）。

以上の知見から，発達特性を踏まえた話し合い方略を考察する。3年生

から4年生にかけての方略の変化は，1つに，他者の発話を即興的に取り込み，根拠や論点にする児童が増えたこと，2つに，他者の発話の背景にある「論理」を意識して聴くようになったこと，3つに，説明を引き出そうとしていること，4つに，他者の解釈を取り込み，新しい解釈を生み出そうとしていること，である。これらの方略は，「自他の意見の対象化」を促進する点で共通する。他者の発話を取り込み，「論理」を聴き，説明を引き出すことも，新しい解釈も，自分という視点に拘っている限り難しい。他者の視点に立ち，自分という視点から離れることが必要である。このことから，中学年で，「探索的会話」を出現させるためには，自他の意見を対象化する方略を習得することが重要といえよう。例えば，3年生は，自他の違いは意識しているものの，自己の意見を対象化して認知することが不十分な発達特性にある（落合 2000a，柿・辻河 2008）。この期の児童には，他者の視点に立ち，自分という視点から離れ，自分の考えを相対化するような話し合い方略が必要であろう。また，4年生は，自己の意見を対象化して認知したり，他者の視点を自分の中に取り込んだりすることが可能な発達特性にある（落合 2000b，柿・辻河 2008）。この期の児童には，「○○さんはなぜ……と考えたのだろうか？」と他者の意見の理解，「自分はなぜ，……と考えたのだろうか？」と自分の意見の見直し等，自他の意見の対象化を促進する話し合い方略が必要であろう。

　「自他の意見を対象化」するとは，児童の頭の中でどのようなことが起こることなのだろうか。一つに，「他者の物語」が立ち上がる必要がある。自分の内部の枠組みで，友達の意見や作品を読んでいる限り，自分の「内部の物語」に回収されるだけである。二つに，「他者の物語」から少し距離を置くことになる。つまり，「みる過程」である。そして，「他者の物語」と自分の「内部の物語」の「ズレ」を克服し，新たな「物語」を語り直すことになる。この具体的な姿が，3年生では他者の解釈を自分の中に取り込み，よりよい解釈を選ぶ姿（表20）であり，4年生では他者の解釈を自分の中に取り込み，他者の解釈と繋いで，新しい解釈を生みだそうとする姿（表21，表22）ということになろう。そして，その具体的な話し合い行

為が，1）「論理を探索的に吟味する」，2）「疑問や新たな考えを提示し，説明（応答）を引き出す」という二点に集約できる。つまり，相手の考えを論破するのではなく，まず，「どこからそう考えたのか」「そこからどう考えたのか」という「解釈過程」を聴きだそうとすること。そうすることで，他者の考えの表層ではなく，深層を理解しようと努める。その上で，自分の考えを述べる。但し，自分の考えを述べる際にも，「私は……と考えますが，この考えについてどう思いますか」と他者の応答を引き出すこと，の二点である。このことは，「みる過程」の前に，「なる過程＝他者理解」を十分に行う必要性を示唆しているといえよう。

1-2-4-1　今後の課題

　本研究は，発達特性を踏まえた話し合い方略を習得することで，「探索的会話」が出現し，そのことが「自他の考えの対象化」を促進し，「語り直し」に繋がる一つの可能性を示した。今後は，他の事例を検討することにより，妥当性・信頼性を高めることも必要であろう。

　また，「語り直し」には，「自他の考えを対象化」することは不可欠である。その「自他の考えを対象化」するためには，「みる過程＝対象化」の前に，「なる過程＝他者理解」を十分行う必要があることが示唆された。この点については，他の事例をもとに，さらに検討する必要がある。また，「なる過程＝他者理解」を中心にした話し合いとは，どのような話し合いなのか，そのことが，「語り直し」にどう影響与えるのかを明らかにする必要がある。このような点を明らかにすることで，より現場に貢献できるものになると考えている。

注
1）「引用」を含まない発話には，「私は…だと考えます。だってかわいそうだから…」等の主張だけの発話や「まだ，意見を言ってない人，だれか言ってくれませんか。」等の進行の発話や「○ページをあけてください。」等の指示の発話がある。

【実験授業　1，2で使用した資料】

資料：「発言の順序」に関する手立て

　児童が教師の指名を受けなくて，児童相互のやりとりの中で，発言できるように指導してきた。発言の順序に関しては，表23のような原則を定めた。

表23　「発言の順序」に関する手立て

　質問や確認の発言を最優先する，普段発言しない人を優先する，という原則を維持する。さらに，児童が互いに考えを繋ぐことができるよう次のような指導を行う。

（a）　自分から進んで発言できるようにサポートする。

　（例）「○○さんは，自分で起立して発言しようとしたね。やる気がすばらしい。」

（b）　発話機会の公平さに配慮し，発言を譲るようにサポートする。

　（例）「○○さんは，今日，発言の少ない人に譲ったのですね。すごい。」

（c）　引用を用い，同じ経験，同じ観点から繋げるようにサポートする。

　（例：経験）「『○○さんは…と言いましたね。ぼくも同じ経験があるのだけど…』と同じ経験で繋ぐといいね。」

　（例：観点）「『○○さんは葉の形について言いました。私も葉の形のことで言うのですが…』と同じ観点で繋いでいたね。繋がりがわかりやすいね。」

（d）　引用を広めるため，児童から出てきた「引用」のパターンを学級全体に紹介する。

　（例：広げる）「今，○○さんは『△△さんは…と言いましたね。そこから疑問が出たのですけど…』とうまく友だちの発言を引用していたね。こういう引用をすると，誰の考えから疑問が出たかよくわかるね。まねをするといいね。」

3年生から（a）→（b）→（c）→（d）の順に指導してきた。

2 「道具」,「コミュニケーション過程」と 「登場人物の自己像・世界像」の語り直し

　本節の目的は,「教材（道具）」, 及び「対話的ディスカッション」が, 学習者の「登場人物の自己像・世界像の語り直し」に及ぼす効果を検討することである。「対話的ディスカッション」とは, 実験授業1, 2の結果に基づき, 以下の①②の話し合いを意味する。

① 他者の発話を引用し, 質問を中心に構成され, 解釈過程を交流する「どこからそう考えたのですか」「そこからどう考えたのですか」,

② ②疑問や自分の考えを提示し, 相手の応答を引き出す「……と言いましたね。でも, 私は……と考えますが, これについてどう思いますか」

2-1 実験授業3
「対話的ディスカッション」と「他者モニタリング」との関係, 及び「対話的ディスカッション」の語り直しに及ぼす効果の検討

　実験授業3では, 社会的過程の「メタ認知」（他者モニタリング）に着目し,「対話的ディスカッション」と「他者モニタリング」との関係, 及び「対話的ディスカッション」の「語り直し」に及ぼす効果を検討する。

2-1-1 問題の所在

2-1-1-1 「生活的概念」から「科学的概念」へ

　本研究に至るまでの問題の所在を述べる。ヴィゴツキー（2001）は,「生活的概念」を「科学的概念」に変えるためには, まず,「自分の内的活動を意識する（例えば, 言語化）こと」（自覚性）, 続いて,「自分の内的活動

を自由に制御できること」(随意性) が必要であると述べ,「自覚性」「随意性」の重要性を指摘している。学習者は, その人の固有の「原理」「原則」である「生活的概念」をより適用範囲の広い, つまり, 一般化, 抽象化された「科学的概念」に修正していくことになる。だが, 概念変化は,「生活的概念」を「科学的概念」に, ただ置き換えることではない。「科学的概念」は, 自らの内的活動を自覚し, 知的葛藤や軋轢の過程を経て, 自らが取捨選択し再構成した結果, 獲得される。このことをヴィゴツキーは,「自覚性」「随意性」という言葉で述べたと考えられる。

2-1-1-2 「固有の経験」から「より納得する固有の経験」へ

「物語」は出来事を筋立てることで, 経験を意味づける。「物語」を「読む」という行為は,「登場人物」や「語り手」の固有の経験を聴き取ることであり,「読み手」自身の固有の経験を語ることである。その「読み」を交流する行為は, それぞれの「固有の経験」を,「より納得する固有の経験」として語り/語り直すことであろう。つまり, 固有性を担保しながらも, より納得のいく経験として, 相互承認する行為でもあろう。そのためには,「物語」の「読み」においても,「自覚性」「随意性」が重要と考えられる。

固有の「生活的概念」をより一般化した「科学的概念」に変える過程の研究は多い。しかし,「物語」の「読み」のような「固有の経験」(文学体験) を, 固有性を担保しつつ,「より納得する経験」として語り直す過程は, 心理, 医療, 教育等の臨床場面での「自己物語」の語り直しに関する一連の研究 (やまだ 2000 2007, 矢野 2000, 毛利 2003), 文学作品の「読み」では, 濱田 (2010) の小集団の対話的な交流における専有過程の研究や田中ら (2005) の相互交流型の授業が生徒の読みに与える影響の考察があるものの, 十分に明らかにされていない。

2-1-1-3　社会的過程の「メタ認知」と語り直し

2-1-1-3-1　先行実践より

　4年生の二つの学級（平成19年度，平成21年度）の同じ文学作品「ごんぎつね」の「読み」の談話を分析した。具体的には，6の場面で「兵十にごんの気持ちは伝わったか」の課題での議論場面を分析した。その結果，次のようなことが起こった。

　平成19年度は，ある説得力のある発言によって，多くの児童が解釈の見直しをした。それに対して，平成21年度は，ほぼ同じ内容の発言があるにも関わらず，ほとんど影響を受けなかったのである。具体的には，平成19年度では，加助と兵十の会話から類推して「兵十に対するごんの同情の気持ちが伝わった」という考えに11人中8人が影響を受け（表1），自分の考えを見直している。つまり，ごんに対する兵十の見方が変化した要因として，「自分（兵十）に同情の気持ちを持ってくれていたごんを，殺してしまったことへの後悔」と捉えたのである。それに対して，平成21

表1　平成19年度　児童の読みの変容
「ごんの気持ちは兵十に伝わったのか」

	授業前	授業後
伝わる		
伝わる	12	
	8	16
同情＋くり		
伝わらない	8	
（くりだけ伝わる）	11	

注）1　「伝わらない」とは，ごんがくりを持ってきたことは伝わるが，細かな気持ちは伝わらないの意味
　　2　同情　：兵十をかわいそうにと思う気持ちくり　：ごんがくり等を持ってきた行為
　　3　○の数は，「変化なし」の人数

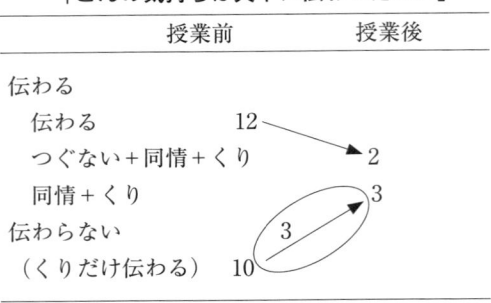

表2　平成21年度　児童の読みの変容
「ごんの気持ちは兵十に伝わったのか」

	授業前	授業後
伝わる		
伝わる	12	
つぐない＋同情＋くり		2
同情＋くり		3
伝わらない		
（くりだけ伝わる）	10	3

注）1　「伝わらない」とは，ごんがくりを持ってき
　　　たことは伝わるが，細かな気持ちは伝わらな
　　　いの意味
　　2　同情：兵十をかわいそうにと思う気持ちく
　　　り：ごんがくり等を持ってきた行為

年も同じような発言内容があった（表3）が，3人が考えを変えただけである（表2）。

　なぜ，このような違いが生まれたのだろうか。児童は，自己の内面をメタ認知するだけでなく，教室という流動的な文脈や状況の中で，発言者の日常の影響力や授業の流れ等の他者や状況をモニタリングしながら，自分の考えを微調整していることが考えられる。丸野（2007a）は，「メタ認知」を個人の頭の中に閉じた知（認知的過程）での「メタ認知」と，他者や状況の中に開かれた知（社会的過程）での「メタ認知」を区別し，後者の重要性を指摘している。

　ある課題を与え，その前後でのメタ認知的知識の変化やメタ認知的方略の変化を分析するスタティクナな方法ではなく（丸野 2007b），教室の「今，ここ」で，「読み手」が持っていた登場人物の「世界像」「自己像」の語り直しが，社会的過程における「メタ認知」とどう関わりながら起こっているのかを明らかにする必要がある。

　そこで，本研究では，社会的過程として，実験授業1，2から得られた知見に基づき，①他者の発話を引用し，質問を中心に構成され，解釈過程

表3 事例1 「兵十に対するごんの気持ちは伝わったか」

発 話 内 容

○平成19年度

A　78ページの○行を見て下さい。（はい）そこに，加助と兵十が話していて，加助が「おまえがたった一人なったのをあわれにおもわしゃって，いろんなものをめぐんでくださるんだよ」と言っていますね。（はい）兵十は，「うん」とうなづいていますね。（はい）なので，兵十は自分のことをあわれに思ってくれてるのはずっと神様だと思っていたのに，それがごんが思っていてくれたのに，なのにそのごんを殺してしまった。それで後悔をしているのだと思います。

○平成21年度

B　自分のことをかわいそうに思ってくれていたごんを撃ったから後悔しているのだと思います。そのわけは，78ページの5行目に「神様がおまえがたった一人なったのをあわれにおもわしゃって　いろんなものをめぐんでくださるんだよ」と書いていますね。兵十は神様が持ってきているとは思ってないかもしれないけど，だれかがかわいそうに思って自分のとこにくりを持ってきていることがわかって，くりを持ってきたごんが自分のことをかわいそうに思ってくれたことがわかって，そんな風に思ってくれていたごんを撃って後悔したんだと思います。

注）「ごんぎつね」10時間目

を交流する，②疑問や自分の考えを述べ，相手の応答を引き出す話し合い，①②を中心にした話し合いを採用する。このような話し合いを「対話的ディスカッション」と呼ぶこととする。

2-1-2　目的と方法

2-1-2-1　目的

　本研究の目的を以下とする。

　社会的過程の「メタ認知」（他者モニタリング）に着目し，「対話的ディスカッション」と「他者モニタリング」との関係，及び「対話的ディスカッション」の「語り直し」に及ぼす効果を検討する。

2-1-2-2 方法

2-1-2-2-1 参加者

　S県のM小学校4年23名（男子9名，女子14名）（平成19年度），4年22名（男子11名，女子11名）（平成21年度）。両学級とも，授業者が3年，4年と担任をしている学級。

2-1-2-2-2 分析事例について

　4年生の二つの学級（平成19年度，平成21年度）の同じ文学作品「ごんぎつね」（東京書籍出版　小学国語・下）。同じ教材，同じ課題において，児童による同じ内容の発言があったにも関わらず，語り直しに差異が生まれた事例を取り上げ，談話を事例的に分析する。

2-1-2-2-3 課題について

　両授業とも，「兵十にごんの気持ちは伝わったか」の課題で授業を行っている。6の場面では，初めて，兵十の視点から書かれ，兵十の言動が詳しく描かれる。「火縄銃を落とす」行為，「ごん」という呼称の変化から，兵十の内面が変化したことは読み取れる。その変化の要因を「ごんの気持ちが兵十に伝わったから」と捉える児童は多い（萬屋 1983, 府川 2000, 立木・伏見 2008）。A）「兵十はごんの気持ちをすべて知ったから後悔している。」，B）「兵十は後悔しているが，ごんのことをあまり知らない。」と捉えるのでは，同じ「後悔」という行為は捉えても，兵十の「世界像」（他者像）に対する捉えは大きく違ってくる。本課題は，兵十の「世界像」に対する児童の捉えにズレが生じやすく，他者の解釈から，どのような状況の，どのような情報を取捨選択（他者モニター，状況モニター）し，兵十の「世界像」を語り直すのか，そのことを検討するのに適した課題と考えた。

2-1-2-2-4 授業の基本的な指導方法

　両授業は，以下のような基本的な指導方法で行われた。自分の考えを自

覚化させるために，1）解釈過程を交流させる。（解釈過程の交流とは，「考えに至った過程を共有化する方法」）2）「引用」方略を活用する。（「引用」方略とは「他者の表現の一部を引用し，発言する方法」）3）「兵十にごんの気持ちは伝わったか」を課題とする。両学級は，「解釈過程の交流」及び「引用方略」（佐々原・青木 2012）を導入して，二年が経過した学級である。

2-1-3　授業の結果

2-1-3-1　授業スタイルの視点から

2-1-3-1-1　教師と児童の発言の比較から

　表4に，教師と児童の発言回数の比較を示す。平成19年度の「ごんぎつね」では，教師の発言が30.6％，児童の発言が69.4％であった。平成21年度の「ごんぎつね」では，教師の発言が34.5％，児童の発言が65.5％であった。フィッシャーの直接確率計算法による検定の結果，平成19年度と平成21年度の授業間で，教師と児童の発言回数の頻度に，有意差がなかった（$p > 0.5$，P ＝ 0.82041　両側検定）。つまり，両授業とも，発言の7割近くが児童の発言であり，児童と教師の発言に差はなく，児童中心の授業であったといえる。

表4　教師と児童の発言回数の比較（ごんぎつね）

	平成19年度	平成21年度
教師	11（30.6）	19（34.5）
児童	25（69.4）	36（65.5）

注）1　（　）内は全体に対する比率
　　2　△は残差分析の結果，5％水準で有意に多い項目，
　　　　▼は5％水準で有意に少ない項目を示す

2-1-3-2　「引用を含む発話」の比較

　次に，表5に，「引用を含む発話」の頻度を示す。「引用」は，平成19年度の「ごんぎつね」では全発話数50回の内35回（70.0％），平成21年度では，79回の内49回（62.0％）出現した。フィッシャーの直接確率計算法に

よる検定の結果，平成19年度と平成21年度の授業間で，「引用を含む発話」の頻度に，有意差がなかった（ p > 0.5，P = 0.82041　両側検定）。つまり，両授業とも，発話の60%以上に「引用」が使われており，「引用」の使用における差はないといえる。

表5　「引用を含む発話」の頻度（発言の繋がり別）

	平成19年度 （ごんぎつね）	平成21年度 （ごんぎつね）
引用を含む発話	35	49
比率（%）	（70.0）	（62.0）
聴き合い型	4	22
問い返し型	28	27
振り返り型	3	0

注）1　平成19年度「ごんぎつね」の全発話数50回，平成21年度「ごんぎつね」の全発話数79回
　　2　比率は，全発話数に対する比率

　以上のことから，対象とした両授業とも，解釈過程の交流や「引用」を活用しながら，児童中心の話し合いが行われたと言える。つまり，両授業の授業スタイルに違いはなく，授業スタイルに関わるメタ認知の差異はないと言えよう。

2-1-3-3　発言者の影響力及び集団の「読み」の能力の視点から

　本現象の要因として，次に，考えられるのが，発言者Aと発言者Bの個人的影響力（集団へのカリスマ性等）の差である。さらに，集団としての「読み」の能力の差が考えられる。

　これについては，どうであろうか。発言者Aが影響力のある発言者ならば，学級が解釈を変容しても不思議ではない。その影響力が，学級の中で権力関係がある場合，難波（2009）のいう「教室／学校という偽装された空間のメタ認知」（例えば，教師の意図に沿った作文や周りの目を気にした発言など過度なメタ認知へのアクセスが招く）問題が生じやすくなる。しか

し，発言者Ａも発言者Ｂも，学習内容に関してユニークな発言をし，一目置かれているが，集団の中で権力を持つ存在ではない。つまり，学習内容に関する影響力は共にあり，この点に関して，両者に差はないと考えられる。

　次に，集団としての「読み」の能力はどうであろうか。これに関しては，平成21年度の学級で，別の授業（青い煙は何を表しているのか）では，ある発言者の影響で，解釈の変容が起こっている。そこから考え，平成21年度が，平成19年度と比べ，特別「読み」の能力が低い集団とは考えにくい。本事例では，これら以外の要因が作用していると考えられ，授業展開の流れや発言の繋がり等が要因として考えられる。そこで，授業過程の談話をもとに，授業展開の流れを分析した。

2-1-3-4　社会的過程の「メタ認知」と語り直し

2-1-3-4-1　マクロレベルの分析

　「聴き合い型」（意見←同意，二連鎖）「問い返し型」（意見←質問・反対←応答，三連鎖）を基礎要素として，談話のマクロレベル（＝問い返し型と聴き合い型の繋がりや問い返し型間の繋がり）の分析を行う（図1，図2）。

　平成19年度は，次のような発言の流れである。まず，Ｃが自分の読みを述べ，Ｄ，Ｅが同意の発言を重ねる。それに対して，Ｆが質問し，Ｇ，Ｈ，Ｉが応答する。これまでの発言を受けて，Ｊが学級全体に疑問を提示し，Ａが応答する。そのＡの意見に対して，Ｋが質問し，Ｌが応答する。さらに，Ａの意見に対して，Ｍが別の視点の質問をし，Ｎが応答する。ここまでを受け，Ｏが学級全体に疑問を提示し，Ｐ，Ｑ，Ｒ，Ｓ，Ｔが応答するという流れである。

　それに対して，平成21年度は，まず，ｃが自分の解釈を述べ，それに対して，ｄが質問し，ｅが応答する。次に，ｄが自分の解釈を述べ，それに対して，ｆ，ｇが質問し，ｈが応答する。そのｈの意見に対して，ｉが反対意見を述べる。続いて，ｊが自分の解釈を述べ，ｋ，ｅが同意の発言を重ねる。ｆが自分の解釈（ｊと反対の立場の意見）を述べる。ｌが自分の解釈（ｆと反対

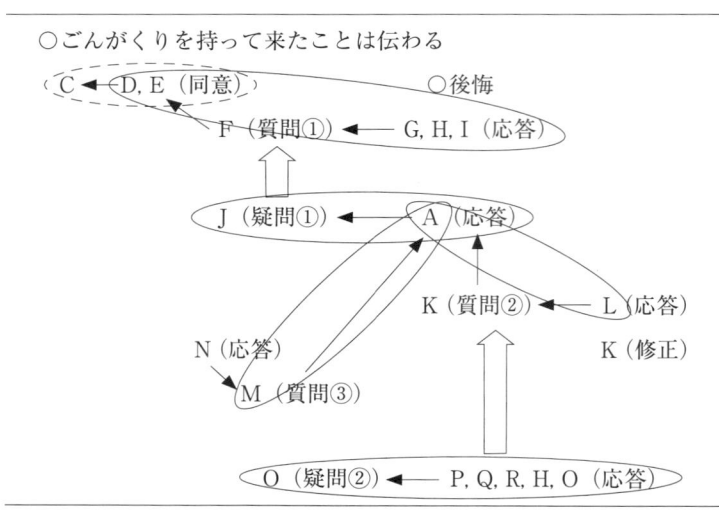

注)1　→の先は，誰の意見に言及しているかを示す。
　　2　◯は，「先行発話」-「質問等」-「応答」の発言の繋がり（問い返し型），
　　　　（_ _）は，「先行発話」-「同意」の発言の繋がり（聴き合い型）。
　　3　質問：　個人を受け手とした問い。
　　　　疑問：　学級全体を受け手とした問い。

図1　平成19年度の授業展開

の立場の意見）を述べ，mが同意の発言を述べる。nが自分の解釈（lと反
対の立場の意見）を述べ，その意見に対して，oが質問し，p，q，rが応答
する。そのp，q，rの意見に対して，sが反対意見を述べる。これまでを
受け，教師が整理し，学級全体に疑問を提示する。それに対して，Bが応
答し，tが同意の発言を述べる。

　以上のことから，図1に示すように，平成19年度は，「問い返し型」での
「先行発話→引用（質問・疑問，反対等）→応答（説明）」の発言の繋がりが，
積み重ねられている。つまり，「質問→応答」で終わるのではなく，その
応答発言を受けて，さらに，質問や疑問が提示されていることがわかる。
しかも，Aの発言を中心に，積み重ねが見られる。それに対して，図2に
示すように，平成21年度は，問い返し型「先行発話→引用（質問・疑問，

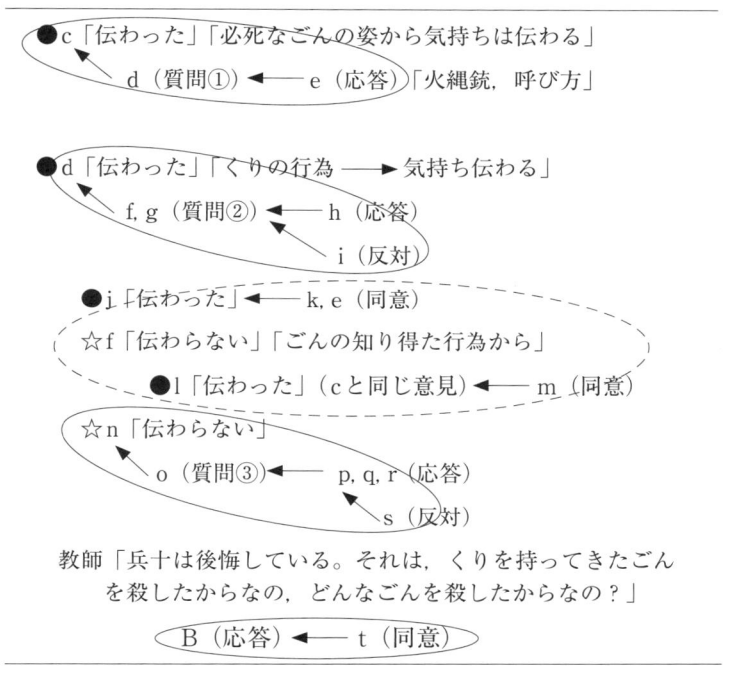

●c「伝わった」「必死なごんの姿から気持ちは伝わる」
　　　　d（質問①）◀── e（応答）「火縄銃，呼び方」

●d「伝わった」「くりの行為 ──▶ 気持ち伝わる」
　　　f, g（質問②）◀── h（応答）
　　　　　　　　i（反対）

●j「伝わった」◀── k, e（同意）
☆f「伝わらない」「ごんの知り得た行為から」
　　　●l「伝わった」（cと同じ意見）◀── m（同意）
☆n「伝わらない」
　　　o（質問③）◀── p, q, r（応答）
　　　　　　　s（反対）
教師「兵十は後悔している。それは，くりを持ってきたごん
　　を殺したからなの，どんなごんを殺したからなの？」
　　　B（応答）◀── t（同意）

図2　平成21年度の授業展開

反対等）→応答）はあるものの，1つ1つが切れており，積み重ねが見ら
れない。Bの発言を中心に質問等が重ねられた様子はない。

　平成19年度の授業は発言Aを中心に結束性がみられ，平成21年度には
結束性がみられない。このことが，平成19年度において，Aの発言に多
くの児童が影響を受けた要因の一つと考えられる。つまり，ある発言を中
心に，他者への質疑や説明が積み重ねられ，授業に方向性（秩序）が生ま
れ，そのことが，各自の思考の中に論理的整合性を形成したと考えられる。
平成19年度は，「発言」が教室という場の中で，繋がりを持ったものとし
て配置され，一つのストーリを形成し，意味が生成された。つまり，教室
の「発言」が「語り」となったといえよう。

2-1-3-4-2 質問や応答の積み重ね　　～談話の質的分析より～

　平成19年度の談話のもう一つの特徴として，「質問→応答」場面で，「応答」の「積み重ね」が見られることである（図1のG，H，Iの発言やP，Q，R，H，Oの発言）。

　表6に，「兵十はなぜ，火縄銃を落としたのか」の話し合い場面（授業開始直後＝展開1）を示す。Fが「それならば，火縄銃をパタリという文は必要ないのではないですか。（これについてどう思いますか）」と質問をする。Fは，「兵十の言動の差異（＝火縄銃を落とすという普通しない行為）」をわざわざ書いているということは，何か兵十の心に変化があったのではないですか。」という意味の質問をする。Fの質問に対して，Gが応答し，「（兵十がそのような行為をしたのは，ごんを）殺したのを後悔しているのだと思う。」と推論する。続いて，Hは，Gの発言を受け，「いつもくりをくれたのに殺したのを後悔して…」と「後悔」の理由を追加して説明している。さらに，Iが，状況を一つ一つ確認しながら，「くりやまつたけを持ってきてくれたごんを殺した。殺さなければよかったと後悔している。」とさら

表6　事例1　展開1　平成19年度

	発　話　内　容
F	それならば，火縄銃をパタリというのはいらないのではないですか。（**質問1**）
G	兵十は「ごん，おまえだったのか，いつもくりをくれたのは。」と<u>殺したのを後悔しているのだと思います。</u>
H	「ごん，おまえだったのか，いつもくりをくれたのは。」と書いていますね。兵十はいつもくりをくれていたのに，殺してしまったのを<u>後悔して</u>，パタリと取り落としたのだと思います。
I	Hさんと同じで，兵十はごんを殺しましたね。それで，「ごんおまえだったのか，いつもくりをくれたのは。」とあって，ごんがうなづいて，ごんが持ってきてくれていたことがわかって，ごんがくりやまつたけを持ってきてくれていたのに，どうして殺したんだろう。殺さなかったらよかった<u>と後悔しているんだと思います。</u>

注）　「ごんぎつね」の10時間目

に詳しく兵十の内面を推論する。

　「質問」に対する「応答（説明）」の積み重ねは，他者の解釈を聴き，さらに，自分の説明を重ねる所に特徴がある。その利点は，説明の枠組みがすでにあるため，説明形成が容易にでき，しかも，あくまで自分の言葉で説明する点にある。話し手は，まず，①他者の発言と自分の考えとの類似点や差異を意識する必要がある。続いて，②他者の発言と繋がりを意識しながら，自分の発言を形成しなければならない。さらに，発言を積み重ねるためには，③より一貫した意味を考えなければならない。つまり，応答（説明）の「積み重ね」は，他者モニタリングや「自覚性」を高めるために有効な手段であると言える。また，「自覚性」は，他者モニタリングを媒介として高めることが示された（もちろん，説明することで，自覚性は高まる）。

　また，聴き手にとっては，説明が積み重ねられるため，自分のペースで他者の考えを理解することを可能にする。例えば，説明は，Gだけで終わるのではなく，H,Iと重ねられている。しかも，「後悔」という言葉を思考の道具として，自分の発言の中に取り入れながら，Fに対する応答が重ねられている。このことは，聴き手にとっては，繰り返し聴くことで，自分のペースでの理解を可能する効果がある。つまり，聴き手にとっては，積み重ねられた発言を繋ぐことで，各自の思考の中に，繋がりを形成できるようになる。

2-1-3-4-3　「メタ認知的発話」と「結束性」

　平成19年度は，発言Aを中心に質問が積み重ねられ，授業展開が一つの方向に秩序づけられ，結束性がみられた。その結果，解釈の見直しが生まれたと考えられる。平成21年度はそうはならなかった。なぜ，平成19年度では「結束性」がみられたのだろうか。そのことと，社会的過程の「メタ認知」とどう関わるのだろうか。

　同じ内容の発言によって，解釈の変容に至った場面（平成19年度）と，解釈の変容に至らなかった場面（平成21年度）の談話を比較検討する。

Aの発言を巡る集団思考の流れ（平成19年度）

　Aの発言を巡る集団思考の流れを示す。

　まず，「ごんがくりを持ってきていたことは，兵十に伝わった」ことは全員が納得した。さらに，G，H，Iらの発言により「火縄銃を落とした行為やごんへの呼び方の変化」から，「兵十はごんを殺したことを後悔している」ことも納得する。ここまではスムーズな流れであった。そこに，Jが疑問を提示する。Jの疑問は「くりを持ってきてくれたごんを殺しただけで，後悔するだろうか」と述べる。教室にざわつきが起こる。Jは「最初はごんを見て撃ってますね。」と述べている。これは，前時に学習した，「兵十はごんを殺した後も，うちの中を見ており，ごんを殺すことを気にもしていない」という学習内容を意味している。だから，「そんな兵十がくりをもってきてくれたことを知っただけで，瞬時に後悔するだろうか。（他に何かを知ったから，後悔したのではないか。）」と疑問を提示したのである。学級は，Jの発言の意味を理解したため，教室にざわつきが起こり，児童は「他にごんのどんな気持ちを知ったため，兵十は後悔したのだろうか」と思考を進める。

　そして，しばらく「間」があり，そういう中，Aが発言する。加助と兵十との会話「おまえがたった一人になったのをあわれにおもわしゃって…」を根拠に，「兵十は，神様があわれに思ってくりをくれていると思っていた。それが神様でなく，ごんだった。そこから，ごんがあわれに思っていてくれた。そんなごんを殺したから後悔している。」と発言をする。これに対して，Kが「本当は神様とは思っていなかったのではないか?」と質問をする。Aに代わって，Lが応答し，Lは「少し神様と思っており，最後に，くりを持ってきたのがごんだと知り，その結果，ごんがあわれに思っていたことに気づいたと思う。」と述べる。Lの応答は，Aの発言の積み重ねとなり，他の児童の理解を促進したことが予想される。Lの応答後，Kが自分の解釈の変容について発言をする。このような流れである。Kは，Aの意見を聴き，さらに，自分で質問をし，説明を聴くことで，自分の解釈を変えている。Kの発言によって，解釈の変容過程を共有するこ

表7 事例2 展開3 平成19年度

	発 話 内 容
J	火縄銃をパタリと取り落としていますね。また，呼び方も，「ぬすっとぎつねめ」から，「ごん，おまえだったのか」と変わっていますね。（はい）それは後悔していて，くりを持ってきてくれていたごんを殺してしまったから後悔していて……，でも最初は，ごんを見て撃っていますね。（はい）みんなに質問するのですが，くりをもってきたごんを殺して，そんなに後悔するのでしょうか。（間）
A	78ページの〇行を見て下さい。（はい）そこに，加助と兵十が話していて，加助が「おまえがたった一人になったのをあわれにおもわしゃって，いろんなものをめぐんでくださるんだよ」と言っていますね。（はい）兵十は，「うん」とうなづいていますね。（はい）なので，兵十は自分のことをあわれに思ってくれてるのはずっと神様だと思っていたのに，それがごんが思っていてくれたのに，なのにそのごんを殺してしまった。それで後悔をしているのだと思います。
K	兵十は，「うん。わかった」とまでは言ってないので，そんなには信じてはいないと思うので，少し，「本当に神様かなあ」って言う気持ちはあったと思うのですが，Aさんはどうですか。
L	Aさんに変わって答えるのですが，Kさんが言ったように，「うん」と言っているので，ちょっとくらいは思っていて，後からなって，最後の場面でごんがしたことに気づいていますね。そこで，神様じゃなくて，ごんだとわかり，あわれに思っていたのがごんだと気づいたのだと思います。
K	AさんやLさんが言ってくれたことで，考えが変わったのですけど，78ページをあけてください。（はい）そこに，「さっきの話はそれは神様のしわざだよ。……中略……神様がおまえのことをあわれにおもわしゃって…」と書いていますね。（はい）その「あわれ」というのは兵十のことを心配していることで，最後の場面の80ページをあけてください。（はい）そこに，「ごん，おまえだったのか，いつもくりをくれたのは。」と書いていますね。（はい）そこで，ごんがくりをくれたことがわかって，神様でなく，ごんが自分のことをあわれにおもわしゃっていたのかがわかり，くりやまったけだけでなく，あわれ思ってくれてたごんを殺し後悔し，火縄銃をパタリと取り落としたのだと考えます。

注）「ごんぎつね」の10時間目

とになる。

Bの発言を巡る集団思考の流れ（平成21年度）

　Bの発言を巡る集団思考の流れを示す。これまで，兵十の言動の変化（火縄銃を落とす行為，「ごん」という呼称の変化）から，兵十の内面が変化したと，児童は考えた。ここまでは，平成19年度も21年度も同じである。違いは，平成19年度は，兵十の視点に立ち，「兵十はごんの何を知ったのだろうか」と自問し，それがJの疑問に繋がった。ところが，平成21年度は，兵十の視点（他者意識）に立ち，「兵十はごんの何を認識したのか」とは自問せず，「兵十にごんの気持ちが伝わったから」と解釈した。Sの「死にそうなごんが自分がくりを持ってきたと頷いている」という行為から，「必死な姿から思いは伝わるはず」という信念をもとに，「ごんの友だちになりたい気持ちは伝わったはず」という解釈も同じである。兵十の視点に立ち，他者意識を持って考えられていない。そこで，教師が「どんなごんを殺したから兵十は後悔しているのだろうか」と兵十の視点に立つように，介入する。しかし，その疑問は，形は「児童に向けた発話」であるが，一人一人の「内面に向かう発話」にはならなかった。そんな中，Bだけが「兵十は，神様かだれかが自分をあわれに思っていて，それが神様でなく，ごんだった。あわれに思っていてくれていたごんを殺したから後悔している。」と反応する。そのBの発言にTが同意を示す。

　丸野ら（2002）は，自分自身や他者の瞬時瞬時の発話の中に秘められた「内なる声」「心の葛藤」の表明，話し手の考えや意図に対する聴き手の問いや反論の表明といった思考の明確化を図る発話を「メタ認知的発話」と呼んでいる。

　表7に示すJの発言は，Jの「揺らぎ」や「葛藤」を表明したものであり，まさに「メタ認知的発話」と言える。そして，このJの発言こそが，授業に結束性を生み出した要因と考える。「メタ認知的発話」は，「自己に向かう発話」と「他者に向かう発話」に分類できるという（丸野2007a）。まず，Jの疑問は，自己に向かう。Jの「兵十の人物像」に対する「揺らぎ」である。それを疑問として提示することで，「他者に向かう発話」となる。

表8　事例3　展開3　平成21年度

	発　話　内　容
S	私みんなに反対で，友達になりたいというのは伝わっているんだと思います。そのわけは，80ページの2行目に「ごんはぐったりと目をつぶったままうなづきました。」と書いていますね。（はい）そこで，必死に前の時に，そこでごんが兵十と友達になりたいという気持ちがわかりましたね。（……）死にそうだけどうなづいているので，友達になりたいという意見がありましたね。（はい）ごんがくったりと目をつぶったままうなづいたのは，兵十にも見えていますね。（はい）死にそうなのに頷いているから，友達になりたいとう気持ちは兵十に伝わったと思います。
先生	こちらの人（伝わった）に訊くけど，ここで，取り落としているのはショックを受けているのですよね。兵十は後悔をしている。その原因は，くりを持ってきたごんを殺したから後悔しているの？どんなごんを殺してしまったから後悔してるのだろう。
B	自分のことを<u>かわいそうに思ってくれていたごんを打ったから後悔しているのだと思います</u>。そのわけは，78ページの5行目に「<u>神様がおまえがたった一人なったのをあわれにおもわしゃって　いろんなものをめぐんでくださるんだよ</u>」と書いていますね。兵十は神様が持ってきているとは思ってないかもしれないけど，<u>だれかがかわいそうに思って自分のとこにくりを持ってきていることがわかって</u>，くりを持ってきた<u>ごんが自分のことをかわいそうに思ってくれたことがわかって</u>，そんな風に思ってくれていたごんを撃って後悔したんだと思います。
T	Bさんは「神様がおまえがたった一人になったことを　あわれにおもわしゃって，いろんなものをめぐんでくださるんだよ。」と言っていますね。（はい）神様とは思わないけど，自分のことを思っているのが，ごんだったので，かわいそうに思ってくれたごんを打ってしまったとBさんは言ってましたね。（はい）Bさんにつけたして，ごんは兵十のうちに毎日持っていってますね。（はい）そのことから考えて，毎日ということは自分のことを思って，自分のためにいつもいつもと思うから，だから，かわいそうにと自分のことを思ってくれていたごんを打ってしまったと後悔してるんだと思います。

そのJの発言を聴き手が「共鳴」することで，聴き手の「自己に向かう発話」となる。多くの聴き手が受け止めれば，話し合いは一つの方向性（秩序）を持ち，授業に結束性が形成される。多くの児童がJの疑問に「共鳴」し，自分の問題とした。その表れが教室の「ざわつき」であろう。そのような流れの中でAの発言がなされたため，Aの発言を中心に質問が重ねられ，結束性が形成されたと考えられる。また，この授業の秩序や結束性は，個人の思考の方向や範囲も制限する。授業に秩序や方向性が形成されるほど，個人の思考も制約を受け，心理的道具や文化的道具の選択（随意性）が行われる。だから，平成19年度は多くの児童が発言Aの影響を大きく受け，解釈を変容したと考える。

　つまり，メタ認知的発話は，最初は個人の認知の変容のきっかけとなる「揺らぎ」であり，それが社会的過程を経ることで，多くの学習者の「揺らぎ」となり，多くの学習者の認知の変容を生み出すきっかけとなったといえよう。さらに，その後の教室の「発言」は，「メタ認知的発話」を核として，繋がりを持ったものとして配置され，一つのストーリを形成している（図1）。教室が一つの課題に向かう集団となったため，多くの学習者の解釈の変容を生み出すことになったと考えられる。

　それに対して，平成21年度は，質問や疑問はあるものの，集団としての繋がりは弱い。Jのような自己の「揺らぎ」「葛藤」を表明したような「メタ認知的発話」は出現していない。そこで，教師がその代わりをし，ゆさぶり発問（表8）をしている。しかし，この発問は，「他者に向かう発話」であり，児童一人一人がそれを受け止め，「内に向かう発話」には至っていない。BやT以外には受け止められなかった。つまり，平成21年度は，「揺らぎ」や「葛藤」のある「メタ認知的発話」が生まれず，教師のゆさぶりは，多くの学習者の「揺らぎ」とはならなかった。そのため，授業に方向性（秩序）が形成されず，個人の思考が拡散した。その結果，多くの児童は発言Bの影響をほとんど受けず，解釈の変容が起こらなかったと考えられる。

　平成21年度では，なぜ，集団としての「結束性」が生まれなかったの

だろうか。集団としての「結束性」が生まれるためには，一つ一つの発言が結び付き，教室としての一つのストーリを形成する必要がある。確かに，平成21年度も「質問」と「応答」があり，小さな繋がりは生まれている（図2）。しかし，それらを結び付けられなかった。それは，「メタ認知的発話」が形成されなかったことが要因と考えられる。つまり，個人の「メタ認知的発話」をきっかけに，個人の「問い」が集団としての「問い」となることがなかった。そのため，「結束性」が生まれなかったと考えられる。「メタ認知的発話」以外の要因としては，平成19年度と比べ，授業を一つのストーリと捉える意識が低いこと（出番を意識していない）と考えられる。つまり，平成21年度の授業は，平成19年度と比べ，状況をモニタリングし，出番を考えて発言していないことが予想される。

　では，なぜ，「メタ認知的発話」が生まれなかったのだろうか。また，なぜ，「メタ認知的発話」だと集団としての「問い」になる可能性が高いのだろうか。一つには，ある解釈に至ると安心し，吟味・検討（省察）への意識が低かったことが考えられる。そのため，教師のゆさぶり発言も効果がなかったと予想できる。学習者が「問い」を自分事（自分の課題，自分と関係がある）と捉えるかどうかが重要ということになる。仲間からの「問い」は，教師の「問い」よりも自分事と捉える可能性が高いといえる。二つには，他者理解の不十分さが考えられる。他者への質問も少なく，他者の考えを表層で理解してしまった。そのため，他者と自分の解釈との比較照合が十分行われず，「自覚性」も弱く，内面の「揺さぶり」が起こらず，「メタ認知的発話」が生まれにくかったといえる。

2-1-4　社会的過程の「メタ認知」を考慮した 「語り直す力」を育てる文学の「読み」の授業

2-1-4-1　「認知の変容」を目指す授業づくり

　国語教育における認知過程を示した研究に，難波（2008）の「言語活動の心内プロセスモデル＝PML（psychological process model of language activity）」がある。難波（2008）は，言語活動の心内プロセスを3つのモー

ドで説明している（第1章p.10で説明）。確認のため，もう一度説明する。一つ目は，メタ認知によるモニタリングとコントロールを受ける言語活動のモード（モードⅠ），二つ目は，メタ認知にほとんどアクセスすることのない自動化モード（モードⅡ），三つ目は，メタ認知そのものの変容を伴う言語活動のモード（モードⅢ）である。

　解釈の変容（認知の変容）を，難波（2008）のPMLを援用し論じるならば，表9に示すようになる。自動化モードの結果，解釈の変容が起こる場合（①）と起こらない場合（②）がある。また，メタ認知にアクセスした結果，解釈の変容が起こる場合（③）と解釈の変容が起こらない場合（④）が考えられる。

　さらに，メタ認知の変容として，メタ認知にアクセスし，メタ認知の変容も起こっている場合（⑤）が考えられる。授業で目指すべきは，「メタ認知の変容（モードⅢ）」（⑤）と考えている。

表9　PMLと解釈の変容

	モードⅡ	モードⅠ	モードⅢ
	自動化	メタ認知アクセス	メタ認知変容
変容あり	①	③	⑤
変容なし	②	④	

2-1-4-2　何を語り直すのか

　「語り直す力」（広義）を育てる文学教育を，「語る力」「聴き取る力」「語り直す力」（狭義）の三つの力を育てる文学教育と捉えている（佐々原2013）。さらに，語り直す力（狭義）には，「モードⅠ」の「解釈の変容」と「モードⅢ」の「メタ認知の変容」の二つがある。前者は「作品世界の登場人物の自己像，世界像」を語り直すことであり，後者は「現実世界の学習者の自己像，世界像」を語り直すことである。本稿では，平成19年度の授業では，モードⅠ（③）の語り直し（登場人物の自己像・世界像の語り直し）が起こり，平成21年度授業では，起こらなかったといえる。

2-1-4-3　「メタ認知的発話」と「語り直し」

　このようなモードⅠの授業を行うためには，学習者の自己認識の「揺ら
ぎ」や「葛藤」である「メタ認知的発話」が生まれるかどうかが重要である。
　「メタ認知的発話」が生まれるにはどうすればよいのだろうか。それは，
他者を媒介として，「自覚性」を高め，「省察」へと向かわせることであろ
う。例えば，他者の視点に立ち，わからない所を質問したとする。その他
者への質問は，他者の考えの理解を促進する。次に，他者の考えから少し
距離を持って，他者の考えをみる。それが自分自身の考えを自覚させ，「省
察」へと向かわせ，自分と他者の考えを比較したり，自分の考えを見直し
たりする契機になる。他者の視点に立ち，他者を理解しようとする「なる
過程」が，「みる過程」を経ることで，「自覚性」を高め，「省察」に向か
うことによって，「メタ認知的発話」を形成すると考えられる。
　では，「メタ認知的発話」と他者理解としての質問とはどう違うのだろ
うか。質問は，小さな繋がりをいくつも作る。「メタ認知的発話」は，個
人の中に生じた亀裂である。その亀裂を受け止め，集団で考えることに
よって，小さな繋がりが結ばれ，教室に秩序（物語）が生まれる。授業に
結束性が形成される。つまり，個人の「メタ認知的発話」を聴き手が受け
止め，聴き手の「自己に向かう発話」となった時，聴き手の内面が揺さぶ
られ，安定が崩れる。その不安定さが，集団としての「安定」を求め，結
束性（物語）を形成する力になるといえよう。
　授業の中で形成された結束性は，個人の思考を制約する。個人は，その
制約を受けながら，他者の物語を参照し，より納得する経験として再構成
することになる。だが，そのためには，1）異質な考えと出会うこと（＝
異質な考えを自分の枠組みから理解しようとせず，他者の視点から理解しよう
とすること），2）自分の考えを省察すること，が不可欠となろう。さらに，
学習者が，状況をモニタリングし，出番を意識することでより可能となる
と考える。

2-1-5 総合考察

2-1-5-1 社会的過程の「メタ認知」と語り直し

本研究では，同じ教材，同じ課題において，特定の児童の発言によって，解釈の見直しに違いが生まれた二つの学級の授業事例を取り上げた。そして，その談話を比較分析し，要因を考察した。その結果，次のことが明らかになった。

一つに，応答（説明）の「積み重ね」は，他者モニタリングや「自覚性」を高めるために有効な手段であること，また，「自覚性」は，他者モニタリングを通して高まることが示された。このことは，次のように考えることができる。応答（説明）の積み重ねは，多くの学習者には「みる過程」である。「聴き手」である学習者は，発言者の考えを繰り返し聴くことによって，「自己内対話」が促進されること考えられる。つまり，「聴き手」は，繰り返し聴くという行為の中で，「みる過程」と「なる過程＝他者理解」の往往復動が促進すると考えられる。

二つに，1）対話的ディスカッションを「なる過程＝他者理解」→「みる過程」の順で行うことで，他者モニタリングが促進し，その結果，「登場人物の自己像，世界像」の見直しが起こることが示された。文学体験と同じように，他者との対話においても，「みる過程」（他者の考えを相対化する）の前に，「なる過程」（他者の視点に立ち，他者の考えを理解する）を十分に行うことが重要と考えられる。「対話的ディスカッション」では，相手の視点をくぐりぬけ，その上で他者との距離を持とうとする。つまり，自分の枠組みからみることを保留にする。そのため，他者の考えを相対化ができ，「登場人物の自己像，世界像の語り直し」（解釈の変容）に有効に働くといえよう。

三つに，「メタ認知的発話」が教室に配置され，小さな繋がりを結ばれた時，授業に一つの秩序が形成され，個人の思考を深める。その結果，多くの児童に，「登場人物の世界像の語り直し」が起こることが示された。このことは，次のように考えることができる。教室の「発言」が小さな繋

がりのままの時，解釈の深まりは生まれにくい。一つ一つの発言がつながりを持ち，ストーリを形成し，一つの課題に向かう集団となる必要がある。個人に生じた「メタ認知的発話（亀裂）」を集団が受け止めた時，聴き手の内面が揺さぶられ，不安定になる。その不安定を集団で解決するために，小さな繋がりが結び付けられ，教室に結束性（物語）が形成される。個々の学習者は，そのる制限された枠組み（方向性を持つ）中で考えるため，思考を深めることが可能となる。他者の考えを取捨選択し取り込み，新しい考えを再構成することになる。その結果，「登場人物の世界像の語り直し」が促進すると考えられる。

2-1-5-2　課題

　教師による「外部の物語」とは違った，教室という集団が形成した「外部の物語」に対して，「対話的ディスカッション」がどのように有効なのか。これは今後の課題である。

　また，難波（2009）は，メタ認知について，「教室／学校という偽装，された空間のメタ認知」（例えば，教師の意図に沿った作文や周りの目を気にした発言など過度なメタ認知へのアクセスが招く）問題や「偽装された言語知識によるメタ認知」（例えば，文章の状況，相手に関わらず，主張文は双括型で書くべきという言語活動の統制）問題という二つの問題を提起している。それらを乗り越える手段として，「メタ認知そのものの変容」（モードⅢ）を位置づけている。本発表では，これらの問題と「メタ認知そのものの変容」との関わりについては，検討されていない。今後の課題としたい。

資料
「引用を含む発言」を，a）聴き合い型，b）問い返し型，c）振り返り型の3つに分類した。

表10 「発話の引用」が作り出す発言の繋がり

a）	聴き合い型：引用し，同意，学び，付加した発言を述べ，「共通点」を明確化した発言の繋がり。
b）	問い返し型：先行発話を引用し，確認，質問・疑問，反対意見を述べ，「差異」を明確化した発言の繋がり。
c）	振り返り型：他者の考えや自分の考えを引用し，修正，創造した発言を述べ，自分の考えを振り返る発言の繋がり。

2-2 実験授業4
集団で形成された「外部の物語」が立ち上がる状況の中で，「対話的ディスカッション」の語り直しに及ぼす効果の検討

　集団で形成された「外部の物語」が立ち上がる状況（教室における解釈の偏り）の中で，「対話的ディスカッション」の「語り直し」に及ぼす効果を検討する。そのために，まず，1）個人としての「解釈の偏り」（人間特有の情報処理の特徴）と教材特質とが，どのように関わり，「解釈の偏り」が形成されるかを明らかにし，次に，2）1）の考察をもとに，「解釈の偏り」前提にした文学教材の「読み」の授業を構想する。続いて，3）対話的ディスカッションが「登場人物の自己像・世界像」の語り直しに及ぼす効果を検討する。

2-2-1　問題の所在

2-2-1-1　文章の理解過程

　文章の「読み」の過程において，テクストに含まれる各種の情報を順次処理して，一貫した心的表象（テクストベース）を内部に形成し，読み手の既有知識と十分に関係づけられることで，安定して利用できる表象（状況モデル）となると言われている（van Dijk & Kintsch 1983）。つまり，「読み」はテクストによって一方的に意味が形成されるのではなく，読み手一人一人の知識・経験をもとにして再構成されることになる。

　また，授業における児童の「読み」は，児童個人の内的な認知的過程のみならず，教材の特質，教室での相互作用の質によって，規定される。つまり，国語科授業における「読み」は少なくとも1）認知的過程（個人内），2）教材の特質，及び，3）社会的過程（個人間），の三者の関わりの中で行われていると考えられる

2-2-1-2　解釈の偏り

2-2-1-2-1　個人としての「解釈の偏り」
　人間の情報処理には特徴（偏り）があると言われている。そのことに関わって，人間の思考のくせ，バイアスについて研究が多くなされている（Evans 1989, Nisbett & Ross 1980）。テクストの「読み」は，まずは認知的過程である。だから，人間の情報処理の特徴は，テクストの解釈に影響を与えるはずである。人は，その人特有の「関心・信念」というフィルターで情報処理を行うため，その解釈はある方向に偏る。この「解釈の偏り」は，当然，発達段階の影響も受ける。

2-2-1-2-2　教材の特質と「解釈の偏り」
　ところが，「解釈の偏り」は，教材との関わりにおいても起こる可能性がある。教材の特質と人間特有の情報処理の特徴が結びついて起こる「解釈の偏り」である。テクストが言語で書かれている以上，そこには，「語り手（書き手）」が必ず存在する。「語り手（書き手）」の認識した世界が描かれることになる。例えば，文学教材ならば，その「語り手」の語り方（例えば，文体，視点，主人公への態度）等や物語世界の特徴は，教材によって特質がある。その教材の特質，及び，その人特有の「関心・信念」との相互作用の影響を受け，解釈はなされる。この意味において，すべての解釈は偏っていると言える。

2-2-1-2-3　教室における「解釈の偏り」
　同じ教材を読むことで，共通の「関心・信念」によって情報処理が行わ

れた場合，人間特有の情報処理の特徴と結び付き，集団で同じような解釈をする可能性が高い。つまり，教室における「解釈の偏り」である。

2-2-1-2-4 「解釈の偏り」と授業

解釈は常に複数あり，その中から一つの解釈が選択されたにすぎない。先の（1）〜（3）によって起きる教室における「解釈の偏り」は，他の解釈の可能性を見えなくするという「問題」を生じさせる。

だが，これまで人間の認知的枠組みが及ぼす教材の「読み」を検討した研究（麻柄 1994）や「読み手」に先立ち，共同体が教室の「読み」を方向づけるとしたフィッシュ（1992）の「解釈共同体」の研究等があるが，教材の特質及び人間特有の情報処理の特徴が及ぼす「解釈の偏り」と教育との関わりについてはほとんど研究されていない。「解釈の偏り」は排除すべきではなく生かすものである。そのためにも，教材の特質及び人間特有の情報処理の特徴がどのように関わった時，「解釈の偏り」が形成されるかを明らかにすることは重要と考える。

2-2-1-3 目的と方法

本研究の目的は，以下の1）2）である。

1）三つの要因のうち，個人としての「解釈の偏り」と人間特有の情報処理の特徴と教材特質とが，どのように関わり，教室の「解釈の偏り」が形成されるかを明らかにする。
2）1）の考察をもとに，「解釈の偏り」前提にした文学教材の「読み」の授業を構想する。
3）対話的ディスカッションが「登場人物の自己像・世界像」の語り直しに及ぼす効果を検討する。

はじめに，教室の「解釈の偏り」が形成されるしくみを，教材の特質や情報処理の特徴と関係づけて明らかにする。次に，二つの学級での「ごんぎつね」実践をもとに，「解釈の偏り」を生かす授業を提案する。最後に，そこから得られた「解釈の偏りを前提にした授業」を構想するための知見

を示す。

2-2-2 「解釈の偏り」を形成するしくみ

2-2-2-1 文学教材の特質

　物語は，「物語世界」（物語られる世界），「語りの世界」（語り手と内包された読者との世界），「現実世界」（作者と読者との世界）の三つに分けられる（難波 2008）。

2-2-2-1-1 「物語世界」の特質

「物語世界」の三つの場

　筆者は，難波（2008）を援用し，さらに，Goffman（1981）の話し合いの場の枠組みを参考に，「物語世界」を，変容人物を中心に，「会話の場」「傍観者の場」「別々の場」に分類した（表1）。参考にした理由は以下の通りである。

表1　物語の三つの世界

1　物語世界
A）会話の場，B）傍観者の場，C）別々の場
2　語りの世界
3　現実世界

　Goffman（1981）は，話し合い場面を，聞き手を中心に，まず，承認された聞き手と承認されていない聞き手に分ける。前者は，発話を振られた聞き手「受け手」，振られていない聞き手「傍参与者」に分け，後者を，傍聴している聞き手「傍観者」とした。物語をコミュニケーションの場と捉えるならば，聞き手を中心に分類することで，コミュニケーションの場が，物語世界の特徴がより明確になると考え，参考にした。定義を表2に示す。

教材「ごんぎつね」の「物語世界」の特質

　教材「ごんぎつね」の三つの場を分析する。

表2 「物語世界」の三つの場

会話の場	変容人物と対立人物が一緒に会話又は行動
傍観者の場	変容人物又は対立人物が傍観
別々の場	変容人物と対立人物が違う空間に存在

会話の場 兵十とごんの会話は，最後の一カ所だけ。会話がほとんど成立していない物語。唯一最後の場面で会話がなされる。それだけ児童には印象的な場面となる。兵十と加助の会話が一カ所ある。

傍観者の場 ほとんどが「傍観者の場」である。しかも，ごんが兵十を一方的に観察し，兵十がごんを観察する場はない。読み手は「ごんについて」「ごんが知り得る兵十について」の知識は豊富に持つ。ところが，「兵十の知り得るごんについて」の知識はほとんど持てない。

別々の場 ごんの独白やいわし屋に兵十がひどい目にあう場面等がある。読み手は，双方に対する知識を持つが，双方間（それぞれがどう関わった）の知識は持てない。

　以上のことから次のことがわかる。本教材の語り手は，ごんの行動意図や内面を示す知識，あるいは，ごんの知り得た兵十の知識を豊富に語っている。つまり，読み手はごんの視点で書かれた（一の場面から五の場面）テクストを読み進めることで，ごんの内面，変化についての知識を豊富に持ち，ごんに共感的に読む構造になっている。

2-2-2-1-2 「語りの世界」の特質

　先に「ごんぎつね」の「物語世界」の特質について述べたが，「語りの世界」にはどのような特質があるのだろうか。

　「ごんぎつね」の冒頭は，「これは，わたしが小さいときに，村の茂平というおじいさんから聞いたお話です。」となっている。この「物語」は，「茂平さん」から「わたし」へ，そして，「みんな」と語り継がれてきた「物語」ということがわかる。死者を捉え直すための「物語」として，語り手は語っている。このことを，田中（2005）は，「この作品の醍醐味はむしろプロットの後にある」と述べる。つまり，ごんの死後，兵十は悩み，考

え，今までの出来事に思いを巡らせ，「兵十の中のごん」の「物語」として筋立てる。それが「ごんぎつね」であると言う。鈴木（2004）は，「茂平はいったいだれからこの物語を聞いたのか。」と問い，「兵十あるいは…兵十と親しい人，後世の余所者」と様々な語り手を想定し，「…これだけは確かだろう。この物語を紡いだのは〈ごん（ではないということだ。」と述べる。

語り手は，ごんの死後の世界を描き，しかも，死んだごんの内面を詳細に描いている。この点から考え，「ごんの死後，ごんの気持ちは兵十（あるいは村のだれかと）に伝わった（想像された）。」と，「語りの世界」は語っている。ごんの死後，ごんを生かすために，兵十が生成した「物語」（あるいは，その「物語」を茂平や村のだれかが語り直した「物語」）が「ごんぎつね」と言える。つまり，そこには，語り手の「批判性」は存在しない（成田 2011）。そのことが，読み手のごんへの強い共感を引き出し，皮肉にも学習者に「解釈の偏り」を生む要因になっている。以上，本教材の「物語世界「語りの世界」の特質について述べた。

2-2-2-2 人間特有の情報処理の特徴

2-2-2-2-1 情報処理のくせ

次に，個人としての「解釈の偏り」について考えたい。人間の情報処理には，次のような特徴があると言われている。例えば，人間は自分に関連がある情報を重視する傾向があることが明らかになっている。自分が関心ある情報，自分の信念に一致する情報，自分が重要と思う情報を選択しがちなのである。つまり，情報はすべての人に同じように処理されているのではない。その人の「関心・信念」というフィルターでふるいにかけられ処理されている。しかも，その情報選択は固定的ではなく，例えば，情報提示の仕方や目標設定等で「関心・信念」が変化すれば，情報選択も変化すると言われている。

文章の「読み」と関係するような代表的な人間の情報処理のくせを以下に示す。

確証バイアス：自分が知っている信念や仮説と一致する情報を集め，反証となる情報を避けようとする。

関連性理論（認知の原則）：人の認知は関連性が最大に働く性格を持つ。自分に関連する情報に最大の注意を払う。本来，人の効率的な情報処理を述べた理論であるが，バイアスとして働くことにもなる。

知識の呪縛：自分の知っている情報は他者も知っていると思う傾向がある。

2-2-2-2-2 解釈におけるコンテクスト知識の情報処理

「解釈」において，人の「関心・信念」によって選択される情報とは，そもそも何なのだろうか。このことを明らかにする必要がある。

解釈は何によって決まるのだろうか。解釈は一義的に決まるのではなく，コンテクスト（文脈や状況）によって，多様な解釈が生成されると言われている。つまり，解釈するためには，コンテクストを知る必要がある。コンテクストを知るには，テクストに埋め込まれた手かがりを知る必要がある。この手かがりをコンテクスト知識と呼ぶことにする。

難波は，文学教材におけるコンテクストを次のように提案している。まず，物語を，「物語世界」（物語られる世界），「語りの世界」（語り手と内包された読者との世界），「現実世界」（作者と読者との世界）の三つに分け，それぞれの世界におけるコンテクストを考察している。コンテクストは「言語的コンテクスト」と「場面的コンテクスト」に分かれる。「場面的コンテクスト」は，話し手・聞き手・発話の状況の三つで構成されている。場面的コンテクストは，①話し手についての知識，②話し手が持つと考えられる聴き手についての知識，③状況についての知識があり，解釈者はそれぞれのコンテクスト知識を，三つの世界で利用し解釈を行うという。（難波 2008）

　　文学教材
　　コンテクスト知識
　　①言語的コンテクスト
　　②場面的コンテクスト

・話し手についての知識
・話し手が持つと考えられる聞き手についての知識
・状況についての知識

　筆者は，表1に示した「物語の三つの世界」（「物語世界」を，「会話の場」「傍観者の場」「別々の場」に分類）に，難波（2008）のコンテクスト知識を援用した。読み手は，テクストに埋め込まれたコンテクスト知識（話し手・傍観者についての知識，話し手・傍観者が持つと考えられる聞き手・観察対象についての知識，状況についての知識）を選択し，解釈することになる。つまり，情報処理のくせと関連づけて考えるならば，人は自分の「関心・信念」に沿ったコンテクスト知識を選択し，その自分の都合で選択したコンテクスト知識をもとに解釈を行うということになる。

2-2-2-3　「解釈の偏り」

　このような人間特有の情報処理と先ほど述べた教材の特質とが結び付き，結果としてどのような教室の「解釈の偏り」を生みだすのだろうか。一つには，最後の場面で，ごんの行動意図や内面を示す知識を豊富な教材の特質の影響を受けた学習者は，「ごんの気持ちは兵十に伝わってほしい。」「ごんの気持ちは兵十に通じたはずだ。」という信念を形成する可能性が高いことである。その信念と「確証バイアス」が結び付き，信念に沿ったコンテクスト知識が選択される。その結果，「ごんの気持ちは兵十に伝わった。」という解釈を強固にする。

　もう一つは，読み手は，「ごんのつぐないの気持ち，友だちになってほしい，兵十への同情等の気持ちが兵十に通じた。」という強い思い込みを形成する可能性が高いことである。読み手は，ごんのつぐないの気持ちやかげぼうしをふみふみ遊ぶごんの姿等を読んできている。ごんの思いを知っている。この自分がごんの気持ちを深く知っていることが，「知識の呪縛」と結び付く。「自分の知っているごんの気持ちは，兵十も知っているはずだ。」という信念を形成する可能性が高い。そして，「兵十はごんの気持ちに気づいていたはずだ。」と考えさせ，最後の場面で，「くりを持っ

て来た行為以外のごんの気持ちも兵十に伝わっている。」と解釈させるのである。

　これらの可能性は，合わさると，最後の場面で「ごんの○○な気持ちが兵十に伝わった」と学習者は解釈することにつながる。この想定は適切なのか，まずは先行研究・実践より検証する。

2-2-2-4　先行研究より

　　「償いの気持ち」や「友だちになりたい」というごんの気持ちが兵十に伝わったとする読者は少なくない　　　　　　　　　　　　　（萬屋 1983）
　　多くの実践報告を見ていくと，ごんの思いが兵十に届いたもの，その時はすでに遅かった，と解釈している教室が圧倒的に多い　　　（府川 2000）

　これらの報告から，多くの教室で，「伝わった」と解釈され，実践されていることがわかる。「解釈の偏り」は，児童だけでなく，教師もそうなのかもしれない。「ごんの気持ちは兵十に本当に伝わったのか」を問題にした実践もほとんどない（高森 1975, 高橋 1978）。このように「伝わった」と解釈するのは小学生だけでない。立木・伏見（2008）は，大学生に「ごんぎつね」を読ませ，「伝わった」と思うか，調査をしている。

　　伝わらなかったと答える学生が事後テストにおいて大きく増加しているわけではない……略……ごんに対する共感が強いと予想される。（伝わってほしい）という感情に影響されて，「伝わった」と結論するのではないだろうか
　　　　　　　　　　　　　　　　　　　　　　　　　　　（立木・伏見 2008）

　小学生から大学生まで，多くの教室で，「ごんの気持ちは兵十に伝わった」と読まれていることがわかる。教材の特質が，読み手にごんに対する共感を生み，「伝わってほしい」「伝わったはずだ」という信念を創りだしている可能性が高い。その信念に沿って，情報が選択される。つまり，その情報の選択において，人の「情報処理のくせ」が働き，都合のよい情報が選択される。その結果，信念は強化されていることが考えられる。

　以上のことから，教材「ごんぎつね」は「兵十の中のごん」「村人の中

のごん」の世界が描かれており，「物語世界」では，ごんと兵十は通じ合えていない。語り手は，読み手に情報処理のくせがあることを知らなかったため，読み手に共通の「解釈の偏り」を形成してしまったのかもしれない。「語りの世界」を理解させるためには，学習者の「解釈の偏り」を前提とし，「物語世界」では，「ごんのむくろを抱いた兵十にごんの心中は伝わるはずはない。」（府川 2000）ことを学習者に気づかせる必要があろう。

2-2-2-5 「解釈の偏り」を形成するしくみ

本研究の目的は，「教材の特質，人間特有の情報処理のくせが，どのように関わり教室の「解釈の偏り」が形成されるかを明らかにする」ことであった。

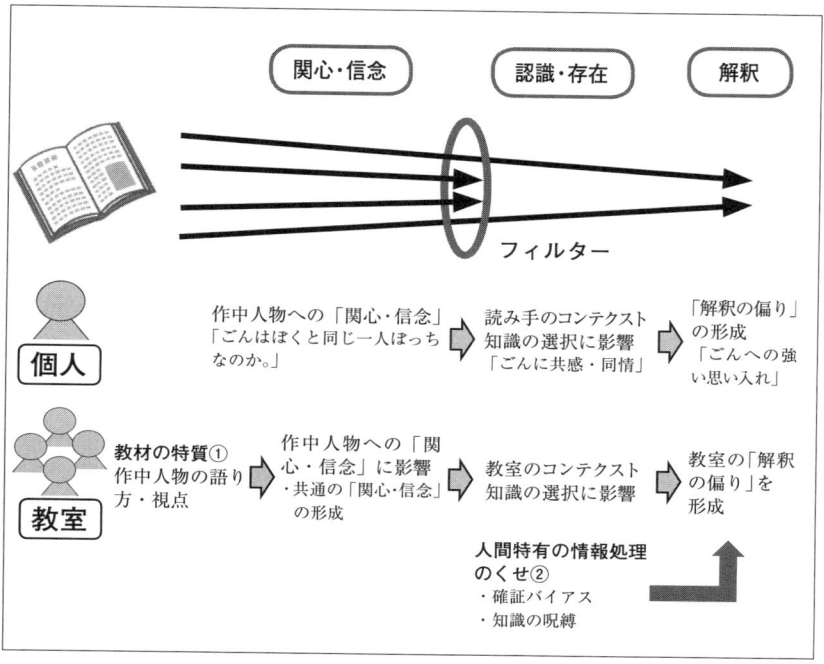

図1 「解釈の偏り」形成のモデル図

教室の「解釈の偏り」が次のような過程で形成されることが示唆された（図1）。まず，1）文学教材の特質（語り手の語り方，視点）によって，「読み手」に，作中人物に対する共通の「関心・信念」が形成される。次に，2）その形成された「関心・信念」に沿って，コンテクスト知識が選択される。ここで，確証バイアスや認知の原則が働く。そのため，「関心・信念」はより強固となる。3）選択されたせまいコンテクスト知識と個人の「ものの見方」が結び付き，解釈が形成される。コンテクスト知識に偏りがあるため，教室の解釈は偏りを示す。

　個人の「解釈の偏り」は個人の「関心・信念の差異」がもたらし，教室の「解釈の偏り」は，教材の特質と人間特有の情報処理の特徴がそれに加わる。教室の「解釈の偏り」は，他の解釈の可能性を見えなくする点で，授業の工夫を必要とする。

　以上の考察をもとに，「解釈の偏り」を生かした授業を構想する。

2-2-3　「解釈の偏り」を前提とした授業の構想

2-2-3-1　「解釈の偏り」を生かすための授業の方針

　授業の方針は，「自分の解釈を相対化させ，解釈の『語り直し』を起こさせる」ことである。「解釈の偏り」は，常に起こる。自分の解釈を見直し，自己更新できる力をつけることが必要である。そのためには，異なる考えと出会い，自分の中に「他者」を取り込み，自分の意志で語り直しが起こるようにする。具体的には，1）解釈過程を交流させる。2）「引用」方略を活用する。（「引用」方略とは「他者の発言を引用し，発言する方法」である。）3）「兵十にごんの気持ちは伝わったか」を課題とする。

2-2-3-1-1　解釈過程の交流について

　「解釈過程の交流」は，「考えに至った過程を共有化」する話し合いである。「どこからそう考えたのか」「そこからどう考えたのか」等を交流することで，気づいていないコンテクストに目が向くと考えた。

2-2-3-1-2 「引用」方略を使った交流について

「語り直し」が起こるには，お互いの解釈を受け止め，承認することが必要である。1）相手の言葉の「引用」は，他者の解釈の受容と承認になる（佐々原・青木 2012）。さらに，「○○さんは…といいましたね。…について，もう少し詳しく教えてくれませんか」等と，論点を明示化し，「引用＋質問」で議論を進めることが多い。2）自分の考えを主張するよりも，相手の言葉を引用し，相手の文脈で質問する方略は，直接相手の解釈を変えようとはしていない。それだけ，自分の考えを相対化することを可能とし，解釈の見直しに繋がると考えた。

2-2-3-1-3 課題について

「ごんの気持ちは兵十に伝わったか」を検討課題にする。課題にすることで，「伝わった」かどうかを意識し，見直しが起こると考えた。

2-2-3-2 参加者

S県のM小学校4年23名（男子9名，女子14名）（平成19年度），4年22名（男子11名，女子11名）（平成21年度）。両学級とも，授業者が3年，4年と担任をしている学級。両学級とも，「引用」方略を導入して2年目である。

2-2-3-3 単元の概要

文学作品「ごんぎつね」（東京書籍出版 小学国語・下）。研究授業として行う10時間目の授業（総計16時間の単元）を中心に授業を構想する。単元は，ごんの変容を中心に考察した。ごんの行動意図を解釈する課題を中心に進められた。学習形態はペア交流，全体交流が中心であった。

2-2-3-4 対象にした授業

対象にした授業は，「兵十とごんの心が通じ合えた」と多くの児童が解釈する6場面を扱った授業である。「解釈の偏り」を生かした授業を構想するのに相応しいと考えた。

2-2-3-5　読みの実態

　9時間目の後,「ごんの気持ちは兵十に伝わった思うか」の課題でアンケートをした。結果を, 表3に示す。

表3　「ごんの気持ちは兵十に伝わったか」　授業前

	平成19年度	平成21年度
伝わった	12（52.2）	12（54.5）
伝わらない	11（47.8）	10（45.5）

注) 1　（　）内は全体に対する比率

　両学級とも, 50％少しが「伝わった」と考えていた。今までの授業の中で,「知識の呪縛」に陥らないように,「兵十はこのことを知っているのだろうか」と問い, 兵十とごんのお互いが何を知って, 何を知らないかを意識させてきた。それでも, 半分以上の児童が「伝わった」と考えていた。

2-2-3-6　授業の方法と結果

2-2-3-6-1　解釈過程の交流

　「解釈過程の交流」とは,「考えに至った過程を共有化」する話し合いである。具体的には,「○○さんが言いたいことは…ですか」「どこからそう考えたのですか?」等の「確認」や「質問」を中心にした話し合いである。多くの場合, 他者の発話を引用する「引用」方略とともに行う。
質問から別のコンテクストへ意識化
　表4に, 質問から別のコンテクストへ意識化した事例を示す。
　DはCの発言を受け,「友だちになりたいとかわいそうが伝わってないと言うのは, なぜかわからない」と述べ,「もう少し詳しく教えてください」と質問をする。これは, Cの発言の根拠, つまり,「ごんの友だちになりたい気持ちを兵十は知らない」という解釈の根拠となる場面的コンテクストを示せ, ということである。これに対して, E, Fは「かげぼうしをふみふみ」の場面を示し,「このことを兵十は知らない」だから,「友だ

表4　事例1　質問による別のコンテクストへの意識化

発　話　内　容
D　私はちょっとCさんに疑問があって，Cさんは「くりを持ってきたとつぐないをしようは兵十に伝わって，友達になりたいとかわいそうには，兵十から見て伝わってない」と言いましたね。つぐないとくりを持ってきたの理由はわかったけど，友達になりたいとかわいそうが伝わってないと言うのはなんでか，よく私にはわからないのでちょっと詳しく教えてください。
E　なぜ，友達になりたいが伝わってないと言うと，77ページの13行目を見てください。（はい）「兵十のかげぼうしをふみふみいきました」と書いていますね。（はい）このことは，兵十は知りませんね。（はい）だから，友達になりたいは伝わってないのだと思います。
F　僕もEさんと同じで，77ページの13行目と14行目を見てください。（はい）「兵十のかげをぼうしをふみふみいきました」と書いていますね。（はい）ここでは，遊んでいるということを兵十は気付いていませんね。（はい）だから，友達になりたいということも兵十は気付いていないのだと思います。

注）「ごんぎつね」の10時間目　（平成21年度）

ちになりたい気持ちは伝わらない」と述べる。正確には，Cの質問に答えたことにはならないが，ただ，別のコンテクスト，兵十が知り得たごんについての知識（場面的コンテクスト）に意識を向けるには，十分であったと思える。E，Fの発言が，それぞれの考えを見直すきっかけになったからである。

　この事例から，解釈過程の交流は，別のコンテクストに意識を向けるには有効と言える。つまり，「ごんの気持ちは兵十に伝わった」と考えている児童は，「伝わったはずだ」という信念が強い。そのため，「兵十が知り得たごんについての知識」に目が向いていない。Cのように「考えに至った過程」を説明させることで，別のコンテクストに意識を向けることが可能ということが示された。また，「引用」方略を使った質問は，論点が明示化されるため，応答者には自分の考えを捉え直す，聴き手には自分の考えを見直す切っ掛けとなっていると言える。

友だち考えを取り込み，別のコンテクストと繋いで

　表5，表6に，友だちの考えを取り込み，自分の考えを修正した事例を示す。HやKは友だちの解釈過程を参考に，自分の考えを見直している。

　Hは，Iの解釈過程を参考にする。Iは加助の話をもとに，「神様がお前のことをあわれにおもわしゃって…，から，兵十は神様と思っていた。」という意見を述べる。Hはそれを参考に，「神様と思っていたらごんだった」。そこから，「神様でなく，ごんが兵十のことをあわれに思っていた」

表5　事例2　別のコンテクストと繋いで　1

	発　話　内　容
H	僕は，最初，ごんがくりやまつたけを持ってきたことしか伝わっていないと考えてました。前，Iさんが，加助との話について言っていましたね。そこから，考えを変えました。78ページを開けてください。<u>「神様がお前がたった1人になったのをあわれにおもわしゃっていろんなものをめぐんでくださるのだよ。」</u>と書いていますね。（はい）そこで，<u>兵十は神様が持ってきてくれているのだと思っていて，それが最後にはごんが持っていると</u>知りましたね。（はい）そこから，<u>自分のことをあわれに思ってくれているのが，ごんだ</u>とは伝わったと思います。

注）「ごんぎつね」の10時間目　（平成19年度）

表6　事例3　別のコンテクストと繋いで　2

	発　話　内　容
J	私はア（伝わった）の人とイ（伝わっていない）の人とを繋いで考えてみました。私は，Kさんの言った<u>「火縄銃をぱたりと取り落とした。」</u>のと，Lさんの言った「ごん，おまえだったのかいつもくりをくれたのは。」から考えました。伝わったと思うけど，全部は伝わってないと考えます。「ごん，おまえだったのか。いつもくりをくれたのは。」と書いているから，くりやまつたけを持っていたのがごんだったのは伝わり，「火縄銃をバタリと落とした。」のだから，兵十は後悔していると考えます。そこを繋いで，友だちになりたいは伝わってなくて，ごんが自分のことをかわいそうと思っているのは伝わったと思います。

注）「ごんぎつね」の10時間目　（平成19年度）

と兵十は考えるはずと推論する。そして，「ごんが兵十のことをあわれに思っていたことはきっと兵十に伝わるはずだ」と新しい解釈を提示する。「兵十が知り得たごんについての知識」に目が向いている。別のコンテクストを見付けようという意識が働くことで，多様なコンテクストに目が向いている。解釈過程の交流は，その切っ掛けになりうると言えよう。

Jは，「火縄銃をばたりと取り落としたから，兵十は後悔している」というKの解釈過程を参考に，次のように推論する。兵十は確かに，後悔している。しかし，兵十が知ったごんについての知識は「ごんがくりやまつたけを持ってきた情報」だけである。(「くりやまつたけをもらったごんを殺して，そんなに後悔するだろうか」と考えたようだ。) そして，Jはこの矛盾を解決するために，(先のHの考えも取り込みながら)，「自分のことをかわいそうと思っていてくれたごんを殺したから，後悔している。」という新しい解釈にたどり着く。

これらの事例から，対話的ディスカッション (特に，解釈過程の交流及び「引用」方略) の活用は，「考えに至った過程」や「語り直し過程」を共有でき，集団で形成された「外部の物語」が立ち上がる状況 (教師における解釈の偏り) の中でも，他者の考えの捉え直しや自分の考えの見直しを起こりやすくすることが示された。また，話し合いを通して，異なるコンテクストを繋いで，新しい解釈が創りだされることが示された。つまり，「登場人物の自己像・世界像」の語り直し」の生じることが示された。

2-2-3-6-2　全体の変化

表7に，平成19年度と平成21年度の「ごんの気持ちは兵十に伝わったか」に対する児童の話し合いの前と後での読みの変容を示す。

表7に示すように，平成19年度も，平成21年度も，「伝わらない」に多くの児童が考えを変えたと言える。

しかし，その内容は単純ではない。表8，表9に示すように，「伝わる」と漠然と考えていた児童の多くが，平成19年度，平成21年度ともに，話し合いの後，考えを変えている。また，平成19年度では，加助と兵十の

表7　児童の読みの変容

	平成19年度		平成21年度	
	前	後	前	後
伝わった	12	6	12	2
	（52.2）	（26.1）	（54.5）	（9.1）
伝わらない	11	17	10	20
	（47.8）	（73.9）	（45.5）	（90.9

注）1　（　）内は全体に対する比率
　　2　全児童数23人（平成19年度），全児童数22人（平成21年度）

会話から類推して「兵十に対するごんの同情の気持ちが伝わった」という考えに11人中8人が影響を受け，自分の考えを見直している。これは，解釈過程の交流を通して，自分が気づいていなかったコンテクスト知識に意識が向き，「他者の考えの捉え直しや自分の考えの見直しが起こり，どういう気持ちが伝わったのかと意識するようになったためと考えられる。

　平成21年も同じような発言内容（表5のIのような発言）があったが，2人が考えを変えただけである。また，「つぐないが伝わった」に対して，否定的意見もあったが，「つぐないが伝わった」という考えは根強く，話し合い後14人もいる。（「つぐない」は語り手の判断であり，ごんがつぐないと考えていたかも定かでない。それが，兵十に伝わるとは考えられない。）つまり，対話的ディスカッションだけでは解決できない教室のコンテクスト（状況，文脈）が微妙に解釈の見直しに影響していると考えられる。

　このように，集団で形成された「外部の物語」が立ち上がる状況の中（教室における解釈の偏り）において，対話的ディスカッション（特に，解釈過程の交流や「引用」方略）は一定の成果はあるものの，それだけでは不十分であることがわかる。教室のコンテクスト（状況，文脈）が，児童の解釈の語り直しにどのような影響を与えているのかをより詳しく考察する必要がある。つまり，社会的過程で何が起こっているのか，集団のダイナミズムを明らかにする必要があろう。これは今後の課題としたい。

表8 平成19年度 児童の読みの変容
「ごんの気持ちは兵十に伝わったのか」

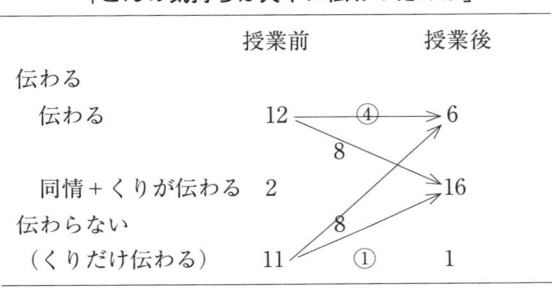

注）1 「伝わらない」とは，ごんがくりを持ってきたこと
　　　　　は伝わるが，細かな気持ちは伝わらないの意味
　　2 同情：兵十をかわいそうにと思う気持ち
　　　　　くり：ごんがくり等を持ってきた行為
　　3 ○の数は，「変化なし」の人数

表9 平成21年度 児童の読みの変容
「ごんの気持ちは兵十に伝わったのか」

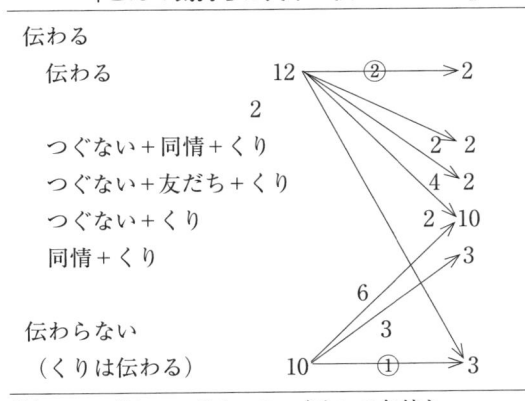

注）1 つぐない：兵十へのつぐないの気持ち
　　　　　友だち：兵十と友だちになりたい気持ち
　　2 ○の数は，「変化なし」の人数

2-2-4　総合考察

2-2-4-1　成果

　本研究は，教材の特質，人間特有の情報処理のくせが，どのように関わり教室の「解釈の偏り」が形成されるかを明らかにし，その考察をもとに，「解釈の偏り」生かした文学教材の「読み」の授業を構想する。そして，対話的ディスカッションが「登場人物の自己像・世界像」の語り直しに及ぼす効果を検討することであった。

　その結果，次のことが明らかになった。一つに，教材の特質と人の情報処理のくせが結び付き，共通の「関心・信念」を形成し，その「関心・信念」によってコンテクスト知識の選択が行われ，教材の解釈に影響を与えていることを示した。二つに，解釈が形成されるしくみをもとに，集団で形成された「外部の物語」が立ち上がる状況の中で，「解釈の偏り」を生かす授業構想の一つとして対話的ディスカッション（特に，「解釈過程の交流：「引用」方略も含む）の可能性を示すことができた。具体的には，対話的ディスカッションの活用によって，1）気づいていないコンテクストに意識を向けることが可能となる（表4），2）他者の「考えに至る過程」や「語り直し過程」を知ることで，他者の考えの捉え直しや自分の考えの見直しが起こることが示された（表5，表6）。

　以上のことから，「解釈の偏り」を前提にした授業を構想するには，1）教材の構造から，児童がどのような「関心・信念」を持つか，その結果，どのような教室の「解釈の偏り」を持つか予想する，2）「解釈の偏り」を自覚化させる課題を考える，3）　解釈を相対化させるための社会的過程（対話的ディスカッション等）を工夫する，ことが示された。

2-2-4-2　今後の課題

　本研究では，教材の特質と情報処理のくせが結び付き，教室の「解釈の偏り」がいかに形成されるかを示した。そして，その「解釈の偏り」を生かした授業構想の一つとして，対話的ディスカッション（特に，解釈過程

の交流及び「引用」方略）の活用を提案した。これらは，一定の成果を示したものの，これだけでは説明できない現象が生まれた。教室の流動的なコンテクスト（状況，文脈）を児童がどう捉え，そのことが児童の「登場人物の自己像・世界像」の語り直しにどう影響しているのか，集団のダイナミズムを明らかにするという課題を浮き彫りにした。

　今後は，他の事例を検討することにより，集団で形成された「外部の物語」が立ち上がる状況の中で，変化する教室のコンテクスト（状況，文脈）を児童がどのように認識し，その中でどのような要因が関わり児童の解釈の語り直しが起きるのかを明らかにしたい。また，4 年生は人物を「対象化」する発達段階と言われているが，本実践では，「同化」傾向にあった。このことについても今後研究していきたい。

3　「位置づけられた場（言論の場）」と 「読み手の自己物語」の語り直し

3-1　実験授業 5 「言論の場」の変化が「読み手の自己物語」の語り直しに及ぼす効果の検討

　実験授業 5 では，難波（2008）の「言論の場」の概念を参考に，「言論の場」の変化が，「読み手の自己物語の語り直し」に及ぼす効果を検討する。

3-1-1　問題の所在
3-1-1-1　文学の「読み」の語り直しと「言論の場」

　文は，ある文脈の中に位置づけられることで，意味を生成する。出来事は，ある文脈の中に位置づけられ，筋立てられることで，「物語」となり，意味を生成する。ならば，「物語」を，ある文脈の中に位置づけ直すこと

で，新たな意味を生成することになる。

　そこで，難波（2008）の「言論の場」の概念が参考になる。難波は，文が位置づけられる文脈と区別し，「テクスト」が位置づけられる文脈を，「言論の場」（space of argument）と呼び，「そのテクストとその送り手や受け手，テクストが発信されるメディア，などによって構成される場」（難波 2008）と概念規定している。そして，「授業で，〈言論の場〉の情報を補わない限り，教科書の教材だけを「くわしく」読むだけでは，読む力など，とうてい，付くはずがないのです。」（難波2008 p. 309）と述べている。

　「言論の場」を変化させる（補う）ことで，様々なズレが生じ，語り直しが起こることが想定できる。だが，先行研究では，森（2010）の短大生を対象に，学習者の〈外部〉にある〈言論の場〉を学習者自身の「言論の場」に構築する過程を研究したものや，間テクスト性概念を用いた読みの研究（寺田 2001, 2006, 勝田 2011）があるものの，「読み」の語り直しと「言論の場」との関わりは，ほとんど明らかにされていない。「言論の場」を変えることが，「読み」の語り直しにどのような影響を与えるのかを明らかにする必要がある。

3-1-1-2　目的と方法

　本研究の目的は，以下の1）2）である。

1）「言論の場」がどのように関わり，語り直しが形成されるのか，理論構築をする。
2）1）の理論をもとに，「語り直す力」を育てる文学の「読み」の授業を構想し，理論の有効性を検証する。

　はじめに，「読み」の語り直しが形成されるしくみを，「言論の場」と関係づけて明らかにする。考察に当たっては，①臨床領域における人生の「物語」の語り直しが形成された事例を参考に，どのような場で，語り直しが生じるかを明らかにし，②その考察を，「読み」の語り直しと「言論の場」の関係に援用する。次に，その理論をもとに，「語り直す力」を育てる授業（翻訳教材「三つのお願い」を事例に）を構想し，その理論の有効

性を検証する。

3-1-2　「読み」の語り直しを形成するしくみ

　筆者は，難波（2008）の「言論の場」の概念を援用し，さらに，「言論の場」を1）語り手，聴き手，2）状況（時代，文化等），3）他のテクスト，に分類し考察する。

3-1-2-1　「聴き手」，「語り手」

3-1-2-1-1　聴き手

　松尾（2010）は，原爆体験者が人生を生きる中で，どのように原爆体験を語り始めたかを考察している。その結果，時代によって，四つのタイプがあることを示している。1950年代は《被爆者としての自己の語り》，1960〜1970年代は《被爆者でない他者への語り》，1980年代は，《被爆者である他者のための語り》，1990年代は，《次世代のための語り》であったという。「語り手」は，目の前の聴き手だけではなく，その向こうにいる大勢の「社会的聴き手」を意識することで，「語り」に変化が生じている。「聴き手」（読み手）が展開する「語り」にも同じことがいえる。「聴き手」（読み手）が自分の立場を意識して聴くことで，情報の選択が起こる。その結果，「聴き手」が展開する「語り」も変化する。つまり，「聴き手」の立場の変化を意識することで，「語り手」，「聴き手」（読み手）の「語り」が変化するといえる。

　物語療法のグーリシャンとアンダーソン（1997）は，聴き手の「無知の姿勢」（グーリシャン・アンダーソン1997）の態度によって，クライエントの「語り」に変化が生じることを示している。ここでの「無知の姿勢」とは，「セラピストのある姿勢—態度と信念—を指す」（グーリシャン・アンダーソン1997）。これは「聴き手」（読み手）が展開する「物語」にもいえる。つまり，「聴き手」の態度が変化することでも，「語り手」，「聴き手」（読み手）の「語り」が変化するといえる。

3-1-2-1-2　語り手

　松尾の事例では,「語り手」の想定している「聴き手」が変化している。この変化は,「語り手」の立場の変化であり, 目的や意図の変化でもある。つまり,《被爆者でない他者への語り》は, 社会からの要請による「原爆の悲惨さを伝える役割」(目的) としての「語り」である。それに対して, その後の《被爆者である他者のための語り》や《次世代のための語り》は, 被爆者である他者の一人として, 被爆者でない他者やこれからの世代 (社会的聴き手) に向かって,「時代を繋ぐ人間としての役割」(松尾 2010) を持った者として (あるいは, そのような目的で) 語っている。その結果,「語り」が変化している。これは,「聴き手」(読み手) が展開する「語り」にもいえる。つまり,「語り手」の立場, 目的や意図が変化することで,「語り手」,「聴き手」(読み手) の「語り」が変化するといえる。

　以上のことから,「聴き手」の立場や態度 (信念) の変化,「語り手」の立場, 目的・意図の変化によって,「語り手」,「聴き手」(読み手) が想定する「語り」と今までの「語り」との間に認知的ズレが生じる。そのため,「語り」が変化するといえる。

3-1-2-2　状況 (時代や文化等) と語り直し

　「物語」は単独で存在するのではない。時代や文化の影響を受ける。榎本は,「文化的価値は主として, 言語的に物語という形で保持されており, 物語をとおしてその文化内の個人の中に実現される」(榎本 1999, pp.162-163) と述べている。「物語」は, 国や民族, 家族, あるいは, 時代の要請を受け, 形成されるということである。「聴き手」(読み手) が展開する「物語」にも同じことがいえる。「物語」は, 文化や時代を共有した「聴き手」(読み手) を想定して書かれる。「聴き手」(読み手) は, 想定された位置から, 状況を含めた「物語」を読むことになる。だが, 文化や時代が変われば,「聴き手」(読み手) は, 違った位置から, 別の「物語」として読むことになる。つまり,「語り」の位置づけられた「状況」(時代や文化等) が変化することで,「状況」が求める「語り」と「語り手」,「聴き手」の今

までの「語り」との間にズレ（衝突）が生じる。そのため，「語り」が変化するといえる。

3-1-2-3　他のテクストとの繋がりと語り直し

「物語」は他の「テクスト」との繋がりの影響を受ける。ジュリア・クリステヴァは，「どのようなテクストもさまざまな引用のモザイクとして形成され，テクストはすべて，もうひとつの別なテクストの吸収と変形にほかならない」（クリステヴァ 1983, 邦訳 p.61）と述べている。「物語」は，一連のテクスト群を想定して書かれていることになる。「聴き手」（読み手）は，「語り手」が想定したテクスト群と「物語」を繋いで読むことになる。あるいは，「聴き手」（読み手）が，想起した「テクスト」と繋いで読むことになる。どのようなテクストと繋ぐかによって，「語り」は変化する。つまり，他の「テクスト」と繋がりが変化することで，「語り」が変化するといえる。

3-1-2-4　「語り直し」の形成過程

「言論の場」を1）語り手，聴き手，2）状況（時代，文化等），3）他のテクスト，三つに分類し，考察してきた。その結果，「語り直し」の形成過程を次のように考えることができる。1）語り手，聴き手の立場等，2）状況，3）他のテクストの関わり，が変化（明確化）することで，「語り手」「聴き手」の目的・意図が変化（明確化）する。その目的・意図の変化によって，「語り手」，「聴き手」（読み手）が想定する「語り」と今までの「語り」との間に認知的ズレが生じる。新たに想定した「語り」に沿って，出来事の選択・配列，編集が行われるため，語り直しが起こる。以下のように整理できる。

「語り手」「聴き手」の語り，語り直し
（1）「聴き手」は，「無知の姿勢」つまり，「語り手」が想定した位置から聴くことが前提である。

（2）　「語り手」「聴き手」の立場を変えることで，「語り手」「聴き手」の「目的・意図」が変化する。「目的・意図」が変化することで，出来事の選択・配列が変化し，「語り」が変化する。

（3）　状況（時代や文化）が変化することで，「語り手」「聴き手」の「目的・意図」が変化する。「目的・意図」が変化することで，出来事の選択・配列が変化し，「語り」が変化する。

（4）　他の「テクスト」と繋がりが変化することで，「語り手」「聴き手」の「目的・意図」が変化する。「目的・意図」が変化することで，出来事の選択・配列が変化し，「語り」が変化する。

3-1-3　「語り直す力」を育てる授業の構想と実際

3-1-3-1　教材と言論の場

3-1-3-1-1　教材

「三つのお願い」ルシール＝クリフトン（作）　金原瑞人（訳）　はたこうしろう（絵）（平成23年度版　光村図書『国語4年下 はばたき』）

3-1-3-1-2　出典

初出

① "Free to Be…You and Me & Free to Be…A family"（Running Press Book Publishers）所収の "Three Wishes"（1974）

② "Free to Be…You and Me & Free to Be…A family" television special（1974）

「Free to be …You and　me」（1972）は，Mario Thomasが中心になり作成した，1970代に流行した幼児番組のサウンドトラックである。この番組は，1972年から1974年まで2年間続き，女性の地位確立をめざし，男であれ女であれ，だれでも成功できるというのが基本メッセージであった。この1972年のサウンドトラックには，「three wishes」は入っていなく，1974年に，television special としてのDVDと本が出版された。その中に「three wishes」が入っている。幼児番組を文章化したテクスト群の一つである。

絵本（英語版）

③ 絵本「three wishes」（1976）　Stephanie Douglas（絵）

④ 絵本「three wishes」(1992) Michael Hay（絵）

教科書（平成14年度版,平成17年度版），絵本

⑤ 教科書（平成14年度版，2002）光村図書　4上

⑥ 絵本（2003）金原瑞人（訳）はたこうしろう（絵）

⑦ 教科書（平成17年度版，2005）光村図書　4上

⑧ 教科書（平成23年度版，2011）光村図書　4下

　⑤は，①"Free to Be …You and Me & Free to Be … A Family"（Running Press Book Publishers）所収の "Three Wishes"を金原瑞人が訳しおろしたものである。さらに，⑥は，教科書出版の後，削除されていた「最初」と「最後」を加え，絵本にしたものであり，訳も挿絵も同じ人による。

3-1-3-1-3　教材と言論の場

　本教材は翻訳教材である。①→⑧の過程を経て，本実践の教科書教材となっている。その過程において，①〜④と⑤〜⑧では，「言論の場」が大きく変化している。前者は，英語版，後者は翻訳版（日本語）である。（①〜④（英語版）と⑤〜⑧（翻訳版）の「言論の場」の差異）

　一つは，「テクスト」の位置づけられた状況（時代や文化等）の差異であり，それに伴う「語り手」「読み手」の差異である。前者は，アメリカの1970年代の時代や文化の中で書かれた「テクスト」である。当然，「語り手」や「読み手」も，その時代や文化の影響を受け，語り，読むことになる。それに対して，後者は，金原が「どこの国の，どこの民族の子どもに置き換えても・」（光村図書 4年下 教師用指導書 2011, p.134）と述べているように，前者のような「言論の場」は薄められている。しかも，「語り手」「読み手」は，現代の日本という異なる場から，語り，読むことになる。

　もう一つは，絵という他のテクストとの関わりの差異である。教科書教材（⑤⑦⑧）の挿絵は，どれも5枚。置かれた場所には若干変化があるものの，同じ絵が使われている。しかも，その特徴は，1）人物が子どもっぽく描かれている，2）黒人とはわかりにくい，3）顔のアップが少なく内面がわかりにくい。⑥の日本の絵本では，幼児性は，さらに強調されている。それに対して，外国の絵本③④では，1）人物が日本よりも大人っ

ぽく描かれている，2）人物の顔のアップが大きく，内面を想像させよう
としている。3）黒人だとわかる。昌子（2013）は，「絵本を出典とする
教材において，もとの絵本の時点で持っていた絵の機能・役割はいくぶん
矮小化されざるを得ない。」と述べている。教科書の翻訳教材の場合，こ
の傾向はより強いと考えられる。

3-1-3-2 「語り直す力」を育てるための授業方針

　「テクスト」の位置づけられた「言論の場」が異なる以上，「読み手」は，
別の「物語」として読むことになる。問題は，どのような「言論の場」が，
「物語の力（読み手の自己像や世界像を揺さぶる力）」を発揮できるか，とい
うことである。
　文学作品では，「語り手」による「登場人物の自己像や世界像の語り直
し」が語られる。つまり，登場人物の価値の変容が，語り手によって語ら
れる。登場人物や語り手の置かれた状況が明確な方が，「読み手」は登場
人物の内面を推論しやすくなる。つまり，原作に近い「言論の場」の方が，
「物語の力」を発揮できると考える。そこで，1）「言論の場」を，「教科
書の場」→「原作の場」へと変化させることで，認知的ズレを生じさせる
ようにする。具体的には，授業の中で，原作に近い「言論の場」を提示す
る。つまり，a）原作の状況（時代や文化等）の提示，b）外国絵本の絵と
いう他のテクストとの関連づけ，を行う。

3-1-3-2-1　原作の状況（時代や文化等）に近づける工夫

　主人公の呼び方は三種類出てくる。「わたしの名前はゼノビア。みんな
には，ノービィとよばれている。ビクターだけは別，レナって呼ぶ」と
語り手（わたし）は説明し，その理由として，「レナ＝ホーンという女優
の名前をとって，レナ。なぜかっていうと，わたしは大きくなったらハリ
ウッドに行って，えいがに出て歌を歌うつもりだから。…」と自分の夢を
述べている。
　当時の「読み手」ならば，「差別の強かったハリウッドにおいて，黒人

差別と毅然と立ち向かった女優，あのレナホーンに憧れているのか…」と
イメージをしながら読むことになる。それが「言論の場」が想定した「読
み手」の位置である。そこで，原作の「状況（時代や文化）」に近づけるた
めに，レナホーンの写真と説明を授業の中に入れることとする。

3-1-3-2-2　外国絵本の絵という他のテクストと繋ぐ

　松本（1982）は，絵本表現として，「絵の一部を言葉で重ねる」（同一性），
「絵と言葉が別々のことを語る」（非同一性）の方法に触れ，言葉とは独立
した絵の価値について述べている。そう考えるならば，外国絵本の絵を提
示することで，言葉では表現できなかったことを絵で表現し，その両者を
統合して読みとることで，新たな読みが生まれることになる。しかも，当
時の絵本を利用することで，状況（時代や文化等）に近づけることも可能
となる。そこで，授業の途中，外国絵本の絵を教材として提示する。さら
に，「語り手」（わたし）が，レナホーンについて語る場面では，拡大した
絵を提示することとする。

3-1-3-3　参加者

　H県のH小学校4年39名（男子19名，女子20名）（平成25年度）。本学級は，
筆者が9月より非常勤講師（国語　7時間担当）をしていた学級。

3-1-3-4　単元の概要

　文学作品「三つのお願い」（光村図書出版　小学国語・4年下　はばたき，
総計8時間）。第一次で，教師の範読後（教科書），「心に残った場面，行為，
言葉等」から感想を書かせる。第二次では，ゼノビアの変容を中心に考察
した。ゼノビアとビクターの行動意図を解釈する課題を中心に進められ
た。第二次の中で，レナホーンの写真と説明，絵本（外国）を提示し，「言
論の場」を補う。第三次では，再び，感想を書かせる。学習形態はペア交
流，全体交流が中心であった。

3-1-3-5　分析対象

　分析対象は，授業の逐語記録及び初発と単元の最後に書かれた感想文である。

　対象にした授業は，レナホーンの写真と説明，絵本（外国）の絵を提示し，「言論の場」を補った6時間目（総計8時間）の授業である。「ビクターだけ，なぜ，レナと呼ぶのか」の呼称の意味を問う課題を扱った。しかも，視点人物ではないビクターの行動意図を考えている。「言論の場」を補うことで，語り直し（登場人物の人物像や世界像，「読み手」の人物像や世界像，の語り直し）が生じるかを考察するのに相応しいと考えた。

3-1-3-6　何を語り直すのか

　小学生の「読み」の語り直しでは，次の「語り直し」を考えている。1）「物語世界」の登場人物の自己像，世界像の語り直し，2）「現実世界」の学習者の自己像，世界像（読み手の自己物語）の語り直しを考えている。

3-1-3-7　授業の結果と考察

3-1-3-7-1　授業中の語り直し
「言論の場」の変化と呼称の意味

　「ビクターだけ，なぜレナと呼ぶのか」の課題で話し合っている。課題にすることで，学習者は呼称に焦点化する。「ビクターは，ゼノビアがレナホーンのような女優になりたいことを知っていたから」と発言する。「レナホーン」の名前が挙がった所で，レナホーンの写真を見せ，次のように補足する。

　「レナホーンという人は，写真からわかると思いますが，色が黒いです。いわゆる黒人と言われている人です。女優なのですが，すごく差別を受けたのです。当時，白人が重視されている時代だから，『あなたなんか主役はやれない』とか言われたりしました。その中で，差別に毅然と立ち向かった女優なのです。色々言われても負けなかった女優です。実在の人物

252

です。」

　このような説明の後，Aが発言をする。Aは，「ビクターだけに，女優になりたいことを言っている」と発言をする。Bは，それを受け，文章を根拠に，「二人だけの秘密。だから，レナと呼ぶ」と考える。二人はゼノビアの夢を媒介に強く結ばれている，という主張である。「二人だけの秘密」という意見が続く。「他の人にも，夢について言っている。だが，ビクターはレナホーンのようになってほしいと思っていたから…。」と反対意見も出る。その中，Cは，Bたちの意見を受け，「秘密にしている理由」を，「言論の場」（時代や文化等）と繋いで想像する。つまり，Cは差別とは表現していないが，「言えない状況があり，その中で，ビクターだけはゼノビアの夢を応援してくれていた。だから，レナと呼べた。」と主張する。

　その後，話題は，表2に示すように，「レナと呼ぶビクターの内面の想像」へと向かう。DやEは「レナと何回も呼ぶ中に，頑張ってほしい，絶対に（女優）になれるよ，という思いが詰まっている」と想像する。さらに，Fは，レナホーンの置かれていた状況とゼノビアの状況とを関係づけ，「差別の気持ちがわかるから」と想像する。（現実に，ゼノビアが差別を受けていたかは不明である。）

　以上のことから，「言論の場」（時代や文化，絵）を補い，相互交流を行うことで，登場人物の内面を豊かに想像できるようになり，「語り手」の意図が「聴き手」（読み手）に明確になることが示された。

　「語り手」は，「レナ＝ホーンという女優の名前をとって，レナ。なぜかっていうと…」と，ゼノビアの視点から，呼称について語る。しかし，レナと呼ぶことをビクターはどう思っているのか（本作品は，ゼノビアの世界が描かれている），また，なぜ，ここで，この呼称について語るのか，は「聴き手」（読み手）にはわからない。そこで，「言論の場」，「差別と立ち向かったレナホーン」の説明や絵（文字では表現できない部分の補足）を補う。その結果，ゼノビアの状況を推論する（CやFの発言＝私の中のゼノビア）ことやレナと呼ぶビクターの内面を想像する（DやE＝私の中のビクター，Fの発言＝ビクターの中のゼノビア）ことが可能となっている。もち

表1　事例1　ビクターだけ，なぜレナと呼ぶのか

	発　話　内　容
A	夢をビクターだけに言っているのだと思います。レナホーンという女優になりたいというのはビクターだけに言っている。だから，ビクターだけレナと呼ぶのだと思います。
B	ビクターはレナホーンのような女優になりたいことを知っている。他の人には言っていない。二人だけの秘密です。52ページに「私の秘密を，他の人に話したりしないし」と書いています。これがその秘密。だから，ビクターだけ，レナと呼んでいたと思います。……後略……
C	なぜ，秘密にしているかと言うと，予想なのですが，周りの人はばかにするのじゃないですか。「お前には，無理だよ」とか「レナホーンのような女優になりたいのか。変なの」とか。でも，ビクターだけは，応援してくれる。だから，二人だけの秘密なのだと思います。だから，ビクターだけはレナと呼ぶのだと思います。

注）「三つのお願い」の6時間目　（平成25年度）

表2　事例2　レナと呼ぶビクターの内面

	発　話　内　容
☆	「レナ」と呼ぶビクターの内面
D	教科書の44～47ページに「レナ」と呼んでいるのが三回なんですよ。三回も呼んでるくらいなので，絶対なれると思っているのだと思う。
E	私は絶対になれるというのではないけど，私は，えっとレナと呼んでいるのだから，ビクターはゼノビアのことを応援しているからレナと呼んでて，私は応援してるとか，頑張れの気持ちなんだと思う。後，もし応援してないで，「そんなのなれるわけないよ」と思っていたら，「レナ，レナ」と言うわけがないから，内心でも，本当に頑張れと思っていると思う。
F	外国の絵本で，二人とも黒人じゃないですか。だから，レナホーンさんと同じで，差別の気持ちというのがわかるから，たぶんレナホーンさんの気持ちがわかるから，ビクターもその気持ちがわかるから，レナと呼んでいたのだと思う。

注）「三つのお願い」の6時間目　（平成25年度）

ろん，これは，「言論の場」を補うだけで可能なのではない。「ビクターだけ」「二人だけの秘密」「その秘密の理由は…」と他者の「発言」の上に「発言」が重ねられており，他者との相互交流の力も大きいといえよう。これらを通して，「読み手」は，「レナ」という呼称の中に，ゼノビアの夢を媒介にした二人の強い結び付きを示そうとした「語り手」の意図がわかってくるといえる。

「聴き手」（読み手）の出来事の意味づけの変化

Gの「最初の所で，『レナ，あれなんだろう』と言っている。自分で拾っていない。たぶん，レナの夢を叶わせてあげたいという気持ちからじゃないのかと思うんだけど…」という発言から始まった。その後，少し意見交流があり，「ビクターは，なぜ，怒り出したのか。」に話題が移る。

HはGの発言と関連づけて，「レナに拾わせて願いを叶えさそうとしたんだ。」と想像し，「でも，レナは信じようとしない。だから，怒った。」と筋立てる。多くの児童は，最初，「単に言い合いになり，けんかになっただけ。」と考えていたが，少しずつ，自分の考えに見直しが起こる。IやJも文章を根拠に，「ビクターは，レナの願いを叶えさそうという思いがあり，それがうまくレナに伝わらないから，怒ったと思う。」と考えを変えていく。

以上のことから，「語り手」の意図（ゼノビアの夢を媒介とした二人の強い結び付き）の明確化によって，出来事に対する意味づけに小さなズレ（ゆらぎ）が生じ，それを交流する中で，「聴き手」（読み手）の出来事の意味づけが変わることが示された。Gは，最初の「コインを拾う出来事」に注目し，その行為を「ビクターの応援行為ではないか」と意味づける。また，H，I，Jは，「ビクターが怒る出来事」，その行為を「単なる言い合い（最初は，このように考えていた）ではなく，ビクターのレナの願いを叶えさせたいという思いが根底にある」と推論する。このように，「語り手」の意図が明確になることで，「聴き手」（読み手）による出来事の意味づけが変わることが示された。

表3　事例3　「聴き手」の出来事の意味づけの変化

	発　話　内　容
H	48ページの4行目から10行目あたりに，<u>レナにわざわざ拾わせているの</u>に，応援しているけど，ここの48ページ1行目から見てください。そこに，ゼノビアは信じてないわけじゃないですか。<u>せっかく応援しているのに，</u><u>信じないからここで怒ったのだと思う。</u>（　間　）
I	H君と似ているのですけど，47ページの4行目から9行目の所に，えっと，ゼノビアの夢が書いてあるじゃないですか。で，ゼノビアの夢をせっかく45ページ3行目で<u>拾わせてあげて，</u>10行目で何をお願いするんだって聞いてあげているのに，えっと　48ページ4行目に，ゼノビアが46ページ6行目とか48ページ1行目とかで，ゼノビアが信じないで，<u>女優になるという</u><u>お願いをしようとしないので，</u>怒っているんだと思います。
J	私は，H君とIさんと一緒で，46ページの所に同じ年にできたコインを見つけたじゃないですか。本当だったら，ビクターが「あれなんだろう」という前に拾っていると思うのですよ。けれども，<u>ビクターは拾わずに「レ</u><u>ナ，レナあれなんだろう」と訊いて，</u>ビクターは自分の夢というか，自分のやりたいことを我慢して，<u>レナの夢を叶えてあげたいと思っていたのに，</u>ビクターの言ったことが信じなかったから，せっかく<u>自分がチャンスを与</u>えたのに，やらないから怒ったんだと思います。

注）「三つのお願い」の6時間目　（平成25年度）

3-1-3-7-2　授業後の語り直し

　次に，授業中の語り直しが，授業後の語り直しにどのように影響を与えたのかを考察する。授業後の語り直しとしては，「読み手としての登場人物の世界像の語り直し」「語り手としての自己物語の語り直し」に分けて考察する。

「読み手としての登場人物の世界像の語り直し」

　初発の感想文と単元の最後に書かれた感想文を比較検討する。両感想文は，共に「心に残った言葉，場面，行為等について，感想を書いてください。理由も書いてください。」と指示し書かせたものである。但し，最後の感想文では，「自分の体験もあれば，それも加えてください」と指示し

た。表4, 表5に, どのような内容が選択されていたかを示す。

表4　初発の感想文　選択された内容

内　　　　容	人数（人）
○対人関係	
・最後の願い	9
（友達のことを選んだのがよかった）	
・母親の言葉	6
○願いについて	
・願いが叶うのがおもしろい	9
・願いが無駄	5
・自分なら○○な願いをしたい	6
○お話全体	
・非現実的な話	3
○表現の面白さ	
・「どんぴしゃ」の表現がおもしろい	6
合　　　　計	44

注）　一人が重複して書いているため, 合計は44人になっている。

表5　最後の感想文　選択された内容

内　　　　容	人数（人）
○対人関係	
〈ビクター〉	9
・呼称の意味	5
・コインを自分が拾わなかったこと	14
・けんかの理由	3
〈ゼノビア〉	
・夢より友達を選んだこと	22
〈母親〉	
・母親の言葉	14
合　　　　計	58

注）　一人が重複して書いているため, 合計は58人になっている。

表4に示すように、初発の感想の内容は多岐に渡っている。特に、「願い」そのものに関する感想を持つ児童が多い（20人）。また、対人関係の感想を持つ児童には、母親の言葉に注目する者が6人、最後の願いで、二人が仲良しになってよかったと感想を持つ者が9人いた。但し、ゼノビアの内面の葛藤（夢と友情の選択）までに、思いは至っていない。それに対して、最後の感想文は、二人の関係に焦点化した内容（延べ58人）になっている。しかも、その内容は、ビクターの視点、ゼノビアの視点、両方の視点からと多様である。つまり、授業中に検討された内容をもとに、だれの視点から書くかを考え、その視点から出来事を「選択」し、それらを「繋い」で、登場人物の世界像（友達像）を再構成しているといえる。

　以上のことから、次のことが明らかになった。まず、授業の中で「言論の場」を補うことで、「語り手」の意図が聴き手（読み手）に明確になる。その結果、出来事の新たな意味づけがなされる（この出来事には、○○な意味があるのではないだろうか）。次に、授業後、「聴き手」（読み手）は、新たに意味づけされた出来事から、今までの「考え」とのズレを感じ、特定の登場人物の視点から、出来事を「繋ぎ」直し、登場人物の世界像（友達像）を再構成することが示された。

「読み手の自己物語の語り直し」

　登場人物の世界像（友達像）の語り直しを通して、「聴き手」（読み手）は、自分の物語（読み手自身の世界像）をどのように語り直しているのかを考察する。表6に、自分の物語について、リフレクション（省察）していた人数とその内訳を物語別に分類したものを示す。

　表6に示すように、自分の物語を振り返っていた児童は、35人（89.7%）いた。その内訳は、1）登場人物の友達像の語り直しを通して、自分の物語を振り返っていた児童が19人（54.3%、体験なし＋物語）、2）自分の体験を述べ、自分の物語を振り返っていた児童が16人（45.7%、体験＋物語）であった。

　1）「体験なし＋物語」では、「もっと友達を大切にしたい、やさしくしたい等」（未来展望物語）、「新たな気づき、学びがあった等」（発見物語）、「本

表6　聴き手（読み手）の世界像の省察

内　　　　　容	人数（人）
○リフレクションしていた人	35
1）体験なし＋物語	19（54.3）
①未来展望物語	9
（友達を大切にしたい，やさしくしたい）	
②発見物語	6
（新たな気づき，学びがあった）	
③探求物語	4
（本当の友達とは…，親友について考えた）	5
2）体験　＋　物語	16（45.7）
①仲直り体験＋発見物語，未来展望物語	7
②寂しさ体験＋探求物語，未来展望物語	3
③先生・親の言葉体験＋発見物語	4
④謝れない自分＋発見物語	2

注）1　リクフレクションを記述していない人数：4人
　　2　（　）は，リフレクション人数に対する比率。

当の友達について考えてみた等」（探求物語）が見られた。2）「体験＋物語」
では，登場人物が体験した出来事に類似した体験，①「仲直り体験」（け
んかをし，何かのきっかけで仲直りする体験，友達のやさしさに触れた体験），
②「寂しさ体験」（けんか等をして，寂しくなった体験），③「先生，親の言葉」
（けんか等をした時，母親や先生の言葉かけ体験），④「謝れない自分」（けん
かをしてもなかなか謝れない自分），が選択され，「今，○○に気づいた。」（発
見物語），「親友とは……することだと思う」（探求物語），「これからは○○
のように生きたい。」（未来展望物語）等が述べられていた。1）「体験なし
＋物語」のよりも，2）「体験＋物語」の方が，気づきや学びが多かった。
　以上のことから，「聴き手」（読み手）は，「物語世界」の中の新たに意
味づけされた出来事をもとに，登場人物の世界像（友達像）を再構成する
（表5）。その再構成された登場人物の世界像（友達像）を参照，あるいは，
新たに意味づけられた出来事と類似した出来事を「現実世界」から選択し，

それらをもとに,「読み手の自己物語」を振り返ることが示された。その際,体験を選ぶ行為が,体験の見つめ直し,新しい意味の発見へと繋がり,「読み手の自己物語の語り直し」と結びつく可能性が高いことが示された。

3-1-4　総合考察

3-1-4-1　成果

　本研究は,「言論の場」がどのような関わり,語り直しが形成されるのかを明らかにし,その理論をもとに,「語り直す力」を育てる文学の「読み」の授業を構想し,その理論の有効性を検証することであった。

　その結果,次のことが明らかになった。一つに,1)～3)を通して,語り直しが起こることが示された。1)「言論の場」a)語り手,聴き手,b)状況(時代,文化等),c)他のテクストとの関わり,を変えることで,「語り手」「聴き手」(読み手)の目的・意図が変化する。2)その目的・意図の変化によって,「語り手」「聴き手」(読み手)が想定する「語り」と今までの「語り」との間に認知的ズレが生じる。3)新たに想定した「語り」に沿って,出来事の選択・配列,編集が行われ,語り直しが起こる。

　二つに,授業中の語り直しでは,「言論の場」を補い,相互交流を行うことで,1)登場人物の内面を豊かに想像できるようになり,「語り手」の意図が「聴き手」(読み手)に明確になること,2)その結果,「聴き手」(読み手)による「物語世界」の出来事の意味づけが変わること,が示された。

　三つに,授業後の語り直しには,1)「物語世界の登場人物の世界像の語り直し」と「現実世界の読み手自身の自己物語の語り直し」があること,2)「物語世界の登場人物の世界像の語り直し」では,「聴き手」(読み手)は,新たに意味づけされた出来事から,今までの「考え」とのズレを感じ,特定の登場人物の視点から,出来事を「繋ぎ」直し,登場人物の世界像(友達像)を語り直すこと,3)「読み手の自己物語の語り直し」では,「語り直された登場人物の世界像」,あるいは,新たに意味づけられた出来事と「類似した現実世界の出来事」をもとに,「読み手」自身の物語を語り直すこと,が示された。その際,体験を選ぶ行為が,「読み手」に起こった出

来事の新たな意味づけと繋がる可能性が高いことが示された。

3-1-4-2　今後の課題

　本研究では,「読み」の語り直しと「言論の場」との関わりを考察した。その結果,「状況や他のテクストとの関わり」を変えることで,「読み」の語り直し, さらに,「自己物語」の語り直しが形成されることを, 授業及び感想文の分析を通して示した。しかし,「登場人物の世界像の語り直し」から「自己物語の語り直し」に繋げるには, 個人間の差異が考えられる。つまり, 新たに意味づけられた登場人物の出来事から類似した自己の出来事を想起し,「自己物語」を振り返ろうとはするものの, その出来事の新しい意味を発見するまでには至ってない児童もいると考えられる。本研究では, 個々の「自己物語の語り直し」を詳細には検討できていない。また, 教室という場における「物語世界の登場人物の世界像の語り直し」が一定の枠組みとして働き,「読み手自身の自己物語の語り直し」を表面的に留めてしまう可能性もある。このような状況には, どのような手立てが必要なのだろうか。また,「語り世界の語り手の自己像・世界像の語り直し」と「読み手自身と自己物語の語り直し」との関わりはどうあればよいのだろうか, 今後, このようなことを明らかにする必要がある。

第5章
「語り直す力」を育てる文学の授業の構想

　第5章の目的は，第4章の授業実践から得られた実践的な知見，及び，残された課題の考察を進め，「語り直す力」を育てる文学の授業を構想することである。そのために，第1節では，第4章で得られた知見及び発達段階に関する先行研究をもとに，「語り直し」体験，〈コミュニケーション過程〉における各学年の到達目標，及び，〈場・道具〉の発達段階に応じた配慮事項を示す。第2節から第5節では，小学校の低学年，中学年，高学年，の発達段階に応じた授業構想モデルを示す。

1　実践から得られたこと及び理論の修正

1-1　文学体験の発達

　児童期の発達特性を先行研究より検討し，その上で，発達段階に応じた文学体験の到達目標を考察する。山元・住田（1996）は，テクストに反応する主体のスタンス（姿勢）に焦点を当て，スタンスと読みの能力の発達との関わりを考察している。山元・住田（1996）は，〈参加者的スタンス＝出来事に参入して，その出来事を直接目撃しているかのように述べる反応〉，〈観察者的スタンス＝物語の出来事の全局を視野に収めて物語に描かれたことを対象化し，物語を判断・評価していく反応〉の二つのスタンスの現れに着目する。そこで，小学校2年生から6年生185名を対象に，教材『おにたのぼうし』を使用し，設問等の反応からスタンスを分析している。スタンスの分析においては，〈参加者スタンス〉から，登場人物のあり方を対象化し，それらを関係として把握する〈観察者的スタンス①〉，

さらに，自分自身の問題へと引きつけて考えることのできる〈観察者的スタンス②〉へ移るほど，読みが深められていると考え，どの学年で，どのようなスタンスが現れるかを考察している。

その結果，以下のことが示唆された。

　1）〈参加者的スタンス〉から〈観察者的スタンス①〉への変化は，3年生から4年生を境にして現れる。

　2）自分自身の問題としてひきつけて考える〈観察者的スタンス②〉は，6年生に圧倒的に多くなる。

　これらの結果は，難波（2007）の「同化体験」を低学年，「対象化体験」を中学年，「典型化体験」を高学年，の到達目標としている（難波 2007, p.32）ことと一致する。

　また，山元他（2014）は，児童の話し合い活動そのものを分析し（山元・稲田 2008, 2009, 2010, 2012），そこから話し合いの発達モデルを導き出している。山元他の話し合いの発達モデルは，小学校入門期から高学年・中学校にかけて，「他者をはじめとする諸事象を認知する思考がどのように発達・精緻化するか，また，他者との関係がどのような質のものとして変化していくのか」（山元 2014, p.54）を描き出している。その結果，以下のことを明らかにしている。

　1）他者との関係が「累積的（低学年）」→「分離的（中学年）」→「論理的関係（高学年）」へと広がること。

　2）意識を向ける方向が「他者と累積的関係（低学年）」→「他者・自己と分離的関係（中学年）」→「他者・自己（自分の中で対象化された自己）・状況と論理的関係」へと多層性を帯びること。

　「累積的」とは，各自が自立性を備えて意見を述べるのではなく，累加的に発言を積み重ねていく関係である。「分離的」とは，対象化する意識が育っている状態であり，「自他の分離」を前提として，合意形成の話し合いも可能となる関係である。「論理的」とは，他者，自己，状況への意識を同時に持ち得，筋道立てて話し合える関係である。

　以上の先行研究から，中学年において，「自他の分離」が起こり，自分と他者の違いを意識できるようになることがわかる。他者（登場人物，他の学習者）及び自己を対象化し，距離を持って捉えることが可能な発達特性にあるといえる。しかし，同じ中学年でも，3年生と4年生では違いがみられる。山元・住田（1996）によれば，〈参加者的スタンス〉から〈観察者的スタンス〉への変化は，3年生から4年生への境においてであった。また，3年生は，自他の違いは意識しているものの，自己の意見を対象化して認知することが不十分な発達特性にあり，それに対して，4年生は，自己の意見を対象化して認知したり，他者の視点を自分の中に取り込んだりすることが可能な発達特性にある（落合 2000b, 柿・辻河 2008）と言われている。つまり，「他者の意見を対象化」するためには，「他者になった自分」を対象化する必要がある。しかし，「自分の意見を対象化する」のが不十分な3年生には，この点が難しいといえる。「登場人物になった自己」や「友達の視点に立った自己」を相対化し，メタ認知できるのは，4年生からといえよう。これらのことから，「語り直す」ための五つの過程のうち，低学年では，①「入る過程」，②「なる過程」までの体験。中学年では，①「入る過程」，②「なる過程」，③「みる過程」までの体験，但し，4年生は，①「入る過程」から④「引き出す過程」までの体験が到達目標として考えられる。つまり，3年生までは，「物語世界の登場人物の自己像・世界像の語り直し」が中心であり，4年生になって，「現実世界の学習者自身の自己物語の語り直し」が始まるといえる。

　次に，高学年を検討する。山元・住田（1996）によれば，自分自身の問題として引きつけて考える〈観察者的スタンス②〉は，6年生で多く現れている。文学体験を経た学習者が「現実世界」に戻り，そこで学んだ視点から「自己物語」を捉え直し，語り直す。そのためには，自分自身の問題として引きつけて考える〈観察者的スタンス②〉が必要である。そう考えると，⑥「意味づける過程」は6年生からということになる。だが，山元他（2014）によれば，高学年になると，他者・自己・状況を多層的に認知するようになることが示されており，メタレベルの認知が発達し，諸視点

を持ち得，同時に配慮できるようになり，諸要素を組織化構造化して把握できるとしている。これらのことから，高学年では，⑤「引き出す過程」，⑥「意味づける過程」を経て，自己物語の語り直しまでを到達目標として考えられる。

　以上のことから，次のように整理できる。

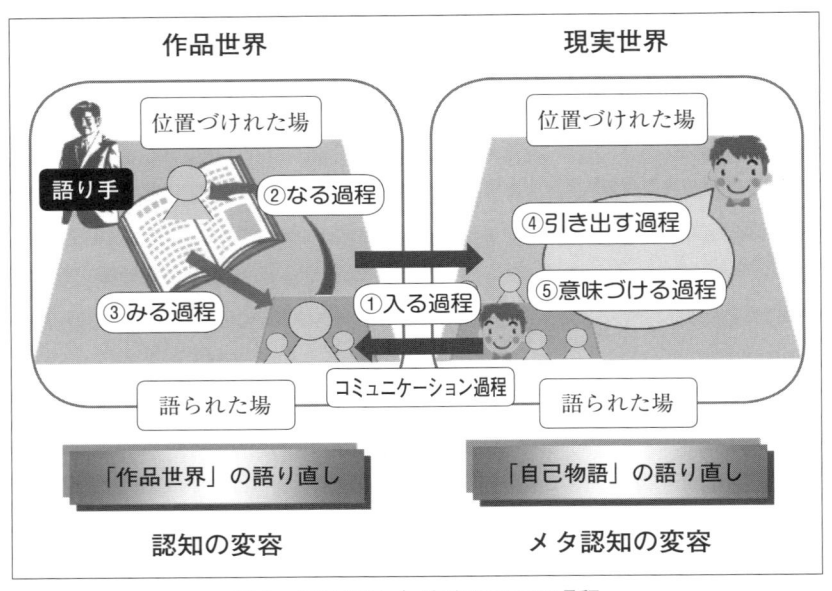

図1　「語り直し」体験の五つの過程

【「語り直し」体験の到達目標】

「作品世界」の文学体験――語り直し1――

　1）低学年　　　　　：①入る過程→②なる過程（他者理解）

　2）中学年（3年生）　：①入る過程→②なる過程（他者理解）→③みる過程

「現実世界」の体験――語り直し2――

　3）中学年（4年生）：①入る過程→②なる過程（他者理解）→③みる過程

　　　　　　　➡「イメージ化」→④引き出す過程
4）高学年　　　　　：①入る過程→②なる過程（他者理解）→③みる過程
　　　　　　　➡「イメージ化→④引き出す過程→⑤意味づける過程

1-2　三つの視点と発達段階

1-2-1　〈コミュニケーション過程〉と発達段階

実験授業より，以下のような知見が得られている。
1）「聴き合い型」→「問い返し型」→「振り返り型」の話し合いの流れが示された。
2）3年生では，「累積・探索的会話」の話し合いが出現した。例えば，自分の考えを主張する場では，相手の発言を生かしながら，賛同の意を積み重ねていく「累積的会話」が出現している（＝聴き合い型）。また，疑問や反対意見を述べる場では，一部ではあるが，相手の発話を即興的に取り込み論点とし，疑問や反対意見が述べられ，論理を探索的に吟味するやりとり「探索的会話」（＝問い返し型）が出現している。つまり，3年生では，「聴き合い型→問い返し型（一部）」の話し合いが出現しているといえる。
3）4年生では，「探索的会話」の話し合いが出現した。例えば，他者の考えの「論理」を探索的に吟味するやりとりがみられ，他者の解釈を自分の中に取り込み，他者の解釈と繋いで，新しい解釈を生みだそうとする姿が見られた（＝問い返し型→振り返り型）。具体的には，①相手の考えを論破するのではなく，まず，「どこからそう考えたのか」「そこからどう考えたのか」という「解釈過程」を聴きだそうとする，他者の考えを理解した上で，自分の考えを述べ，②自分の考えを述べる際にも，「私は）と考えますが，この考えについてどう思いますか」と他者の応答を引き出そうとする，話し合いが出現し，このような話し合いが「語り直し」に有効であることが示唆された。
これらの実験授業により，中学年は，「問い返し型」を中心にした話し

267

合いが有効と考える。3年生は，自他の違いは意識しているものの，自己の意見を対象化して認知することが不十分な発達特性にあり，それに対して，4年生は，自己の意見を対象化して認知したり，他者の視点を自分の中に取り込んだりすることが可能な発達特性にある（落合 2000b, 柿・辻河 2008）と言われていた。また，山元他（2014）は，意識を向ける方向が「他者と累積的関係（低学年）」→「他者・自己と分離的関係（中学年）」→「他者・自己（自分の中で対象化された自己）・状況と論理的関係」へと多層性を帯びると述べていた。

　つまり，3年生は，自他の分離はできても，自分の意見を相対化して捉えるのが不十分な時期にある。だからこそ，「なる過程→みる過程」をしっかりと行い，他者の視点に立ち，自分という視点から離れ，自分の考えを相対化するような話し合を行うことが必要といえる。また，4年生は，自分の考えを相対化し，他者の視点を自分の中に取りこみ，新たな考えを作り出せる時期にある。だからこそ，他者の意見の理解と自他の意見の対象化を促進する「問い返し型」の話し合いを十分に行い，自己の意見の見直しへと向かわせることが必要といえる。

　以上のことから考え，低学年は，「聴き合い型」を中心にした話し合い，中学年は，「問い返し型」を中心にした話し合い，高学年は，他者理解だけでなく，教室という集団の状況をモニタリングしながら，自己の考えを見直し，語り直す「振り返り型」を中心にした話し合いを目標とするのがよいと考える。そして，中学年，高学年の「問い返し型」の話し合いでは，①他者の発話を引用し，質問を中心に構成され，解釈過程を交流する，②疑問や自分の考えを提示し，相手の応答を引き出す「対話的ディスカッション」を目標とするのがよいと考える。

【コミュニケーション過程】

低学年：　聴き合い型　　→　　問い返し型　　→　　振り返り型
　　　　　「聴き合い型」の話し合いが中心，但し，2年生からは，「問い返し型」まで含む

中学年：[聴き合い型→問い返し型（対話的ディスカッション）]→振り返り型
「問い返し型」の話し合いが中心，但し，「振り返り型」まで含む

高学年：[聴き合い型→問い返し型（対話的ディスカッション）→振り返り型]
「振り返り型」の話し合いが中心， 集団の状況モニタリングも含む

聴き合い型：同意や付加等の発話の繋がり（お互いの考えを受容し聴き合うと
いう意味）
問い返し型：質問・反対等の発話の繋がり
振り返り型：修正（自分の考えの修正）・創造（新たな考えの生成）等の発話の
繋がり

1-2-2 場と発達段階

　低学年では，聴き合う関係を作ることである。低学年児童は，教師に向かって語り，教師に認められることで満足を得ようとする傾向にある。それを少しずつ「1対多」の関係に変えていく。そうすることで，教師の権力性を弱め，学び合う関係をつくるための基礎づくりを行うことである。

　中学年では，「教室という場」の権力性を最小限にするために具体的な行動する。一つには，教師の姿勢である。アンダーソン・グーリシャンが述べるような「無知の姿勢」を教室の中でどうやって形成するのか。これについて考える必要がある。もう一つは，教師が前面に出ず，少しずつ児童に任せられることを任せていく。そうすることで，教師の権力性を弱めていく。

　高学年では，教師と児童，児童と児童の対等性が担保されるような構造（システム）をつくるよう努める。高学年児童は，中学年と比べ，より対等性や権力性に敏感になる時期にある。だからこそ，コミュニケーションの空間的構造（例えば，リフレクティング・プロセスのような小集団）を変えることで，対等性を担保する等の工夫が必要と考える。

1-2-3 道具と発達段階

　ここでは，道具としての「教材」と学習者の発達段階について検討する。住田（2007, 2009, 2011a, 2011b）は，教科書に取り上げられている物語教材を分析し，その系統性を検討している。住田（2007, 2009）は，ごっこ遊びという現象を，児童期的文学体験を組織する読解の場の授業に対峙する，幼児的な文学体験生成の場と捉えることができるかもしれない（住田2007, p.47）という。そして，その幼児期と児童期を接続する児童期の文学の読みの入り口に位置する入門期物語教材の特徴として，以下の3点を挙げる。

　1）集団性
　2）身体性
　3）1）2）を前提にしながら，読者に「参加」を促す営み

（住田 2007, p.48）

　「集団性」とは，「おむすびころりん」や「大きなかぶ」のように，児童が集団で「参加」する契機を持っていることをいう。児童は，「ごっこ遊び」に参加するように，作品に参加していく。その「参加」は，身体を伴う。「おむすびころりん」では，身体を動かして音読し，「おおきなかぶ」では，身体表現を伴い，集団でかぶを抜く。このような幼児期的文学体験を求める物語教材を，住田は「住む」物語と呼ぶ。

　それに対して，児童期的文学体験へと導く物語教材の特徴を，以下のように述べる。「児童期的文学体験とは，読者が遊び場に入っていくように，素朴に参加する幼児的文学体験とは異なり，そうした読者の主体性を，いったん物語の人物へと譲り渡し，つまり変身し，「設定された」作中人物の視点や思いに沿うていく読みなのである」（同上書, p.49）と述べ，さらに，「「参加する＝住む」物語から「同化する＝なる」物語への，教材の本質がシフトするのである。」（同上書, p.49）という。つまり，物語の特徴である「時間軸に沿って，出来事を再構造化（因果関係）した」作品，起承転結の構造が整備された作品，が登場するということである。このよう

な児童期的文学体験を求める物語教材を，住田は「なる」物語と呼ぶ。

　さらに，住田（2011a）は，その児童期的文学体験を求める物語教材を，人物を軸に読む教材（例，スイミー）と場面を軸に読む教材（例　お手紙）に分類している。前者は「人物の変容」（一人の人物）を，後者は，「関係の変化」（二人の人物関係）を読み取ることになる。どちらにしても，「登場人物の自己像・世界像の変化」が述べられていることには変わりない。

　この「人物の変容」を中心に，物語教材の類型化を試みたのが，森本である。森本（1977）は，物語教材を「人物の変容」という視点から，大きく三種類に類型化する。

　　1）一人の人物が次々と出現する困難や障害を乗り越えていく型。困難や障害には，鬼や悪者，飢えや寒さ，社会悪や人間悪等がある（森本 1977, p.25）。

　　2）一人の人物と一人の人物の対立葛藤の克服を中心にした型（二人の人物関係）。世界観や価値観の異なる二人の人物が対立する。例えば，「ごんぎつね」の「ごんぎつね」と「兵十」（同上書, p.26）。

　　3）一人の人物と一人の人物の対立葛藤の克服を中心たした型（三人の人物関係）。この型は，普通，三種類の人物が出現する。さらに，この型は二つに分かれるという。a）一人は内面が変容する中心人物，もう一人は内面が変容しない中心人物，そして，この二人の中心人物に影響を及ぼす人物，の型。例えば，「大造じいさん」と「残雪」。そして，影響を及ぼす「ハヤブサ」（同上書, p.26 ）。b）一人は，正善なる世界を代表する中心人物，もう一人は，対立する邪悪対立人物，そして，その中間で揺れながら変容する中心人物の型（同上書, p.26 ）。

　　1）から3）に向けて，構造は複雑になるという。そこから，低学年は1），中学年は，2），高学年は3）の教材ということが考えられる。

　以上の先行研究を参考にすれば，低学年（1年生）は，「すむ（参加）」物語，低学年（2年生）は「なる」物語，中学年は「二人以上の人物関係の中での対立葛藤」を扱った物語，高学年は「三人以上のより複雑な人物

関係」を扱った物語，へと系統性を捉えることができる。そこで，低学年の指導においては，以下の点に注意すべきと考える。「住む」物語は，「現実世界」と「作品世界」との差が少ない教材である。つまり，ごっこ遊びの延長として捉えられる教材である。そのため，「現実世界」の読者がそのまま，「作品世界」へ参加することが可能である。しかし，それ以後の児童期的文学体験を求める物語教材では，非日常的な「虚構世界」が描かれていく。そうであるならば，入門期物語教材である「住む」物語においても，「現実世界」の自分とは違う分身が「作品世界」に参加するという意識を学習者に持たせるべきと考える。

【道具としての「教材」の発達段階】

    低学年（1年生）　：「住む（参加）」物語
    　　　　　　　　　　　・集団性，・身体性
    低学年（2年生）　：「なる」物語
    　　　　　　　　　　　・一人の人物の変容，二人の人物の関係の変化
    中学年　　　　　：「二人以上の人物関係の中での対立葛藤」を扱った物語
    高学年　　　　　：「三人以上のより複雑な人物関係の中での対立葛藤」を
    　　　　　　　　　扱った物語

　「作品世界」の「登場人物の自己像・世界像の変容」を学ぶことを通して，人間の関わり方，見方を揺さぶり，「現実世界」の自己物語を相対化し，語り直す力を育てるためには，発達段階に応じて，構造の「単純なもの」から「より複雑なもの」へと学習を進める方が効果的と考える。

2 「語り直す力」を育てるための授業の構想
——低学年——

2-1 低学年の「語り直し」体験

　低学年の「語り直し」体験は，図2に示すように，①「入る過程」，②「なる過程」が中心である。

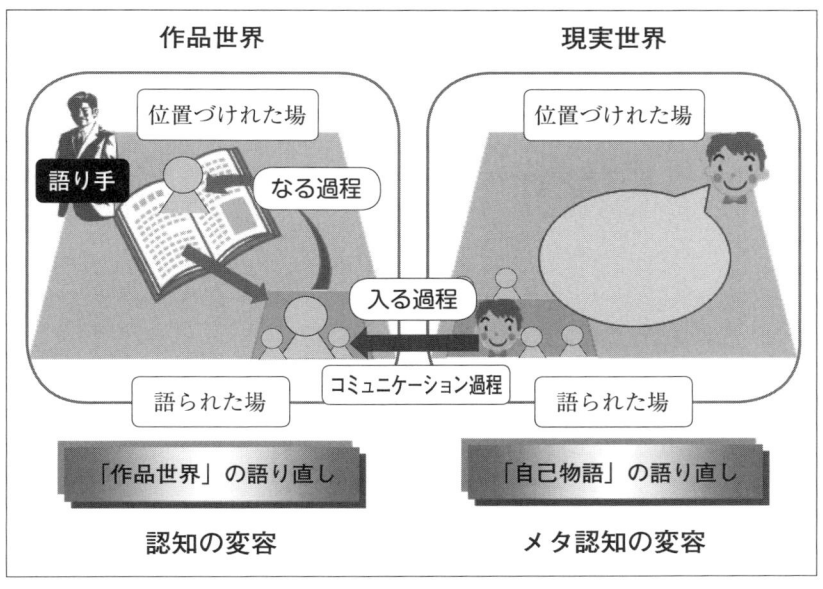

図2 「語り直す力」を育てる文学の授業——低学年——

2-1-1 「入る過程」→「なる過程」

【入る過程】
　「現実世界」の学習者は，「物語世界」の聴き手として，「語りの世界」に参加することになる。「現実世界」の読者は，現実を引きずっている。

その「現実世界」から離れ，「聴き手」となって初めて，文学体験に「参加」できるようになる（難波 2007）。そのためには，学習者を「現実世界」から「作品世界」へと導くための手立てを教師は持たなくてはならない。

学習の意欲，動機づけ理論をもとに作られた授業モデルに「ARCSモデル」（ケラー　2010）がある。

学習の意欲，動機づけの要因として，A ＝（attention おもしろそう），R ＝（relevance 役に立ちそう），C ＝（confidence できそう），S ＝（satisfaction もっとやってみたい）の四点を選び出し，この四点を抑えることで，児童の学習意欲を高める授業を構想することができるという理論である。ARCSモデルは，単元全体の構想はもちろんのこと，学習者を「語りの世界」へ引き込むためにも参考になる理論である。「入る段階」では，四つの要因の中で，特に，A ＝（attention おもしろそう），と思わせることが重要と考える。人間はすべての情報を均等に処理するわけではない。必要と思った情報を中心に選択して集める。「現実世界」の読者は，それまでの自分の枠組みで作品を読もうとする。文学体験をさせるためには，自分の枠組みから離れてもらう必要がある。つまり，これまでの「選択的知覚」，「選択的注意」を変えてもらう必要がある。そのために，A ＝（おもしろそう）と思ってもらい，「語りの世界」へ巻き込むのである。

そこで，ここでは，次の3つの配置を工夫する。

- **・空間的配置（教室の環境等）**
- **・身体の配置**
- **・道具の配置**

「空間的配置」とは，教室の空間の配置である。例えば，教室の机を後ろに下げ，広い空間を作り，児童には，車座に座ってもらい，「読み聞かせ」の場とする等である。難波は，「あなたが本を持って，子どもたちの前に表れた時，すでに，舞台が作られています。あなたは，読むだけの人です。子どもたちは，聞く（見る）だけの人です。観客です。」（難波 2014, p.29）と述べている。つまり，教室を「舞台」にすると言っている。【場づくり】をいかに工夫するかということである。そう考えると，「舞台」は教室だ

けとは限らない。外の芝生の上，木々の下も考えられる。（囲炉裏場や暖炉の前も一つの想定される場であろう）「語り手」と「聴き手」のいる空間を教室の中に作り上げるのが教師の仕事ということになる。

　次に，「身体の配置」である。児童はどういう態度で，「聴き手」として参加するのか。教師の回りに，車座になって，自由に座るのか，教室の席の通りに座るのか。同じように，「語り手」としての教師はどのような態度で語るのか。この「身体の配置」も「空間的配置」と密接に関わり，【場づくり】の重要な要素となろう。基本的には，児童がリラックスした状態（つぶやきが生まれやすい場）で聴けるような【場づくり】を最優先に考えることになろう。

　最後に，「道具の配置」である。児童に，教科書は見ながら聴かせるのか，それとも，持たないで聴かせるのか，考える必要がある。児童を「聴き手」にするためには，教科書は持たせず，「聴き手」に専念させるべきと筆者は考える。一方，教師はどうか。教師は，教科書を読み聴かせるのか，それとも，絵本等を読み聞かせるのか。スライドなどを使って，拡大した絵を提示して読み聞かせるのか。あるいは，人形等の小道具を使って，読み聞かせるのか。つまり，どのようなメディアを媒介にするのか，ということを考える必要がある。その選択は，目の前の教室の児童の実態と，教師の準備時間の有無等から考えて，よりベターな方法を選ぶことになろう。

　以上のことから，「入る過程」では，教師は以下の工夫を必要とする。

1）「空間的配置」と「身体の配置」を工夫し，「語り手」と「聴き手」のいる【場づくり】を行う

2）「どのような語り手」になり，「どのような道具（メディア）」を媒介として，「読み聞かせる」のか，を工夫する。

3）1）2）を通して，児童がリラックスした状態で「語りの世界」に入れるようにする。

【なる過程】

「○○＝登場人物になって」，登場人物が見たこと，聴いたことを体験す

ることになる。「○○になる」ことで，いつもの自分でない体験をすることが可能となる。「現実世界」では大人しい子が，腕白な「子ぎつね」になることもできる。「○○になって」，○○が見たであろう，聴いたであろうことを想像し，動作したり，語ったりすることになる。幼児が，犬を指さし，「ワンワン」と言う。それに対して，母親が幼児の指さす方向を見，「犬さんだね」と確認する。このように，幼児と母親は，「共同注視」，「共同行為」をすることで，「意味（感情も）」を共有していく。同じように，低学年の児童は，登場人物が見たであろう，聴いたであろうことを想像し，同じような行為をすることで，「意味（感情も）」を共有していく。「登場人物の気持ちを想像し，説明させる」のではない。「この時，○○は何を見ていたと思う。まわりの様子は……，どんな音が聞こえるかな？」と想像させ，「○○になって，動作してみようか」あるいは，「○○になって，ここを音読してみようか」と，まずは「行為」をしてもらう。その「行為」の後，「目はどこを見ていると思う？」「顔の表情は？」「立ってるの，すわってるの？」と「文脈（状況）」を考えさせる。そうすることで，自然と「意味」（感情）が共有されることになる。イメージが共有されるといってもよい。その結果，登場人物の気持ちを説明できるようになることもある。

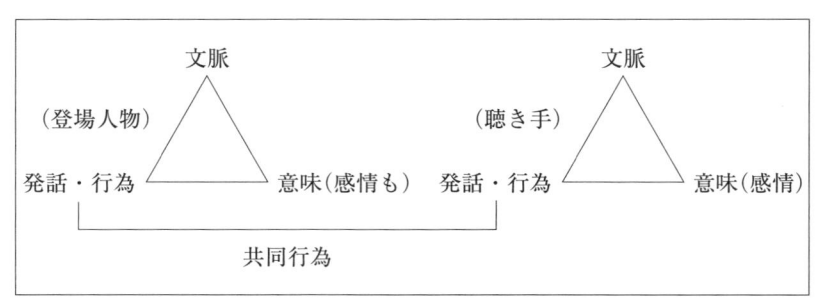

図3　意味の共有

　「意味」は「文脈（状況）」の中で決まる。ある「発話・行為」は，「文脈」によって決まる。そこで，まず，1）登場人物がしたであろう「行為」を想像し，その行為を行う。→2）その「行為」をもとに，「文脈（状況）」

を想像する。→3）そうすることで，「意味（感情も）」を共有する，このような過程を通ることになる。基本的には，この過程は，「中学年」「高学年」も「中・高校生」も同じと考える。

　また，「文脈」は，行為を繋ぎ，筋立てることで作られる。そこで，「なる過程」では，登場人物の「行為の繋がり→意味」「意味→行為の繋がり」を推論させることも必要である。1年生では難しい面もあるが，2年生からは可能と考える。例えば，「○○さんは，その行為からどんなことを思った（考えた）と思う？」「ここに書いてないけど，他にどんな出来事があったと思う。それも考え動作してみようか」等である。

　以上のことから，「なる過程」では，教師は以下の工夫を必要とする。

1）①②をしっかり行わせ，③が起こるように工夫する。①登場人物がしたであろう「行為」を想像し，行う。→②その「行為」をもとに，「文脈（状況）」を想像する。→③そうすることで，「意味（感情も）」を共有する

2）2年生からは，登場人物の「行為の繋がり→意味」「意味→行為の繋がり」を推論させるようにする。

2-2　三つの視点〈コミュニケーション過程〉〈場〉〈道具〉

2-2-1　〈コミュニケーション過程〉

【全体交流】

低学年　　　　[聴き合い型] →　問い返し型　→　振り返り型
　　　　　　　「聴き合い型」の話し合いを中心，但し，2年生からは，「問い返し型」まで含む

聴き合い型：同意や付加等の発話の繋がり（お互いの考えを受容し聴き合うという意味）

問い返し型：質問・反対等の発話の繋がり

振り返り型：修正（自分の考えの修正）・創造（新たな考えの生成）等の発話の繋がり

友達の発言を聴いて，「私も同じで……」「僕も理由が同じで……」「○○さんの考えから思ったのだけど……」と発言を繋ぐ「聴き合い型」を大事にする。それは以下の理由による。この期の児童は，宛名を教師とし発言する傾向が強い。つまり，教師に向かって語ろうとするのである。そこで，仲間に向かって（1対多）語り，仲間の1人として，友達の発言を聴けるような関係を大事にしたいからである。もう一つは，発言を繋ぎ，同じような発言でも積み重ねる（リヴォイシング）ことで，他者の発言との繋がりの中に自分の発言があることを知ってもらいたいからであり，自分のペースで他者の考えを理解することができると考えるからである。
教師の仕事は，学習者の1人として参加し，児童の発言のよき「聴き手」となることである。その時，児童に「聴き手」としての手本を見せることになる。「私も○○さんと同じで……」，「○○さんは……と言ったのだけど，ここをくわしく教えてくれませんか」と学習者の1人として質問や発言のモデルを示す。

【小集団の交流】

　低学年では，「ペア交流→全体交流（聴き合い型が中心）→ペア交流→全体交流（聴き合い型が中心）」と，ペア交流と全体交流を組み合わせる。全体交流では，全員が発言できないため，多くの児童は，友達の発言を聴くことになる。つまり，自己内対話をする時間となる。そこで，考えたことを表現する場が必要となる。その場がペア交流である。ペア交流では，必ず自分の考えを表現させる。

2-2-2　〈場〉

　低学年児童は，教師に語り，教師に認められることで，自信や満足を得ている。そんな児童に，急に指名なし発言を導入することは無理な面もある。そこで，先ほど述べたように，教師が前面に出ないように少しずつしていく。具体的には，教師は，一人の「聴き手」として授業に「参加」

し，児童の発言を真剣に聴く姿を見せる。そうすることで，「聴き手」の
よき手本を示す。また，語る時には，教師に対してではなく，学級全体に
向かって語るように促し，「1対多」の関係が生まれるようにする。そう
することで，児童が前面に出て語り合えるようにし，教師の「権力性」を
弱め，「脱中心化」できるようにする。

2-2-3 〈道具〉

「住む」物語は，学校に入学したばかりの児童にとって障害も少なく，
物語作品への導入としては適していると考える。しかし，「語り直す力」
を育てるための「教材」としては，「登場人物の自己像・世界像の変容」
がみられる「なる」物語が適していると考える。登場人物になり，「登場
人物の自己像・世界像の変容」を体験する。そのいつもの自分とは違う体
験を通して，いつもの自分が揺さぶられ，より多くの気付きが得られる可
能性が高いからである。

2-3 「語り直す力」を育てる文学の授業の構想
——教材「ニャーゴ」（2年） を事例に——

2-3-1 教材について

教材本文：「ニャーゴ」宮西達也　作・絵（平成28年度版　東京書籍出版
新しい国語・2年下）

出典　　：絵本「にゃーご」（1997）宮西達也　作・絵，すずき出版

本教材「ニャーゴ」は，ねこ「たま」とねこの怖さを知らない三匹の子
ねずみとのユーモラスな関わりが描かれている。

1）ねこたまは，ねこの怖さを知らない三匹の子ねずみと出会う。たま
　　はねずみを食べようと「ニャーゴ」と威嚇するが，ねこの怖さを知
　　らない子ねずみは全く驚かない。たまの名前を聞いたり，一緒に桃

を食べに行こうと誘ったりする

2) 桃を取ってからゆっくり食べてやろうと考え，桃を取り，帰る道に再び「ニャーゴ」と威嚇する。しかし，子ねずみからの予期せぬ「ニャーゴ」という反応と問いかけに，たまは応答してしまう。

3) 結局，子ねずみは食べられず，「うーん」とため息をつき，お土産の桃まで抱え，最後まで子ねずみに「ニャーゴ」と小さい声で応答してしまい，帰っていく。

ねこはねずみを食べる。ここには，絶対的な力関係がある。非対照的関係がある。その強者であるねこが，弱者である子ねずみとのやりとりによって，少しずつ変化していく。子ねずみからの問いかけに答えることで強者のねこが変化する。ここに，子ねずみを「『異質な，わからない者』とみなし，その『わからなさ』を抱えたまま過ごす行為によって，じわじわと『他者される』ねこの姿」が見て取れる。急激に揺さぶれる『ドヒャ型』の「他者される」姿とは，また違った，脱中心化し「わからなさを抱えたまま過ごす行為」によって，じわじわと揺さぶられる「じわじわ型」の「他者される」姿がここにある。

本教材は，脱中心化した，「じわじわ型」の他者性を学ぶに適した教材と考える。このような他者の「わからなさを抱えたまま」関わるという関わり方（強者―弱者関係が，応答によって，壊れ変化する）を学ぶことは，「現実世界」の人との関わり方に新たな視点を与えるものと考える。そして，このような学習を継続することで，これから中学年・高学年と成長し，自己物語を見直し，捉え直し，新たな物語を語り直すための力になるものと考える。

2-3-2 目標について

以上のことから，次の目標を設定する。

○ 子ねずみとのやりとりの中で変わっていくねこの内面の変化を想像することができる。

○ 非対称性関係にあるものが，他者（弱者）と「わからなさを抱えた

　　まま」関わる中で変わっていく。そのような「関わり方」を体験する。
　「食べる―食べられる」という力関係が，ねこと子ねずみとの応答的な
やりとりによって壊れていく。変化していく。その過程を強者であるねこ
の視点から捉えさせる。そのような「じわじわ型」の他者性を体験させる
ことが，本単元の目標である。

2-3-3　指導の工夫について

絵本と教科書の違い

　絵本は，14枚の見開きと表紙ととびらからなる。その内9枚にねこの
正面の顔（内3枚はアップの顔）が描かれている。子ねずみとのやりとりに
よって，ねこの目尻が変化し内面の変化を表現している。読者がねこの心
理的変化を共有しやすくしている。また，ねこを上に大きく，子ねずみを
下に小さく配置することで，力関係を読者に表現している。つまり，ねこ
の心理的変化や子ねずみとの力関係を読者が自然に読み取れるようなしか
けになっている。それに対して，教科書（東京書籍，23年度版）の挿絵は，
7枚。絵本の半分である。その内5枚にねこの正面の顔が描かれている。
しかも，挿絵のため，絵本のように画面いっぱいに描かれるようなことは
なく，ねこの心理的変化や子ねずみとの力関係を挿絵からは読み取りにく
くなっている。
　文章の方はどうか。内容に違いはない。しかし，表記の違いが見られ
る。絵本では，二回目の「にゃーご」を大きく太く表現し，三回目の
「にゃーご」は小さく太く表現するなどの工夫が見られる（教科書はすべ
て同じで「ニャーゴ」表記）。また，（絵本）「な，なにって……べ，べつに
……」，（教科書）「何って，べつに。」や（絵本）（おいしい　ももか……うん，
うん。その　あとで　この　さんびきを……ひひひひ……），（教科書）（お
いしい　ももか。うん，うん。その　後で　この　三びきを。ひひひひ。）
等，絵本ではねこの心理を「な，なにって」や「……」で表現しようと工
夫をしている。
　以上のことから，本単元において，学習者を「語りの世界」へ引き込む

には，絵本の方が適していると考える。そこで，本単元の「入る過程」では，絵本を拡大して（実物投影機等）提示し，読み聞かせる。導入では，表紙の絵を広げ「この『にゃーご』の題からどんなお話だと思う」と問い，読み聞かせの途中では，「これからどうなると思う」と予想させる等して，「語りの世界」を引き込むように工夫をする。

　土山他は，ドイツで開発・展開された文学の読みの読書論モデルである「生産的方法」を紹介している。以下に示す。

表1　「生産的方法」の類型

1	修復・復元	：空欄の穴埋めや削除部分の創作，バラバラにされたテクストの断片の並べ替え等
2	変形	：続き物語の創作，ジャンルの変更，視点（人物）の変更等
3	場面の形成	：劇や身体表現
4	視覚に働きかける	：テクストに挿絵をつける　テクストをもとに紙芝居，映像化など
5	聴覚に働きかける	：テクストにBGMや効果音をつけるなど

（土山他 2012, p.4 ）

　本単元では，ねこは子ねずみに対して，三回「ニャーゴ」とないている。それぞれに対して，子ねずみからの予想に反する問いかけがあり，それにねこが応答する。それらを重ねていく中で，ねこの内面が変化していく。児童は，そのねこの内面の変化を，「ねこになって」想像することになる。低学年の「なる過程」は，「○○」になって，○○が見たことや考えたことを説明させるのではなく，身体や絵等で表現させるのが適している。そこで，本単元では，上記の「生産的方法」の「4 視覚に働きかける」を活用する。絵本では，ねこと子ねずみの力関係を大きさと位置で表現している。そこで，三回の「ニャーゴ」の場面におけるねこの内面を，「ねこの子ねずみに対する大きさと位置」で表現させ，そこからねこの内面の変化を捉えさせるようにする。ねこの子ねずみに対する心理的関係の変化を絵で表現させ，視覚的に捉えさせるのである。

　二回目の「ニャーゴ」までは，ねこの内言が書かれている。ところが，子ねずみの予想外の「ニャーゴ」という反応を境に，ねこの内言は書かれず，複雑な思いを「大きなためいき」や「ももをだいじそうにかかえ」，「『ニャーゴ』小さな声で…」等の行為によって表現している。これらの行為の背後にある意味（内面）を視覚的に表現させ，絵を介して交流することで，行為の意味（内面）の共有化を目指す。具体的には，各場面において，ノート（ワークシート）の1）上部に，両者の力関係を示す絵を貼り，その下部に，現在のねこの内面を「ねこと子ねずみの大きさと位置」で表現させる。次に，2）その絵をもとに考えを話し合う。

2-3-4　指導計画について

世界	次（時）	学　習　活　動	体験過程	指導の手立て
現実世界	○次(1)	○ねこのイメージ，ねずみのイメージについて話し合う。 ○ねことねずみの関係に関する知識・イメージを話し合う。	現実世界	・既知の情報・イメージが読みに影響を与える。そこで，ねこがねずみを食べるという知識，「ねずみはねこわだます」等のイメージの有無を把握し，今後の授業に生かす。
作品世界	一次(2)	○絵本の「読み聞かせ」を聴き，物語の大体の筋をつかみ，感想を持つ。 ・表紙の絵を見せ，どんなお話だろうと問いかけ，予想させながら，読み聞かせる。 ・途中で，これからどうなると思う？等と予想をさせながら，読み聞かせる。 ○中心人物を確認し，（ねずみは名前がなく，ねこは名前がある）「たま」という名前のイメージを話し合う。初めと終わりの挿絵を見せ「初めはどんなたま」で「終わりはどんなたま」に	入る過程	・空間的配置・身体の配置：教室の机をのけ，車座に座らせる。 ・道具の配置：絵本を拡大して提示し「作品世界」に引き込む。（実物投影機等を使用） ・挿絵をもとに，中心人物の変容を大きく捉えさせ，「どうして，たまは子ねずみを食べなかったのだろうか」という課題を持たせ，

		なったかを話し合う。		二次へと繋ぐ。
作品世界	二次 (4)	○なぜ，たまは変わったのだろう。途中のたまを詳しく読もう。 ○2の場面のたまと子ねずみとのやりとりからたまの内面の変化を考える。 ①「ニャーゴ」と言った時のたまの内面を絵の大きさと位置で表し，話し合う ②「少し　顔を赤くしました」，「三びきを。ひひひひ。今日は　なんて　ついて　いるんだ」と言った時のたまの内面を絵の大きさと位置で表し，話し合う。 　　ペア交流→全体交流→ペア交流→全体交流	なる過程	・ねこの子ねずみに対する内面の変化を視覚的に捉えさせる。 ・絵を介して，その解釈を話し合い，共有化を図る。 ・①と②を比較させることで，内面の変化を捉えさせる。①に対して，子ねずみから，1）名前の質問→顔を赤く→2）桃を食べようと誘い，→「三びきを。ひひひひ…」。これらの一連のやりとりを繋ぎ，①と②を比較させる。
		○4の場面のたまと子ねずみとのやりとりからたまの内面の変化を考える。 ①「ニャーゴ」と言った時のたまの内面を絵の大きさと位置で表し，話し合う。 ②「大きな　ためいきを　一つついた」時のたまの内面を絵の大きさと位置で表し，話し合う。 　　ペア交流→全体交流→ペア交流→全体交流 ○もし，ねこの子どもの数が一匹だったら，どうなったと思うか，話し合う。		・ねこの子ねずみに対する内面の変化を視覚的に捉えさせる。 ・絵を介して，その解釈を話し合い，共有化を図る。 ・①と②を比較させることで，内面の変化を捉えさせる。①に対して，子ねずみから，1）ニャーゴの意味の勘違い→2）桃のお土産→②「ためいき」。これら一連のやりとりを繋ぎ，①と②を比較させる。 ・子ねこの数が子ねずみの数＋1というのもこの作品を面白くしている。この点についても考えさせたい。
		○5の場面のたまと子ねずみとのやりとりからたまの内面の変化を考える。 ・「だいじそうに　かかえたまま」「ニャーゴ」と言った時のたまの内面		ねこの子ねずみに対する内面の変化を視覚的に捉えさせる。 ・絵を介して，その解釈を話し合い，共有化を図る。

作品世界	二次 (4)	を絵の大きさと位置で表し，話し合う。 　ペア交流→全体交流→ペア交流→全体 　交流	なる過程	1)「また，いこうね」の 呼びかけ→①小さい声で 「ニャーゴ」を，繋ぎ，ね この内面の変化を捉えさせ る。
	三次 (2)	○たまに手紙を書き，交流する。 　「心に残ったたまの行為，出来事，場面 　をもとに，たまに手紙を書こう」 　・たまへの手紙を書く。 　・たまへの手紙を交流する。	みる過程	・低学年は，「入る過程」→ 「なる過程」が中心である。 2年生なので，「みる過程」 も少し取り上げる。「たま の視点」から少し離れて， たまを捉えさせたい。そこ で，「たまへの手紙」とい う言語活動をさせる。

＊○次は，国語科教育以外の時間に行う。たとえば朝の会，帰りの会等である。

　低学年は，「入る過程」→「なる過程」が中心である。つまり，「作品世界」の文学体験が中心であり，「現実世界」の自己物語を見直し，語り直しを直接扱ってはいない。

　ここでは，強者であるねこが，弱者である子ねずみとのやりとりによって，少しずつ変化していく。それをねこの視点から捉える学習が中心である。決して，ねこは子ねずみに共感し変化したのてばない。強者と弱者という力関係を前提としながらも，『異質な，わからない者』からの問いかけに応じることで，少しずつ変化をしている。このような関わりを児童がイメージできるような単元計画にしている。高学年，さらに，中学・高校生になり，「自己物語」を見直し・語り直す時の基礎的な力になるものと考えている。

3 「語り直す力」を育てるための文学の授業の構想
——中学年（3年生）——

3-1　中学年（3年生）の「語り直し」体験

　中学年（3年生）の「語り直し」体験は，図4に示すように，①「入る過程」，②「なる過程」③「みる過程」が中心である。

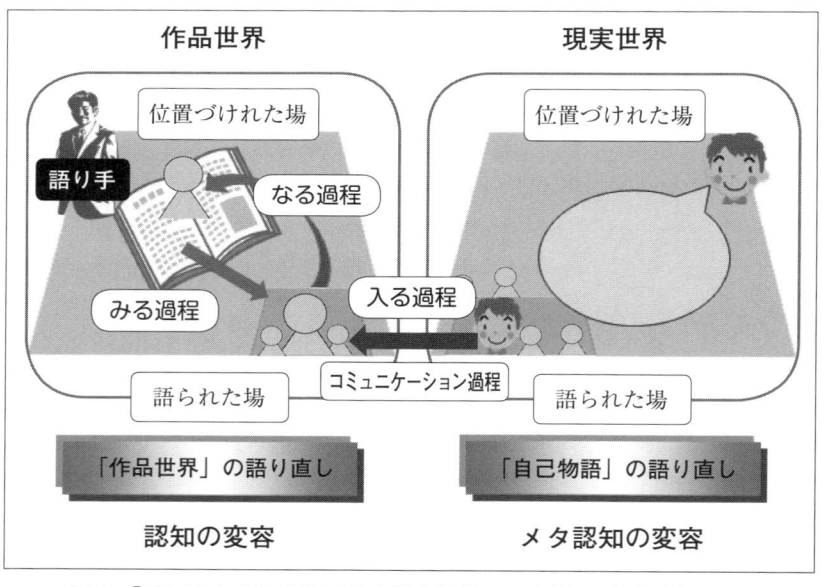

図4　「語り直す力」を育てる文学の授業——中学年（3年生）——

3-1-1　「入る過程」→「なる過程」→「みる過程」

【入る過程】

　低学年の物語教材と違い，中学年の物語教材は，人間関係も物語の構造もより複雑となり，「虚構性」も強められる。「現実世界」の学習者を，「語

りの世界」へと導くための手立てもより求められるといえる。次の3つの
配置を工夫する点は，低学年と同じである。

- **空間的配置（教室の環境等）**
- **身体の配置**
- **道具の配置**

1）「空間的配置」と「身体の配置」を工夫し，「語り手」と「聴き手」
のいる【場づくり】を行う

2）「どのような語り手」になり，「どのような道具（メディア）」を媒介
として，「読み聞かせる」のか，を工夫する。

3）1）2）を通して，児童がリラックスした状態で「語りの世界」に入
れるようにする。

【なる過程】

「○○＝登場人物になって」，登場人物が見たこと，聴いたことを体験す
ることになる。「○○になる」ことで，いつもの自分でない体験をする。
中学年では，中心人物の変容を中心に体験することになる。

1）どこで変わったのか

2）どのように変わったのか

3）なぜ，変わったのか

を「中心人物になって」捉える。その時に，「行為→意味」「意味→行為」
を推論させるようにする。 人は，必ず「行為」から「意味づけ」，「意味
づけ」から次の行為を選択する。例えば，ある人が自分を見て，横を向い
た。「あの人は私を嫌っている」「たまたま，向こうにだれかいたのだろう」
「あの人は私に対して，恥ずかしがっている」と，意味づけは多様である。
「嫌っている」と思った人は，同じように，自分も横を向くかもしれない。
「向こうに，だれかがいた」と思った人は，「やっ」と声をかけるかもしれ
ない。意味づけやその意味づけ後の行為は多様であるが，意味づけに反応
して次の行為を決定する点は，だれも同じである。「行為から意味を」「意
味から行為を」推論する力を育てることは，人間を理解するための基礎的
な力になると考える。

「行為→意味」

・その行為からどう考えたのですか（意味の推論）

・どんな出来事から，そう考えたのですか（出来事・行為の推論）

「意味→行為」

・次は，どんなことをするつもりですか（すると思いますか）（出来事・行
　為の推論）

・どんなことを考えて，その行為をしたのですか（したと思いますか）（意
　味の推論）

　では，意味や行為は何をもとに推論するのか。それは，「文脈」にもと
づき，推論することになる。

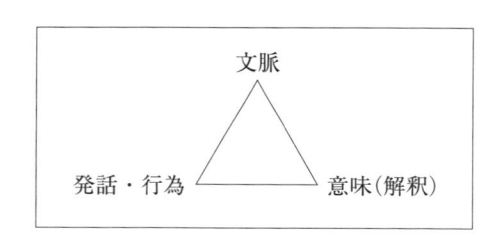

　「発話・行為」の「意味」は，文脈によって決まる。また，「文脈」は，
発話・行為を筋立てることで，形成される。だから，「意味→行為」「行為
→意味」を推論させるためには，まず，複数の行為を選択し，結び付ける
（筋立てる）ことが必要である。筋立てることで，「文脈」が形成れるので，
その上で，「行為の背後の意味」を推論させることになる。

【みる過程】

　「○○になった私」から少し距離を置いて，もう一人の私が「○○になっ
た私」を「みる」ことになる。他者の視点をくぐりぬけることで，登場人
物や語り手を自分の枠組みだけから読まないようにする。つまり，「他者
になる」ことで，他者の視点に立ち，その視点から世界を見ることになる。
他者の視点が明確になることで，そこから離れることが可能となる。「他
者になった私」を相対化することが可能となる。

そのことが，自分自身を相対化することに繋がると考える。

　ここでは，登場人物を「異質な，わからない者」とみなし，「わからなさを抱えておく」が重要と考える。「ここは私だったら……」「ぼくはこんな行為をしないけど……」と違和感を大切にする。そして，自分の好きな場面・出来事（行為），気になった場面・出来事（行為），心を動かされた場面・出来事（行為）を交流する。

3-2　三つの視点〈コミュニケーション過程〉〈場〉〈道具〉

3-2-1　〈コミュニケーション過程〉

中学年　：　聴き合い型→問い返し型（対話的ディスカッション）→振り返り型
　　　　　「問い返し型」の話し合いが中心，但し，「振り返り型」まで含む
聴き合い型：同意や付加等の発話の繋がり（お互いの考えを受容し聴き合うという意味）
問い返し型：質問・反対等の発話の繋がり
振り返り型：修正（自分の考えの修正）・創造（新たな考えの生成）等の発話の繋がり
対話的ディスカッション
① 他者の発話を引用し，質問を中心に構成され，解釈過程を交流する
② 疑問や自分の考えを提示し，相手の応答を引き出す

　3年生は，自他の違いは意識しているものの，自己の意見を対象化して認知することが不十分な発達特性にある。だからこそ，登場人物だけでなく，友達の意見に対しても，「なる過程→みる過程」をしっかりと行い，他者の視点に立ち，自分という視点から離れ，自分の考えを相対化できるようにすることが重要である。3年生になると，登場人物の生き方に対する反応も多様である。そこで，まず，お互いの解釈過程を交流する。「○○さんは△△から，……と考えたのだろうか」と推論し，わからない所があれば，質問し，理解に努める。ここまでが，「他者になる過程」である。その上で，自分との違いがあれば，「自分は……と考えるが，これについ

てどう思うか」と応答を引き出すようにする。

その際に，1）他者を「異質な，わからない者」とみなし，「わからなさを抱えておく」ようにする。さらに，2）「自分の好きな場面・出来事（行為），気になった場面・出来事（行為），心を動かされた場面・出来事（行為）を述べる時には，そのことが，ただ個人的文脈から生まれたものではなく，「他者の語り」との繋がりの中で生成されたことを述べるようにする。「○○さんは，△△の場面が気になったと言いましたよね。私も○○さんの意見から気付いたのだけど，私は，□□の場面が気になって……」のように，他の人の語りとの関わりの中で，自分の心に残った場面が生まれたことを述べるようにする。そうすることで，登場人物の生き方に対する自分とは違った反応との出会いが，新たな視点の獲得に結び付くこと，他者は自分の見方・考え方を捉え直すための重要な協力者であることを認識できるようになると考える。

【小集団の交流】

　中学年では，「ペア・グループ交流→全体交流（聴き合い型・問い返し型が中心）→ペア・グループ交流→全体交流（振り返り型が中心）」と，ペア・グループ交流と全体交流を組み合わせる。全体交流の前半では，聴き合い型（お互いの考えを聴き合う）のやりとりが中心である。お互いの考えを受容・承認する過程といえる。その上で，自分と異なる考えを理解するために，①他者の発話を引用し，質問を中心に構成され，解釈過程を交流する，②疑問や自分の考えを提示し，相手の応答を引き出す，「対話的ディスカッション」を行う。「なる過程→みる過程」といえる。全体交流では，全員が発言はできないため，多くの児童は，友達の発言を聴くことになる。つまり，自己内対話（頭の中で，友達の立場で考えたり，その友達になった自分と対話をしたりする）をする時間となる。そこで，考えたことを表現する場が必要となる。そこで，全体交流の後，もう一度，ペア・小集団交流を行う。最後の全体交流は，自分の考えを振り返り，自分の考えの変化のプロセスを全員に向かって，説明することになる。

3-2-2　〈場〉

　3年生からは，教室の権力性を弱め，児童に任せられる部分は児童に任せていく。そのための方法として，「指名権」を教師から学習者に移す（指名なし，自由起立発言）のも一つの方法であろう。「指名権」を取り上げたのは，教師の指名権が授業の流れを作り，教師の考える正解に導く手続きとなっている（Mehan, 1979）からである。あるいは，司会を決め，学習者が主体的に授業を進めるようにするのも一つの方法であろう。

　「教室という場」の権力性が，児童の語りに影響を与える。それは，児童の「物語」を一つに絞ろうとした時に立ち上がる。例えば，教師の「外部の物語」に，児童の物語が回収されたり，あるいは，学習集団が形成した「教室の偏った物語」に，一人一人の「物語」が回収されてしまったりする。重要なのは，教師の都合のいいように，教室の多様な声をかき消してしまうことのないようにすることである。教室は，様々な要因によって，常に変動する。教師は，変化する状況に対して，柔軟に対応しなければならない。そのためには，今，教室の物語は，どの物語に特権が与えられ，どの物語が脱資格化されているのかを捉え，多くの学習者に可能性が開かれるようにしなければならない。

3-2-3　〈道具〉

　3年生では，「二人以上の人物関係の中での対立葛藤」を扱った物語を読むことになる。一人の人物と一人の人物の対立葛藤の克服を中心に，世界観や価値観の異なる二人の人物が対立する物語が適していると考える。児童は，特定の「登場人物になって」読み進めることになる。特に，中心人物の変容過程を体験することになる。中心人物の視点で，中心人物の見た世界を体験する。他者の視点をくぐりぬけることで，「他者になった私」から離れて，もう一人の私が「みる」ことが可能になる。

　教室の学習者の登場人物の変容に対する（行為や出来事）の多様な反応と出会うことで，自分の見方・考え方や生き方が揺さぶられる。そのこと

が自分の人生を見つめ直す，語り直す目を育てることになると考える。3年生の教材は，登場人物の生き方に対する多様な反応がでるのがよいと考える。

3-3　「語り直す力」を育てる文学の授業の構想
──教材「おにたのぼうし」（3年）を事例に──

3-3-1　教材について

教材本文：「おにたのぼうし」あまんきみこ（作）いわさきちひろ（絵）
　　　　　　（平成28年度版　教育出版　小学国語・3下　ひろがる言葉）
出典　　　：絵本「おにたのぼうし」（1969）あまんきみこ（作），いわさきちひろ（絵），ポプラ社

　本教材は，二つの世界が描かれている。一つは，「鬼の世界」であ。もう一つは「人間の世界」である。交わることのない二つの異なる世界が交差をする。そこに悲劇が生まれる。

「おにた」の生きる世界

　前者は，鬼の子の「おにた」の生きる世界である。「おにた」は人間界に住む鬼の子の世界を生きる。

　「おにた」が生きている世界は，以下のような世界である。「おにた」は，家族もいなく，一人ぼっちである。

> 　周りに相談できる鬼族の友達もいそうにない。……。「おにた」は，自分のことをわかってくれ受け止めてくれる人がほしかった。だが，人間界では，「鬼＝悪」であり，排除されるべき対象でしかなかった。いわれなき差別を受ける世界に生きている。「『おにた』はそういう条理に合わない世界にいわば先験的（アプリオリ）に置かれている。彼にとって，いわれなき差別は寂しさをつのらせ，その思いを内側に内向させ，外への出口をいっそう探し，求めていくことになる（田中 2001, p.15）。

　そのために，「おにた」は「きのいい　おに」であり続け，自分が1年

間すんでいた「まこと君」の家では，ビー玉をこっそり拾ってやったり，お父さんの靴をぴかぴか光らせたりする。そんな「おにた」の行為も効果なく，日常の延長の中で無自覚に行われる「まめまき」により，追放される。「おにた」は「人間って　おかしいな。おには　わるいって，きめているんだから。おににも　いろいろあるのにな。」と独白する。「『おに』として一括りにとらえる『にんげん』への不満を持ちながらも，不条理な運命を受け入れている（幾田 2011, p.32）。同時に，「おにた」という固有の個として生き，認められたいという，現代を生きる生存としての願い」（村上　2004, p.23）を持って，「おにた」は人間界を生きていることも確かである。

女の子の生きる世界

　一方，後者は，女の子の生きる世界である。女の子の家は，貧しく「まめまき」も行われていそうにない。差別を受けている家庭かもしれない。鬼と無縁な世界を生きているように見える。そんな女の子も何の疑いもなく，「鬼＝悪」という世界に生きている。山元は，「〈女の子〉とは，読者たちを代表した存在であり。ある意味で読者である子どもたちを映し出す鏡なのである」（山元 1997, p.31）と述べている。つまり，偏見にとらわれていることにも無自覚な「人間世界」を，女の子も読者も生きていることになる。

「おにた」の錯誤

　少女は母子家庭であり，病気の母親に心配をかけまいとうそをつく。そんな少女を「おにた」は梁の上から見る。母親の前で自分を隠す女の子の中に，「おにた」は自分自身の姿を重ね（田中 2001），「なぜか，むずむずするようで，じっとしていられなく」なる。この少女こそ自分をわかってくれ受け止めてくれる人と確信し，「おにた」は，少女のために，何かをしようとする。ここに，「おにた」の大きな錯誤がある。

　「おにた」は，少女のために，苦労して手に入れたであろう「赤ご飯とうぐいす豆」を少女の前に差し出す。少女はにこっと笑って受け取る。「おにた」の思いが少女に伝わった瞬間である。「鬼の世界」と「人間世界」

の交流が可能であるかのように思われる。

二つの世界の断絶

　だが，それは，「おにた」の内なる世界でのことに過ぎなかった。少女から出た言葉は，お母さんの病気を悪くしないための「まめまき」をしたいということだった。少女もまた，「鬼＝悪」と考えてしまう世界に生きていたことを知らされる。「おにた」は，「てを　だらんとさげて　ふるふるっと　かなしそうに　みぶるい」をする。そして，「おにだって，いろいろ　あるのに。おにだって……」と語り（原文では「　」の表記で，独白の（　）ではない），絶望感の中から，「おにだって　いろいろある」ことを示すかのように，自らを黒豆に変え，消えていく。

　当の女の子は，男の子を神様だと思い，鬼としての「おにた」の存在すら知らない。当然，「おにだって　いろいろ　あるのに……」という思いは，結局，女の子に伝わらない。

　児童の読む教材の多くは，わかり合える物語である。本教材のような，異なる世界を生きる者の断絶としての深い悲しみを抱えた物語を，読者が体験することは少ない。そのような教材だからこそ，読者は，どうすれば「おにた」と女の子はわかりあえたのだろうか，どう生き直せばよかったのだろうか，と新たな生き方を問題とすることができる。他者との断絶をどう捉え，乗り越えればよいのかを3年生なりに考えさせるのに適した教材といえる。

　また，本教材の語り手は，「むぎわらぼうし」をかぶらないと「人間世界」を生きていけない「おにた」に理解を示す。同時に，結果として，「鬼＝悪」という世界の中で，「おにた」を排除してしまうが，母親の回復を願う女の子の「祈り」の心にも理解を示す。つまり，本教材の語り手は，「語り手そのものの中に，矛盾を抱えることになる」（山元 1997, p.33）。心の中に複数のものを抱え込んでいる。

　このことは，読者にも複数の視点を持ち込ませ，「揺らぎ」「ズレ」を生じさせることになる。読者は，最初「おにた」の立場に立ち，「おにたに

なっ」て物語を読み進める。そして，「おにた」の辛さや悲しみを共有する。同時に，「女の子にな」り，母子家庭の中で母親の病気の回復を願い，祈りの「まめまき」をする女の子の心も共有する。だが，「女の子になった自分」から離れ，女の子をみた時，「鬼＝悪」と決めつけ，「おにた」の存在そのものを排除してしまうことは許されるのだろうか，どうすればよいのか，と自問自答が起こる。さらに，女の子と自分を重ねることで，自分にも同じような心（画一的な見方・先入観による相手の価値づけ）がないだろうか，と自分を見つめ直す契機にもなる。つまり，本教材は，人の心には常に複数の心を抱え込んでいることを知り，矛盾した心を見つめることが新たな見方・考え方の生成に繋がることを体験するのに適した教材と考える。そして，自分の中の矛盾した心を見つめ，新たな見方・考え方を生成する体験が，自分の自己像・世界像（自己物語）を語り直すための力になると考える。

3-3-2　目標について

以上のことから，次の目標を設定する。
○登場人物（おにた，女の子）になって読み，了解不能な二人の心のズレを想像することができる。
○「女の子」と読者自身とを重ね，「どうすればよかったのか」，「どう乗り越えればよかったのか」について考えることができる。また，そのことを通して，自分を見つめ直す契機とする。
○人の心には常に複数の心を抱え込んでいることを知り，矛盾した心を見つめることが新たな見方・考え方の生成に繋がることを体験する。

3-3-3　指導の工夫について

本単元の指導においては，「おにた」になり，「おにた」の目で耳で心で「おにた」の住んでいる世界をしっかりと想像させることが重要と考える。特に，女の子との出会いの場面は丁寧に経験させたい。「おにた」は梁の上から，女の子の行為のすべてを見る。「おなかがすいたでしょう？」

という母親の言葉に対し，「はっとしたようにくちびるをかみ」「けんめいに顔を横にふる」そして，お母さんを安心させるために「知らない男の子が……ごちそうがあまったって。」とウソをつく。お母さんが眠ると，「フーッと長いため息をつく」。そのような女の子の姿をじっと見つめる。そして，「背中がむずむずし，じっとしていられなく」なり，台所へ行き，女の子のウソを確信し，寒い外へ飛び出す。

　「おにた」になって，同じ体験をさせる。そのためには，「何が見えますか？」「どんな音が聴こえますか」「身体の感じはどうですか」などと問い，見えるもの・聴こえるものを語ってもらう。その上で，「そこから，何を感じましたか。」「そこから，何を考えましたか」と意味を問う。「行為（知覚）→意味」を考えさせることになる。その時に，中学年なので，「もしおにたに訊いたら何と答えてくれるだろうか」と付け加えてもよい。「なる過程」を丁寧に行うことで，「女の子」とのすれ違いが生き生きと立ち上がってくる。「おにた」の悲しみの深さを児童は体験することになる。

　山元は，「登場人物の心情を体験しながら，その一方で人物たちを対象化するという行為を繰り返し，その果てに読者である自分自身の価値観を振り返ることが可能になった時にこそ深まる」（山元 1997，p.31）と述べている。そして，「女の子」に対し，「読者たちを代表した存在であり，ある意味で読者である子どもたちを映し出す鏡なのである」（同上書，p.31）と述べ，さらに，「〈女の子〉のことを，自らにも通じるものとして引き受けた解釈ができるか否かということが，「おにたのぼうし」というテクストを理解していく上で，非常に大きな問題となる」（同上書，p.34）と述べている。つまり，本教材では，児童は「おにた」の視点から，「おにたの世界」を読む。同時に，「女の子」の視点から「女の子の世界」を読むことになる。「だが，「おにた」の視点から，「おにた」のやさしさと悲しみを体験すればするほど，「女の子」を対象化して読むという構造になっている。その時に，「女の子」をただ批判するのではなく，自分と「女の子」を重ね，自分自身を相対化できるかが問われていることになる。

　そこで，本単元では，「もしおにたが帽子をとったら，女の子はどうし

ただろうか」と問い，考えさせる。「女の子は優しいから鬼だと気付かないふりをするかもしれない」「お母さんが病気だから，おにたに近づいてほしくないと思う（でも，口では言わない）」「お母さんが病気だから，出て行ってと言う」等の児童の多様な考えを交流する。さらに，「もし女の子が自分ならどうするか」と問う。「女の子」を批判するのでも同情するのでもなく，自分と重ねさせる。そして，これまでの自分自身を相対化させることになる。そうすることで，4年生からの「作品世界」の出来事・行為をイメージ化し，「現実世界」の新たな出来事を「引き出す過程」へと繋がるものになると考える。

3-3-4　指導計画について

世界	次（時）	学 習 活 動	体験過程	指導の手立て
現実世界	〇次(1)	〇鬼のイメージ，節分について知っていることについて話し合う。	現実世界	・既知の情報・イメージが読みに影響を与える。そこで，「鬼のイメージ」「節分の知識」を把握し，今後の授業に生かす。
作品世界	一次(2)	〇絵本の「読み聞かせ」を聴き，物語の大体の筋をつかみ，感想を書き，交流する。 ・表紙の絵を見せ，どんなお話だろうと問いかけ，予想させながら，読み聞かせる。 ・途中で，これからどうなると思う？等と予想をさせながら，読み聞かせる。 〇中心人物を確認し，呼称について話し合う。・（女の子には名前がなく，鬼の子には「おにた」という名前がある。まこと君には名前がある） 〇あらすじをつかみ，交流する。 ◎なぜ，「おにた」は消えたのか。途中	入る過程	・空間的配置・身体の配置：教室の机をのけ，車座に座ってもらう ・道具の配置：絵本を提示し「作品世界」に引き込む。 ・「語り手」の意図がある。例えば，「おにた」は固有の鬼であり，女の子は不特定多数の一人であり，読者そのものを示している等。 ・中心人物の変容を大きく捉

作品世界	一次(2)	の「おにた」を詳しく読もう。	入る過程	えさせる。「○○なおにたが，・・(出来事・人物)と出会うことで，△△なおにたになる話」という形式で書かせる。 ・6つの場面に区切り，場面ごとに，登場人物に「なる過程」「みる過程」を繰り返し，行わせる。
	二次(7)	○1の場面の「おにた」になって，「おにた」が体験したこと，その意味を話し合う。 【親切行為】について ・どんなことをしてきたのか ・なぜ，そのような親切行為をするのか ・なぜ，その行為を隠すのか 【人間ておかしいな。おにはわるいってきめているんだから。おににもいろいろあるのにな】について ・どんなことから，こう考えたのか ・「おにた」は初めて排除されたのか ペア・グループ交流→全体交流→ペア・グループ交流→全体交流	なる過程	・「おにた」になって，「おにた」が①見たこと・したこと（行為），さらに，②考えたこと（意味）を推論させる。 ・「おにた」は自分をわかってくれ，受け止めてくれる人を求めている。そのための親切行為と捉えさせる。 ・この発話の中に，「おにた」の不満を持ちながらも運命として受け止めている姿が見える。「鬼は外，副は内」の行事は毎年当然のごとく行われ，その度に排除されてきたことが予想される。それが諦めとなっていることが考えられる。
		○2の場面の「おにた」になって，「おにた」が体験したこと，その意味を話し合う。 【ひいらぎ，豆のにおい】について ・「おにた」が見ているものは何か ・なぜ，そのようなものを見るのか 【でこぼこした洗面器，雪をすくう女の子】 ・「おにた」が見ているものは何か		・「おにた」になって，「おにた」が①見たこと・したこと（行為），さらに，②考えたこと（意味）を推論させる。 ・「おにた」が見ているものは，新しく入るのによい家であることを捉えさせる。 ・「おにた」は入るチャンス

作品世界	二次(7)	○3の場面の「おにた」になって,「おにた」が体験したこと,その意味を話し合う。【女の子の様子】について・「おにた」は何をみたのか。・その時,何を考えたのか。【せなかがむずむずしてじっとしていられなくなり】について・「おにた」は何を考えたのか。【寒い外へとび出す】・「おにた」は何を考えたのか。ペア・グループ交流→全体交流→ペア・グループ交流→全体交流	なる過程	を見ている。「でこぼこした洗面器」等は語り手が読み手に見せようとしているものにすぎない。今,「おにた」にはそれほど興味はない。・「おにた」になって,「おにた」が①見たこと・したこと(行為),さらに,②考えたこと(意味)を推論させる。・病気のお母さんに心配をかけないように,「顔を横にふり」ウソをつき,「フッと長いため息をつく」女の子。「おにた」はその「自分を出せない」女の子の中に,自分自身を重ねてみたと考えられる。そして,「あのちび」ならば,自分を受け止めてくれると考えたと推論できよう。
		○4の場面の「おにた」になって,「おにた」が体験したこと,その意味を話し合う。【女の子の顔が　ぱっと赤くなり,にこっと笑う】・これを見たとき,「おにた」は何を考えたのか。ペア・グループ交流→全体交流→ペア・グループ交流→全体交流		・「おにた」になって,「おにた」が①見たこと・したこと(行為),さらに,②考えたこと(意味)を推論させる。自分の行為が人間に受け入れた瞬間である。「この子ならば,間違いなく自分を受け入れてくれる」と確信したと予想できる。
		○5の場面の「おにた」になって,「おにた」が体験したこと,その意味を話し合う。		・「おにた」になって,「おにた」が①見たこと・したこと(行為),さらに,②考えたこと(意味)を推論さ

作品世界	二次 (7)	【わたしも　豆まき　したいなあ】【おにがくれば，きっと　お母さんの病気が悪くなるわ】について ・これを聴いた時，「おにた」は何を考えたのか。 【手をだらんと下げて，ふるふるっと，悲しそうに身ぶるいし】【おにだっていろいろあるのに。おにだって…。】について ・この時，「おにた」は何を考えたのか。 　a) 帽子をぬぐ 　b) 別の家をまた捜す 　c) 黒豆になる なぜ，c）を選んだのか 　ペア・グループ交流→全体交流→ペア・グループ交流→全体交流	なる過程	せる。 「受け止めてくれ」たと思った女の子も，「鬼＝悪」という偏見の世界に生きていることを知らされる。 「手をさげ…」の行為は，「おにた」の脱力感・無気力感を表した行為と捉えられる。そこから，「おにだって　いろいろあるのに。おにだって…」（絵本では，発言）と述べ，「おにた」は消えていく。この行為は，自分の固有性を主張するため，女の子の願いを叶えようとするため等と解釈ができる。ここでは，児童の多様な考えを交流させたい。
		○6の場面の「おにた」になって，「おにた」が体験したこと，その意味を話し合う。 【きっと神様だわ。そうよ，神様よ…】 ・これを「おにた」が聴いたとしたら，どう思うだろうか。 　a) 最後まで，「おにた」の思いは伝わらず，がっかりしたと思う 　b) 鬼としてはわかってもらえなかったけど神様になれてよかった ○1の場面と6の場面を比べ，気付いたことを話し合う 　a) 元気な豆まき（1の場面），しずかな豆まき（6の場面） 　b)「ぱらぱらぱらぱら」（1の場面） 　　「ぱらぱらぱらぱら」 　　「ぱらぱらぱらぱら」		・「おにた」になって，「おにた」が①見たこと・したこと（行為），さらに，②考えたこと（意味）を推論させる。 ・このような異なる考えを交流させ，自分の考えを相対化できるようにする。（母親との愛に生きる女の子にとって，「おにた」は他者でしかないことが読み取れる） ・1の豆まきは，悪である鬼を排除するための豆まき。6の豆まきは，女の子にとって，母親の回復を願う祈りの豆まき。だが，同時に「おにた」には，存在そ

作品世界	二次(7)	○もし，「おにた」が帽子をとったとしたら，女の子はどうしただろうか。 a) 女の子は優しいから鬼だと気付かないふりをするだろう b)お母さんが病気だから，おにたに近づいてほしくないと思う（でも，口では言わない） c) お母さんが病気だから，出て行ってと言う ○もし，みんなが女の子ならとどうするだろうか。何ができるだろうか。 ・今までこんな出来事があったから，自分も女の子のように自分のことしか考えないかもしれない。 ・私も無意識に，人を思い込みでみていたかもしれない。こんなことがあったよ。	なる過程	のものを消してしまう豆まき。深い悲しみに包まれている。だが，女の子はそのことにまったく気付いていない。 ・女の子は，優しい母親思いの女の子である。「おにた」を男の子としか見ていない。そんな女の子が鬼の子「おにた」と出会った時，本心がでる。そこを「女の子」になって想像させる。 ・次に，女の子と自分を重ねさせ，これまでの自分自身を相対化させる。 「女の子は，自分自身ではないのか」と自分を見つめさせる。 これまでの自分の経験をださせるようにする。出ないときは，「女の子のようなことはありませんでしたか」と問う。 自己批判に陥らないようにする。
	三次(2)	○感想文を書き，交流をする。心に残った「おにた」「女の子」の行為，出来事，場面をもとに，感想文を書き，交流する。	みる過程 引き出す過程	・中学年は，「なる過程」→「みる過程」が中心である。ここでは，「引き出す過程」も少し取り上げる。「女の子」と自分を重ねたことで，先入観や思い込みから人を捉えた自分を見つめている。その視点から，自分の経験も入れ感想文を書かせる。

※○次は，国語科教育以外の時間に行う。例えば朝の会，帰りの会等である。

4 「語り直す力」を育てるための文学の授業の構想
——中学年（4年生）——

4-1　中学年（4年生）の「語り直し」体験

　中学年（4年生）の「語り直し」体験は，図5に示すように，①「入る過程」，②「なる過程」③「みる過程」→（イメージ化）→④「引き出す過程」が中心である。

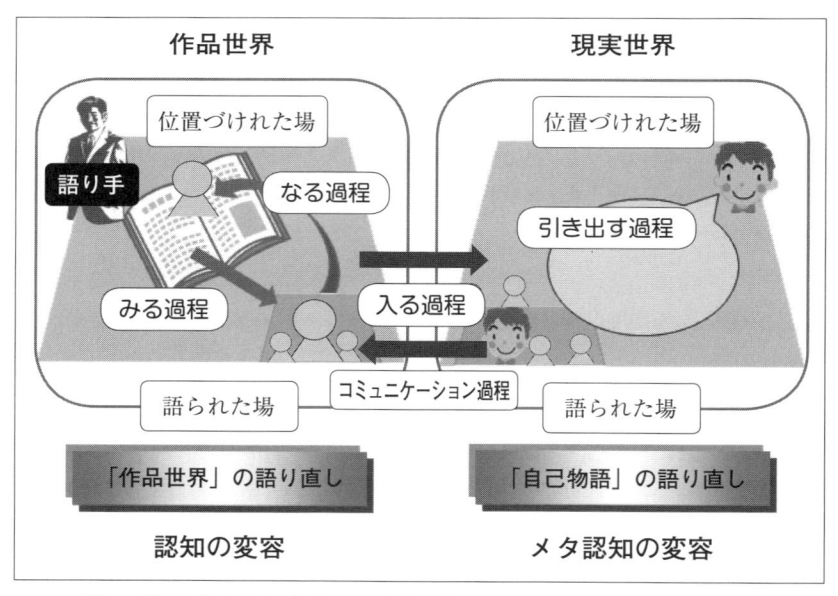

図5「語り直す力」を育てる文学の授業——中学年（4年生）——

4-1-1　「入る過程」→「なる過程」→「みる過程」→
　　　（イメージ化）→「引き出す過程」

　①「入る過程」→②「なる過程」→③「みる過程」を通して，「現実世界」

の学習者は，「作品世界」に入り，「物語」の「聴き手」として「作品世界」を体験することになる。ここまで，3年生と同じである。4年生では，さらに，以下のことを行うことになる。

「現実世界」に戻った学習者は，今度は，「語り手」として「自己物語」を語り直し，同時に，自身が「読み手」として，その「物語」を読む体験もすることになる。そのために，「イメージ化」と「引き出す過程」を行う。

【イメージ化】

「作品世界を体験した私」と「現実世界の私」とを繋ぐために，「作品世界」の出来事をイメージ化させる。例えば，「あなたの心に残った出来事はどんなイメージですか」「名前をつけるとしたら，どんな名前になりますか」と問い，「作品世界」の心に残った場面や出来事をイメージ化させ，名前をつけてもらう等である。

【引き出す過程】

「文学体験をした私」と「そうでない私」が対話をする。「文学体験をした私」は，今までの「現実世界の私」とは違った視点を獲得しているはずである。文学体験で獲得した視点から，自分の経験を捉え直し，「未だ語られぬ」出来事を引き出すことになる。例えば，「作品を読んで心に残った出来事のイメージに名前をつけてもらいましたね。その名前によく似た経験はありませんか」と問い，自分の経験を振り返らせ，新たな出来事を発見させる等である。

4年生では，新たな出来事に気付くまでを行う。文学作品を媒介にして，「語り得ぬ」出来事を発見するということは，自分の人生に対する語り直しが始まっているといえる。この【引き出し過程】を行うためには，登場人物に【なる過程】において，中心人物の変容を中心に，1）どこで変わったのか，2）どのように変わったのか，3）なぜ，変わったのか，を「中心人物になって」しっかりと捉えさせておくことが不可欠である。また，【みる過程】においては，登場人物を「異質な，わからない者」とみなし，「わからなさを抱えておくこと」が重要であり，「ここは私だったら……」「ぼくはこんな行為をしないけど……」と違和感を大切にすることは言う

までもない。

　高学年になると，新たに引き出された出来事を「意味づける」ことになる。例えば，「作品を読むことで，○○の出来事に気付いたのですが，そのことはどんな感じがしますか」「その出来事に気付いたことは，あなたにとってどんな意味がありそうですか」「これからのあなたに影響をあたえそうですか」等と「意味づける過程」へと向かうことになる。同時に，今までの出来事に対しても，意味の捉え直しが起こることになる。そうすることで，自己物語の語り直しが起こる。

4-2　三つの視点〈コミュニケーション過程〉〈場〉〈道具〉

4-2-1　〈コミュニケーション過程〉

中学年　　：聴き合い型→問い返し型(対話的ディスカッション)→振り返り型
　　　　　　「問い返し型」の話し合いが中心，但し，「振り返り型」まで含む

　基本的に，3年生と同じである。ただ，4年生は，自己の意見を対象化して認知したり，他者の視点を自分の中に取り込んだりすることが可能な発達特性にある。「登場人物になった自分」「友達になった自分」を対象化して捉える力を育てるのに適した学年といえる。だからこそ，登場人物だけでなく，友達の意見に対しても，「なる過程→みる過程」をしっかりと行い，他者の視点に立ち，自分という視点から離れ，自分の考えを相対化できる力を十分に促進させることが重要と考える。そのためには，

1)「対話的ディスカッション」，(1) 他者の発話を引用し，質問を中心に構成され，解釈過程を交流する，(2) 疑問や自分の考えを提示し，相手の応答を引き出す，をしっかりと行うこと。

2) その際に，3年生と同様に，(1) 他者を「異質な，わからない者」とみなし，「わからなさを抱えておく」ようにする。さらに，(2)「自分の好きな場面・出来事（行為），気になった場面・出来事（行為），心を動かされた場面・出来事（行為）を述べる時には，そのことが，

ただ個人的文脈から生まれたものではなく，「他者の語り」との繋がりの中で生成されたことを述べるようにする。

3）そうすることで，（1）登場人物の生き方に対する自分とは違った反応との出会いが，新たな視点の獲得に結び付くこと，（2）他者は自分の見方・考え方を捉え直すための重要な協力者であることを認識できるようにする。

【小集団の交流】

中学年では，「ペア・グループ交流→全体交流（聴き合い型・問い返し型が中心）→ペア・グループ交流→全体交流（振り返り型が中心）」と，ペア・グループ交流と全体交流を組み合わせる。全体交流の前半では，聴き合い型（お互いの考えを聴き合う）のやりとりが中心である。お互いの考えを受容・承認する過程といえる。その上で，自分と異なる考えを理解するために，①他者の発話を引用し，質問を中心に構成され，解釈過程を交流する，②疑問や自分の考えを提示し，相手の応答を引き出す，「対話的ディスカッション」を行う。「なる過程→みる過程」といえる。全体交流では，全員が発言はできないため，多くの児童は，友達の発言を聴くことになる。つまり，自己内対話（頭の中で，友達の立場で考えたり，その友達になった自分と対話をしたりする）をする時間となる。そこで，考えたことを表現する場が必要となる。そこで，全体交流の後，もう一度，ペア・小集団交流を行う。最後の全体交流は，自分の考えを振り返り，自分の考えの変化のプロセスを全員に向かって，説明することになる。

4-2-2 〈場〉

4年生では，3年生と同様に，教室の権力性を弱め，多くの部分を児童に任せていく。

例

1）「指名権」を教師から学習者に移す（指名なし，自由起立発言）

2）司会を決め，学習者が主体的に授業を進めるようにする

3）児童の「疑問」等を学習課題とする

「教室という場」の権力性を最小限にする。まず，教師の権力性である。教師は自分の持っている権力性に敏感になること。そして，その権力性を最小限にするように具体的に行動する。例えば，教師が持っている資料はすべて児童に開示する等（例えば，教師用指導書）である。次に，学習集団が形成する「教室の偏った物語」である。教師は，変化する状況の中で，どの物語に特権が与えられ，どの物語が脱資格化されているのかを捉え，多くの学習者に可能性が開かれるようにする。教師の都合のいいように，教室の多様な声をかき消してしまうことのないようにする姿勢が重要と考える。

4-2-3 〈道具〉

4年生では，3年生同様，「二人以上の人物関係の中での対立葛藤」を扱った物語を読むことになる。一人の人物と一人の人物の対立葛藤の克服を中心に，世界観や価値観の異なる二人の人物が対立する物語を読む。より複雑な人物関係，例えば，三人の人物関係，a）一人は内面が変容する中心人物，もう一人は内面が変容しない中心人物，そして，この二人の中心人物に影響を及ぼす人物（森本 1977, p.26 ）等を読むことも考えられよう。より複雑な人物関係の中から，「中心人物になって」読み進め，中心人物の変容過程を体験し，中心人物の視点で，中心人物の見た世界を体験することになる。

登場人物の変容に対する学習者の多様な反応と出会うことにより，自分の見方・考え方，生き方が揺さぶられる。そのことが自分の人生を見つめ直す，語り直す目を育てることになると考える。3年生の教材と同様に，登場人物の生き方に対する多様な反応がでるのがよいと考える。

5 「語り直す力」を育てるための文学の授業の構想
——高学年——

5-1 高学年の「語り直し」体験

高学年の「語り直し」体験は，図6に示すように，①「入る過程」，②「なる過程」③「みる過程」→（イメージ化）→④「引き出す過程」→⑤「意味づける過程」である。（イメージ化）→「引き出す過程」→「意味づける過程」が中心となろう。

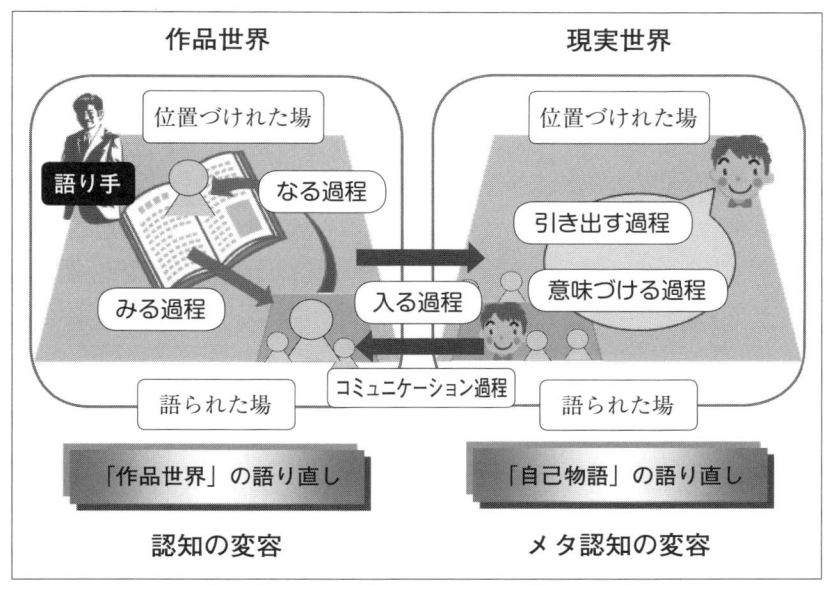

図6 「語り直す力」を育てる文学の授業——高学年——

5-1-1「入る過程」→「なる過程」→「みる過程」→
　　　　（イメージ化）→「引き出す過程」→「意味づける過程」

　①「入る過程」→②「なる過程」→③「みる過程」を通して，「現実世界」の学習者は，「作品世界」に入り，「物語」の「聴き手」として「作品世界」を体験することになる。次に，「現実世界」に戻った学習者は，今度は，「語り手」として「自己物語」を語り直し，同時に，自身が「聴き手」として，その「物語」を聴く体験もすることになる。そのために，「イメージ化」と「引き出す過程」を行う。ここまでは，4年生と同じである。

　高学年では，その後，引き出された出来事に新たな意味を与える「意味づける過程」を行うことになる。引き出された出来事に対して，新たな意味づけを行うことで，新しい自己物語が立ち上がる。図7に示すように，二つ以上の出来事を結び付け，筋立てることで，「文脈」が生成され，新たな意味が生まれる。同じ出来事でも，筋立てが変わることで新しい意味を持つ。その結果，新たな物語が生成されることになる。

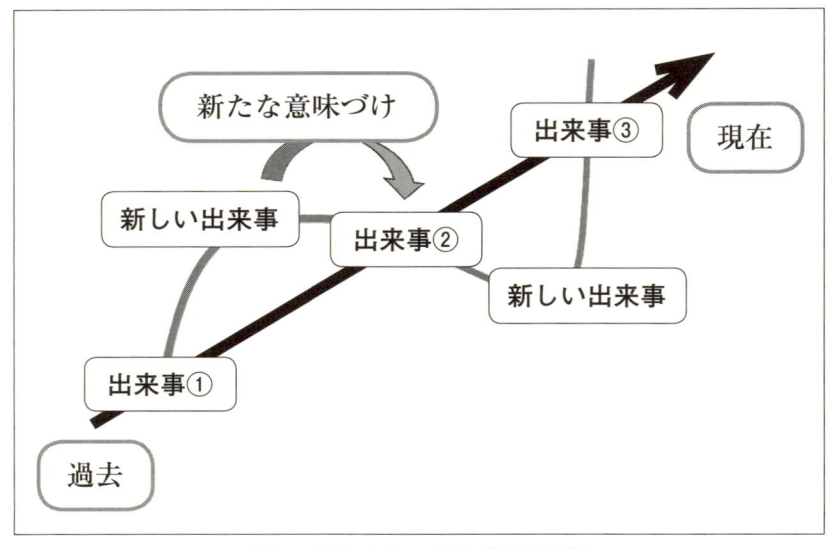

図7　引き出す，意味づける過程

【イメージ化】

　「作品世界を体験した私」と「現実世界の私」とを繋ぐために，「作品世界」の出来事をイメージ化させる。「文学体験をした私」は，今までとは違ってイメージで，「現実世界」の出来事を捉えられることになる。だからこそ，今まで気付かなかった出来事に気付き，同じ出来事に対しても新たな意味を生み出すことが可能となる。そう考えるならば，「作品世界」の出来事に対するイメージを変形させることが重要といえよう。イメージを変形する手立てが必要といえる。そこで，他者と協同でイメージを変形する授業を提示する。以下のように行う。

『ワンワードによる協同イメージ化』
　1）「心に残った出来事・作品をワンワードでイメージし，カードに書く」
　　　決して，作品の主題ではない。読者として感じた出来事・場面等のイメージである。
　2）グループでカードの紹介をする。　例　抵抗
　　　「抵抗ってどういう意味ですか」等と質問が出るはずである。そこから交流が生まれると考える。
　3）グループで，カードを回し，自分の考えたイメージを一つ，友達のカードに付け加える。
　　　カードには自分の言葉を含めて，グループの人数分の作品（出来事・場面）をイメージした言葉が集まる。
　4）「イメージ言葉が集まりましたね。それをもとに，もう一度作品をイメージしてください」
　　　こうすることで，新たな作品のイメージが生まれる。イメージの変形が起こる。このような友達の協力を得て，自分の心に残った，気になった出来事・行為や場面のイメージの変形を行う。

【引き出す過程】

　「文学体験をした私」と「そうでない私」が対話をする。「文学体験をした私」は，今までの「現実世界の私」とは違った視点を獲得している。文学体験で獲得した視点から，自分の経験を捉え直し，「未だ語られぬ」出来事を引き出すことになる。例えば，「作品を読んで心に残った出来事のイメージに名前をつけてもらいましたね。その名前によく似た経験はあり

309

ませんか」と問い，自分の経験を振り返らせ，新たな出来事を発見させる等である。

　そのためには，中学年と同様に，登場人物に【なる過程】において，中心人物の変容を中心に，1）どこで変わったのか，2）どのように変わったのか，3）なぜ，変わったのか，を「中心人物になって」しっかりと捉えさせておくことが不可欠である。また，【みる過程】においては，登場人物を「異質な，わからない者」とみなし，「わからなさを抱えておく」が重要であり，「ここは私だったら……」「ぼくはこんな行為をしないけど……」と違和感を大切にすることは言うまでもない。そして，心が引かれた場面や出来事・行為を述べ合い，自分たちの読みを声にすることが重要と考える。

【意味づける過程】

新たに引き出された出来事を「意味づける」ことになる。例えば，次のような問いを与え，交流することになる。「作品を読むことで，○○の出来事に気付いたのですが，そのことはどんな感じがしますか」「その出来事に気付いたことは，あなたにとってどんな意味がありそうですか」「これからのあなたに影響をあたえそうですか」等と「意味づける過程」へと向かうことになる。同時に，今までの出来事に対しても，意味の捉え直しが起こることになる。そうすることで，自己物語の語り直しが起こると考える。

5-2　三つの視点〈コミュニケーション過程〉〈場〉〈道具〉

5-2-1　〈コミュニケーション過程〉

高学年　　：聴き合い型→問い返し型（対話的ディスカッション）→振り返り型
　　　　　　「振り返り型」の話し合いが中心，集団の状況モニタリングも含む
聴き合い型：同意や付加等の発話の繋がり（お互いの考えを受容し聴き合うという意味）
問い返し型：質問・反対等の発話の繋がり

振り返り型：修正（自分の考えの修正）・創造（新たな考えの生成）等の発話の
　　　　　　繋がり

【対話的ディスカッション】

① 他者の発話を引用し，質問を中心に構成され，解釈過程を交流する
② 疑問や自分の考えを提示し，相手の応答を引き出す

　高学年においても，以下のことをしっかり行うようにする。

1) 「対話的ディスカッション」，（1）他者の発話を引用し，質問を中心
　に構成され，解釈過程を交流する，（2）疑問や自分の考えを提示し，
　相手の応答を引き出す，をしっかりと行うこと。

2) その際に，中学年と同様に，（1）他者を「異質な，わからない者」
　とみなし，「わからなさを抱えておく」ようにする。さらに，（2）「自
　分の好きな場面・出来事（行為），気になった場面・出来事（行為），
　心を動かされた場面・出来事（行為）を述べる時には，そのことが，
　ただ個人的文脈から生まれたものではなく，「他者の語り」との繋が
　りの中で生成されたことを述べるようにする。

3) そうすることで，（1）登場人物の生き方に対する自分とは違った反
　応との出会いが，新たな視点の獲得に結び付くこと，（2）他者は自
　分の見方・考え方を捉え直すための重要な協力者であることを認識
　できるようにすること。

　「作品世界」の自分の解釈を振り返り見直すためには，他者に「なる過
程→みる過程」をしっかりと行う。これは高学年においても同じである。
特に，「なる過程」が不可欠である。自分の枠組みから他者の考えを批判
するだけでは，自分の視点からしか他者を捉えることができない。自分の
枠組みを超えるためには，他者になり，他者の視点から世界を見，他者の
位置を確保することが不可欠である。他者の視点をくぐりぬけることで，
「他者になった私」から少し距離を置いて，もう一人の私が「他者になっ
た私」を「みる」ことが可能となる。「他者になった私」を相対化する，
自分自身を相対化することが可能となる。つまり，「他者になる」→「他

者になった自分を相対化する」→「自分自身を相対化する」という道筋になるといえる。そして，高学年では，「作品世界」の文学体験する中で獲得した「自分の解釈を相対する力」を，今度，「現実世界の自己の物語を相対化する」ために活用することになる。

【小集団の交流】

　高学年では，全体交流よりも小集団交流を主体にする。高学年では，他者の評価を気にし，対立を恐れ，自分の考えを表明しない傾向がある。そこで，小集団交流の中で，「なる過程→みる過程」をしっかりと行い，慣れるにつれて全体交流を増やしていく方が効果的と考える。

　小集団交流を，次のように工夫する。

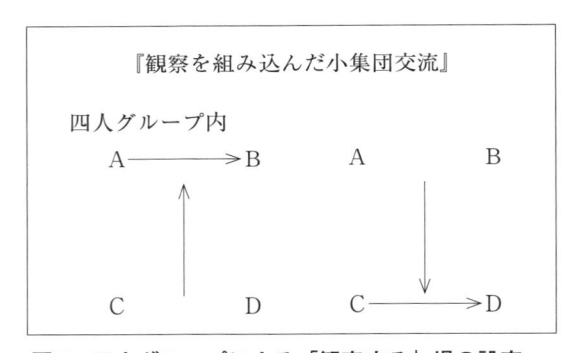

図8　四人グループによる「観察する」場の設定

1）Aが語り，Bが聴き，C，Dが観察する。
2）観察していたC，Dが，Aの語りについて話し合う。（評価ではなく，感じたこと・心に残ったこと・気になったこと等を述べるようにする。）それをA，Bが観察する。
3）交替して，1），2）と同じことを行う。
4）それぞれ観察から得られた気付きを交流する。
　これをグループで行うことも可能である。1）Aグループの話し合いをBグループが観察する。次に，2）Bグループは，「Aグループの話し合い

について」話し合う。(評価ではなく，感じたこと・心に残ったこと・気になったこと等を述べるようにする) A グループは B グループの話し合いを「観察する」。3) A グループは，「観察」から得られた気付きを交流する。A グループと B グループが交替して同じことを行う。(交替した後，観察から得られた気付きをそれぞれのグループで交流してもよい)

　「観察する」時には，相手の視点に立って聴くようにさせる。つまり，「なる過程」と「みる過程」を同時に行わせることである。高学年だからこそ，求められることになる。A さんの語りを聴きながら，A さんの視点に立って，A さんの話を聴くことになる。「なぜ，A さんは○○が心に残ったのだろうか。個人的経験と関係があるのだろうか」等と推論し，「A さんは○○の場面が心に残ったと言っていた。私も同じ所が気になっていた。なぜなのか考えてみたのだけれど……」等とコメントを述べることになる。

　これを「感想文の交流」に応用したものを示す。この小集団は，トム・アンデルセンのリフレクティング・プロセスの応用である。

『リフレクティング・プロセスを使った感想文の交流』
　次のように行う。

1) グループ A は，グループ B の感想文についての感想を話し合う。(評価ではなく，感じたことを・心に残ったこと・気になったことを感想として述べる) グループ B は「自分の感想文についての感想」を述べている様子を周りから観察する。

2) 次に，グループ B は，「自分の感想文の感想」を聴いて感じたことを話し合う。グループ A はその話し合いを周りから観察する。

3) グループ A の感想文についても同じように行う。(最後に感想文の修正を行ってもよい)

　本実践の特徴は，「それぞれのグループが直接，話しかけることはできないしくみ」である。両者を切断することで，それぞれのグループの「語り」に対して，反論もできないが，指示に従う必要もなく，「観察する」側の自由な「自己内対話」を保障する装置にしている。そうすることで，

「多様性」と「相対化」を両立させようとしている。

5-2-2　〈場〉

　低学年では，聴き合う関係を作ること。そのために，教師が「聴き手」としてのモデルを示すことについて述べた。その上で，中学年では，「教室という場」の権力性を最小限にするための教師の姿勢について述べた。考えを一つに絞ろうとする時に，教師の権力が立ち上がる。教師は自分の持っている権力性に敏感になり，変化する状況の中で，どの考えに特権が与えられ，どの考えが脱資格化されているのかを捉え，多くの学習者に可能性が開かれるようにする。教師の都合のいいように，教室の多様な声をかき消してしまうことのないようにする等について述べた。

　高学年では，そのような「聴き合う関係」「教師の姿勢」の上に，教師と児童，児童と児童の対等性が担保されるような構造（システム）をつくるよう努めなければならない。それは，高学年児童は，自己主張期に入り，より対等性や権力性に敏感になる。中学年までは感じなかったことを強制されたと捉え嫌がるようになる。このような時期の児童であるからこそ，上記に述べたような空間的構造を変えることで，対等性を担保する等の工夫が必要と考える。

5-2-3　〈道具〉

　高学年では，「三人以上のより複雑な人物関係の中での対立葛藤」を扱った物語を読むことになる。例えば，a）一人は内面が変容する中心人物，もう一人は内面が変容しない中心人物，そして，この二人の中心人物に影響を及ぼす人物，b）一人は，正善なる世界を代表する中心人物，もう一人は，対立する邪悪対立人物，そして，その中間で揺れながら変容する中心人物（森本 1977, p.26），等である。このようなより複雑な人物関係の中から，「中心人物になって」読み進め，中心人物の変容過程を体験し，中心人物の視点で，中心人物の見た世界を体験する。ただ，高学年の作品の中には，人物の変容が明確でない作品も現れる。対立葛藤的な人物イメー

ジはあまりなく，一人物（ないし数人）の内面的イメージが次々と重なり
合っていく作品等である（同上書，p.27）。例えば，「やまなし」。

　高学年では，基本的に，登場人物の生き方に対する学習者の多様な反応
と出会うことにより，自分の見方・考え方，生き方が揺さぶられ，そのこ
とを通して自分の人生を見つめ直し，語り直しが生じることが重要と考え
る。そのためには，生き方を考えさせる教材が適していると考える。

5-3　「語り直す力」を育てる文学の授業の構想
――教材「海のいのち」（6年）を事例に――

5-3-1　教材について

教材本文：「海の命／海のいのち」立松和平（作）伊勢英子（絵）（平成28
　　　　　年度版　光村図書出版『国語六　創造』／平成28年度版　東京書籍
　　　　　版『新しい国語　六』）

出典　　：1）　絵本「海のいのち」（1992）立松和平（作），伊藤英子（絵），
　　　　　ポプラ社
　　　　　2）「一人の海」（1991）『jump novel』集英社，「一人の海」
　　　　　（1993）『海鳴星』集英社

　本教材は，平成8年度より光村図書出版，東京書籍の二社の小学校国語
教科書に採録されている（平成27年度版の教科書にもこの二社に採録されて
いる）。光村図書版は2月中旬，東京書籍版は10月上旬に配置されている。
出典は，1992年にポプラ社から出版された絵本「海のいのち」（立松和平
作，伊勢英子絵）である。絵本「海のいのち」は，1991年8月に出版され
た「一人の海」（『jump novel』集英社，1991.8）が元になったとみられる。
その後，「一人の海」は，1993年に集英社から出版された『海鳴星』とい
う短編集に「海鳴星」「一人の海」「父の海」の三編のうちの一編として収
録されている。

絵本，教科書教材と一人の海
　絵本や教科書教材は，「一人の海」と比べ省かれている描写が多くみら

れる。このことが，指導する教師たちに，本教材が難解な教材と言われる要因と一つと考えられる。昌子は，次のように言う。

　　『一人の海』を改稿して絵本『海のいのち』として制作する過程で，その叙述・場面を大幅に削除したことによって，物語の筋・展開を支えるいくつかの「伏線」が欠落してしまったとも思えるのである。このことが，『海のいのち』という物語の読みをいくぶん困難にさせてしまっているのではないかという仮説を私はもっている　　　　　　　　　　（昌子 2006, p.30）

　本教材は，小学校現場では，父や与吉じいさ等の影響を受けながら，中心人物太一が成長していく物語として捉えられることが多い。そこで，本作品のクライマックス場面をみてみる。太一が，父を破った瀬の主であるクエと出会った場面である。「この魚をとらなければ，本当の一人前の漁師にはなれないのだと，太一はなきそうになりながら思う」と書かれている。ところが，次の一文には，「水の中で太一はふっとほほえみ，口から銀のあぶくを出した。」さらに，「おとう，ここにおられたのですか。また会いに来ますから」とクエに呼びかける。この変化には飛躍がある。「一人の海」には，次のように描写されている。（下線部が「一人の海」のみにある記述）

　　この魚を獲らなければ本当の一人前の漁師にはなれないのだと，太一は泣きそうな気分になりながら思う。激情が去ると，静かな気持ちになった。
　　水の中で太一はふっと微笑み，口から銀のあぶくをだした。銛の刃先を足のほうにどけ，魚に向かってもう一度笑顔をつくった。
　　「お父，ここにおられたとですか。また会いにきますばい」
　　　　　　　　　　　　　　　　　（立松和平 1991, p.175; 1993, p.106）

　また，このページの少し前には，次のような記述も見られる。

　　太一は鼻先に向かって銛を突き出すのだが，クエは動こうとしない。かつて自分が殺した漁師の息子にその身を捧げようとでもしているのかもし

れない。魚の目に見られているうちに，太一は自分が殺意もなく静かな気持ちでいることに気づいた。魚は太一の心を底までのぞいているかのようである。殺意ははじめからなかったのか，それとも魚の視線によって溶かされてしまったのか，すでに太一にはわからなかった。そうしたままで時間が過ぎた。太一は永遠にここにいられるような気さえしてきた。

（立松和平 1991, p.175; 1993, p.103 p.106）

　「激情が去ると，静かな気持ちになった」の一文が入ることで，太一の変容のすべてが説明できるとは思わない。だが，動から静への間がみてとれる。さらに，この前の下線部の記述をみると，太一は，この時点でクエを殺そうとはもう思っていないこともわかる。そして時間が過ぎる。上に浮かび戻ってくる。もう一度クエを見る。二回目の静かな時間。ここで，太一は「この魚を獲らなければ本当の一人前の漁師にはなれないのだと，泣きそうな気分になる」のである。そして，三回目の静が訪れ，「クエに向かって微笑む」のである。少なくとも，「一人の海」の方が教科書よりは，人物の変容を理解しやすいといえよう。

　「読み」は，ある場面だけで作られるものではない。例えば，「この魚をとらなければ本当の一人前の漁師にはなれないのだ……」という太一の思いは，「父を破ったクエと戦う（あるいは，父の復讐として殺す）ことを子どもの頃からの一貫した使命にしている太一」の描写があると読み手に理解されやすい。同じように，「そのたくましい背中に，母の悲しみさえも背負おうとしていた」「母が毎日見ている海は，いつしか太一にとって自由な世界になっていた」（絵本「海のいのち」にもない一文で，光村図書版のみにある）という記述が読み手に理解されるためには，林は「死んだ時に太一が復讐を誓い，周囲がその無謀さを説くといった場面があったなら，また母親が一人息子の太一を苦労してやっと育てあげた事情がわずかでも語られていれば，ここで彼女がこうした危惧のことばを漏らすのに違和感もなかっただろう」（林 2001, p.56）と述べている。「一人の海」には，次のような描写がある。

太一は密かな夢を育てていた。……父を殺したという瀬の主のクエを仕留めることだ……太一はそのクエを仕留めるために漁師になったのだと，……。そう夢想することで，太一には生きる力が湧いてきた。どんなにつらい仕事にも堪えることができたし，命が吸い込まれるような嵐と戦っても負けなかった。
　　　　　　　　　　　　　　　　　　　　　　　（立松和平 1991, p.152）

　血を分けてもらった母に心の底まで見透かされていることに改めて驚くのであった。母に何をいわれたところで，太一の決意がぐらつくわけではない。太一はあのクエを仕留めた時が，即ち自分が漁師として一人前になる時なのだと思い定めていた。その時こそ，父のように海で生きることができるのだ。頑なにそう思い込むほどに，太一は父を殺したクエのことを幼い頃より考えつづけてきたのである。
　　　　　　　　　　　　　　　　　　　　　　　　　（同上書，p.161）

　このように，クエを仕留めることは，太一の夢，使命となっていることが描かれている。また，母親の記述は13カ所あり，絵本・教科書教材と比べて多い。次のような会話場面もある。

　「お前が何を考えとるか，おっ母にはよくわかるばい。まるで掌の中にあるごつわかるばい」
　与吉爺さの船から帰ってきた太一に，母はこんないい方をした。……
　「何も考えとちょらん。ただ一人前の漁師になりたかばいと思ちょる。」
　太一が持ち帰ってくるタイやイサギは市場にだしてしまい……。
　「一人前の漁師になってどうするつもりね」
　「一人前に嫁ばもらって。子をつくるばい。おっ母にも楽をさせるばい」
　「どうしてお父の瀬にいっちょるたいね」
　「あそこには魚がおる。与吉爺さはあの瀬に魚を飼い付けしちょるばい」
　「お父の敵をとろうと考えちょること，おっ母にはお見通しよ。お父でさえ敗けたクエよ。半人前のお前にどうして敵打ちができるね。そんなことば考えちょると，お母は夜も眠れんばい」
　……太一は母親に心の底まで正確に見ぬかれていることに改めて驚いた。母は息子の死を案じているのである。
　　　　　　　　　　　　　　　　　　　　　　　　　（同上書 p.161）

318

　「おっ母は心配で心配でたまらんばい。いい若い衆になったのに，同輩と
も遊ばんと，女の子にも目くれんと，海ばかり見ちょる。お前の一途さが
恐ろしか」
　井戸で顔と手を洗ってきた太一は……。
　「俺の何が恐ろしいとか。俺は真面目な漁師ばい」
　「若い衆らしい遊びがあるでしょうが」
　「遊んどっても，ちいともおもしろなか。海はよかばい。海はそのへんの
女よりよかばい」
　「そげんいうちょっと，おっ母は何もいえんね。お前の考えは度が過ぎ
ちょろう」
　母は飯を盛り付けてくれる。……略……。
　「毎日海にいってきちんと漁をしてくるに，なぜ度がすぎちょるか」
　「おっ母は　お前がお父の瀬に潜るといついいだすかと思うと，恐ろしゅ
うて夜も寝られん。
お前の顔にはそげん言葉が書かれちょる」
　太一と母は何度同じ会話を交わしたことだろうか。　　　（同上書，p.166）

　このように，「一人の海」には，「父を破ったクエと戦うことが太一の夢」
であり，「そうすることで初めて一人前になれる」ということが繰り返し
述べられている。また，「太一が父親と同じようにクエと戦い，死んでし
まうのではないか」という母親の心配も繰り返し述べられている。太一は
そのような母親の思いと小さい頃からの夢・使命とのせめぎあいの中を生
きていたといえる。教科書教材にはそういう描写は省略されている。
　また，授業では，太一に影響を与えた人物として，父と与吉爺さが取り
上げられることが多い。しかし，「一人の海」を読む限り，母との葛藤，
母の影響も大きいことが考えられる。「一人の海」には，父親の死に対す
る母親の次のような言葉も描かれている。

　「あんな幸せな男はないばい。今ではクエになって海ん底ば泳いでるん
じゃなかろうかね」
　あの事故があってから，母は何度も何度も同じことをいった。
　　　　　　　　　　　　　　　　　　　　　　　　　　（同上書，p.150）

319

「漁師は海で死ぬのがなんばゆうても幸福ばい。母親の胸ば抱かれるこつある」

　父の遺体を前にして母親がいった言葉が，太一には鮮明に印象に残った。それ以来父は二度と太一の前に姿を見せなかったのであるが，太一は父が海に抱かれているのだと考えると少しは気持ちを落ち着かせることができたのだ。

（同上書，p.152）

　このような記述を読むと，「おとう，ここにおられたのですか。」とクエを父親と見ることや父親の死を「海に帰る」と捉える考えも，母親の影響によるものという推論も成り立つ。つまり，唐突に，「おとう＝クエ」と考えたのではないということになる。だが，教科書には，母親の記述はほとんどない。

　以上のことから，本教材の指導の困難さは，昌子（2006）が指摘したように，「一人の海→絵本『海のいのち』」の改編過程において，「一人の海」にあった描写が省略されたことが大きな要因と考えられる。さらに，絵本『海のいのち』→教科書教材」過程において，絵の削減・カット化等の影響が考えられる。

　このような教材をどのように指導すればよいであろうか。二つの方法が考えられる。一つは，教材の「飛躍」を積極的に捉える方法である。冨安は，「『飛躍』が多いことは，逆の側面からみるならば，教材「海のいのち」には読者による読みの可能性が比較的多様に開けているということでもある」（冨安 2011, p.46）と述べている。確かに，空所・空白は，読み手にその間を繋ぎ，新たな意味を生成しようとするエネルギーとなる。山本は，「教室で「海のいのち」を学ぶことを通して，解釈することの喜びを伝えられないかと願う」（山本 2005, p.59）と述べている。

　もう一つの方法は，主教材を教科書とし，副教材として「一人の海」，絵本「海のいのち」を利用する方法である。「一人の海」を使用し，「母と太一の会話」「太一のクエと戦うという小さい頃からの夢・使命」等を補う。そうすることで，「母に心配をかけたくないという思いと自分の使命

＝クエと戦うことで一人前になる」の中で揺らぐ太一がより鮮明となってくる。その結果，太一の変容に影響を与えた人物を考察する場合も，「父」「与吉爺さ」「母」の三人から検討でき，より多様な考えを引き出すことが可能になることも考えられる。そこで，本単元の指導においては，教科書を主教材とし，「一人の海」及び絵本「海のいのち」の絵等で補いながら指導することとする。

5-3-2　目標について

　高学年では，「三人以上のより複雑な人物関係の中での対立葛藤」を扱った物語を読むことになる。本単元では，中心人物太一が，母親の「クエとは戦わないでほしい。父と同じようになってほしくないという願い」と「クエと戦うことで一人前になれるという思い」との葛藤の中で，「父」「母」「与吉爺さ」の影響を受けながら，変容していく物語と捉える。
以上のことから，次の目標を設定する。

　　○ 教科書教材の「海の命／海のいのち」とその原典とされる「一人の海」（絵本「海のいのち」を絵）比べ読みをする。そうすることで，太一と父，太一と与吉じいさ，太一と母，との関係に対する思いがどのように変化するかを交流することができる。

　　○ 登場人物の生き方を振り返り，人生イメージ図を語り直すことができる。

　　○ 出来事の繋がりが明確になることで，登場人物の生き方（自己物語）の捉えが変化することを体験する。

5-3-3　指導の工夫について

　次のような指導の工夫をする。

　1）教科書教材の「海の命／海のいのち」とその原典とされる「一人の海」の比べ読みをさせる。次のように行う。

　　① 教科書のある場面を読ませる。

　　② 疑問点を出させる。

③ 続いて，「一人の海」を読ませる。

④ 人物の捉えがどのように変化したかを発表させる。

　出来事の繋がりが明確になることで，登場人物の生き方（自己物語）に対する読み手の捉えが変化することを体験させる。特に，異なるテクストを読むことで（語り手の語り方によって），母の太一の人生への影響に対する読み手の捉えが変化することに気付かせたい。

　2）単元の初めと終わりに「人生イメージ図」を書かせ，交流させる。次のような方法で行う。

① ひもと花（3〜4）・石（2〜3）〈画用紙に花と石を描き，切り取る。大きさは事件の重大さで各自が決める〉準備する。

② ひもを12年間の人生，花（よい影響を与えた出来事），石（悪い影響を与えた出来事）とし，ひもの上に置かせる。

③ ペアまたはグループで交流する。

　3）リフレクティング・プロセスを使った感想文の交流を行う。

　感想文の交流においては，先行実践として，太田正夫（1987, 1996）の「十人十色を生かす文学教育」がある。太田は，1）第一次感想を書く，2）第二次感想（感想についての感想＝「書くために読む」），3）感想の感想についての話し合い，を行い，読みの多様性を担保しつつ，読みのアナーキーに陥らないように工夫した貴重な実践である。山元は，「〈十人十色の文学教育〉という発想には，読者の読みの多様性を生かすという側面と，各々の読者が他者の読みに関わることによって自己の読みを〈対象化〉〈相対化〉するという側面との両方がそなわっていたのである」（山元　2011, p.118）と述べている。リフレクティング・プロセスを使った感想文の交流も太田の実践から学ぶものである。

5-3-4 指導計画について

世界	次（時）	学 習 活 動	体験過程	指導の手立て
現実世界	○次(1)	○人生イメージ図を作り，12年間を振り返る。 ・グループ交流をする。 〈準備〉 ひも 花の絵（大きさ自由 3-4枚） 石の絵（実物でもよい 大きさ自由2-3枚）	現実世界	・自分の人生を物語と捉えさせ，イメージ化させる。そのために，節目となる出来事（花：よい影響を与えた出来事，石：悪い影響を与えた出来事）を選び，ひもの上に配置させ，交流をする。 ・総合的学習の時間等を利用する。
作品世界	一次(2)	○絵本の「読み聞かせ」を聴き，物語の大体の筋をつかみ，感想を書き，交流する。 ・表紙の絵を見せ，どんなお話だろうと問いかけ，予想させながら，読み聞かせる。 ・途中で，これからどうなると思う？等と予想をさせながら，読み聞かせる。 ○登場人物，あらすじをつかみ，交流する。 ・物語を一文にまとめましょう。 ◎なぜ，「太一はクエを殺さなかったのか。 途中の「太一」を詳しく読もう。	入る過程	・空間的配置・身体の配置：教科書は持たせず，観客になってお話を聴かせる ・道具の配置：絵本を提示し「作品世界」に引き込む。 ・中心人物の変容を大きく捉えさせる。「○○な太一が，・・（出来事・人物）と出会うことで，△△な太一になる話」という形式で書かせる。 ・6つの場面に区切り，場面ごとに，登場人物に「なる過程」「みる過程」を繰り返し，行わせる。
		○1の場面の「太一と父の関係」をどう思うか，話し合う。		・「太一，父」になって，「太一，父」が①見たこと・し

作品世界 二次(7)		

	な　る過程 / み　る過程	

たこと（行為）、さらに、②考えたこと（意味）を推論させる。

例「あなたは、クエと戦って殺されたのですか。それとも、事故ですか。」

「なぜ、10日も不漁の日が続いても変わらないのですか。家族が心配でないのですか。」

例「あなた（太一）は、父の死をどう思っているのですか。」

・父の復讐
　・一度戦いたい
　・会いたい、憧れ

「こんな太一をどう思いますか。出来事・行為についても教えてください」

・「太一・与吉じいさ」になって。「太一・与吉じいさ」が①見たこと・したこと（行為）、さらに、②考えたこと（意味）を推論させる。

例「どんな所から太一を村一番の漁師と判断したのですか」

例「あなたは（太一）、どうして与吉じいさに弟子入りしたのですか。理由は何ですか」

「こんな太一をどう思いますか。出来事・行為についても教えてください」

・「太一・母」になって、「太

---

1) 教科書を読み、父についてわかったことを話し合う。
2) 教科書を読み、太一が父をどう思っていたかについて話し合う
3) 「一人の海」を読み、学習者は太一をどう思うか話し合う。「一人の海」を読み、太一や父のイメージが変わった所があれば交流する。
（心に残った出来事・行為も交流）

○2・3の場面の「太一と与吉じいさとの関係」をどう思うか話し合う。
1) 教科書を読み、与吉じいさについてわからないことを話し合う。
2) 教科書を読み、太一が与吉じいさをどう思っていたかについて話し合う。
3) 「一人の海」を読み、学習者は太一をどう思うか話し合う。「一人の海」を読み、太一や与吉じいさのイメージが変わった所があれば交流する。
（心に残った出来事・行為も交流）

○4の場面の「太一と母の関係」をどう

作品世界	二次(7)		なる過程 みる過程	
		思うか，話し合う。 1）教科書を読み，母についてわからないことを話し合う。 2）教科書を読み，太一が母をどう思っていたかについて話し合う。 3）「一人の海」を読み，学習者は太一をどう思うか話し合う，「一人の海」を読み，太一や母のイメージが変わった所を交流する。 （心に残った出来事・行為も交流）		一・母」が①見たこと・したこと（行為），さらに，②考えたこと（意味）を推論させる。 例 「おそろしくて夜も眠れない…」から「おだやかでみちたりた　美しいおばあさん」になれた原因をあなた（母）は何だと思いますか」 例 「あなたに（太一）にとって，母はどんな存在ですか」「こんな太一をどう思いますか」「「一人の海」を読み，太一や母のどんなイメージが変わりましたか」
		○5・6の場面の「太一」になって，「太一」が体験したこと，その意味を話し合う。 ○ 「太一」をどう思うか話し合う。 1）5・6の場面（教科書，人の海）を読み，「なぜ，太一はクエを殺さなかったか」話し合う。 2）こんな太一をどう思うか話し合う。 　（心に残った出来事・行為も交流）		「太一はなぜクエを殺さないのか」 例★「逃げた」 ・恐くなった ・諦めた ★「殺すべきでないこと」へ気付き ・海はいのち。父であり，与吉じいさもいる。クエは海そのものと気付いた ・「海のめぐみ」より生かされているいのちに気付いた ・与吉じいさの言葉の意味，母の言葉・思いに気付いた 　（海への畏敬）

作品世界	二次 (7)	○太一の人生に最も影響を与えた人物について話し合う。 「太一の人生に最も影響を与えた人はだれだと思いますか」 　・父 　「クエと戦うことが太一の人生を支えた。その意味で，父の影響は大きい」 　「太一の憧れ。海はめぐみを教えてくれた」 　・与吉じいさ 　「1000匹に1匹という考えを学ぶ」 　「戦う父から，生かす与吉じいさに変わったから」 　「与吉じいさのおかげで，父を乗り越えることができたから」 　・母 　「母の思いに応えたかったから」 　「クエは父である，みんな海に抱かれているということを教えてくれたから」 　「母をこれ以上悲しませたくないから」	みる過程	★はじめ 父の死に対する思い 　（瀬の主に対する思い） ・父の復習 ・クエと戦ってみたい 　（一人前の漁師になれる） ↓ 影響 影響 「海のめぐみ」父，与吉じいさ 「100匹に1匹」　与吉じいさ 「海に抱かれて」　母 「太一への思い」　母 ↓ ★終わり 殺すべきでないことの気付き
作品世界↓現実世界	三次 (3)	○　「海のいのち」の心に残った出来事・行為・場面のイメージを話し合う。 1）心に残った出来事・場面等をワンワードでイメージし，カードに書く。 2）グループでカードの紹介をする。 　例　抵抗 3）グループで，カードを回し，自分の考えたイメージを一つ，友達のカードに付け加える。 4）集まったイメージ言葉をもとに，もう一度イメージする。	イメージ化	・「抵抗ってどういう意味ですか」等と質問が出れば，そこから交流させる。 ・「イメージ言葉が集まりましたね。それをもとに，もう一度作品をイメージしてください」と指示する。

現実世界	三次 (3)	○イメージした場面や出来事・行為をもとに，自分の経験を見直す。 「イメージした場面や出来事・行為と類似した経験はありませんでしたか」 ・「自然と人間との共生」の視点 ・「戦いより協同」の視点 ・「生かされたいのち」の視点 ・「父と子」「母と子」という視点		・心に残った，気になった，感じた場面や出来事・行為から，自分の個人的経験との関わりを考察させる。 ・作品を読み，児童が捉えた多様な視点から，自分の経験を見直させる。
		○感想文を書き，交流をする。「心に残った行為，出来事，場面をもとに，感想文を書き，交流する。 【リフレクティブ・プロセスを使った感想文の交流】 1）グループAは，グループBの感想文についての感想を話し合う。 3）次に，グループBは，「自分の感想文の感想」を聴いて感じたことを話し合う。グループAはその話し合いを周りから観察する。 2）グループAの感想文についても同じように行う。（最後に感想文の修正を行ってもよい）	引き出す過程	・評価ではなく，感じたことを・心に残ったこと・気になったことを感想として述べる。グループBは「自分の感想文についての感想」を述べている様子を周りから観察する。 ・自分の人生を物語と捉えさせ，イメージ化させる。 ・作品を読むことを通して，出来事の選択や配列に変化が生じたかを考察させる。 ・総合的学習の時間等を利用する。
	○次 (1)	○人生イメージ図を作り，12年間を振り返る。 ・グループ交流をする。 〈準備〉 ひも 花の絵（大きさ自由 3-4枚） 石の絵（実物でもよい 大きさ自由 2-3枚）	引き出す過程 意味づける	・自分の人生を物語と捉えさせ，イメージ化させる。 ・作品を読むことを通して，出来事の選択や配列に変化が生じたかを考察させる。 ・総合的学習の時間等を利用する

※○次は，国語科教育以外の時間に行う。例えば，総合的な学習の時間等である。

327

終　章
本研究の成果と課題

　ここまで，「語り直す力」を育てる文学教育の理論的・実践的な論究を
進めてきた。最後に，本研究の成果と課題を述べる。

1　成果

　序章で述べたように，本研究では4つの目的の達成が目指されていた。
以下，本研究がそれぞれの目的をどのような点で達成したかを述べる。

1-1　「語り直す力」育成の必要性及び
　　　「語り直す力」の捉え直し（目的1）

　第1章において，以下のことを明らかにした。まず，1)「生きる力」を
育成するには，「思慮深さ／省察力」の育成が必要あること，だが，2)「思
慮深さ／省察力」概念には，メタ認知の変容が省察の対象とされていない
こと，そこで，3)「思慮深さ／省察力」を「自己の考え及びその背後に
ある自己像・世界像（自己）を相対化し，批判的に検討し，新たな自己像・
世界像（自己）を再構築する力」と捉え直し，そのような「語り直す力」
の育成が必要であること，である。

　次に，ナラティブ研究を概観し，「語り直す力」育成のための理論的枠
組みとして，ナラティブに依拠することの有効性を明らかにした。ナラ
ティブを援用し，自己を「物語」と捉えることにより，語り直すことで新
たな自己像・世界像が立ち上がり，「自己（自己像・世界像）を語り直す力」
を，「自己物語を語り直す力」と捉えればよいことが示唆された。

1-2 「語り直す力」を育てる文学の授業の理論構築（目的2）

　第2章では，「ナラティブ・アプローチ」による「自己物語」の語り直しの実践及び理論を考察し，「語り直す力」を育てる文学教育の授業を構想するための知見を明らかにした。第3章では，第2章で得られた先行研究の知見及び課題を踏まえ，「語り直す力」の育てるための文学の授業の理論構築を行った。「語り直す力」を育てる文学の授業理論として，【五つの過程】と【三つの視点】を提示した。以下の通りである。

【五つの過程】

1）入る過程→2）なる過程（他者理解）→3）みる過程→（イメージ化）→4）引き出す過程→5）意味づける過程

【三つの視点】

　　○「場」・・「作品が位置づけられた場」・時代や文化の権力性

　　　　　　　・・「語られた場」　　　・教室という場の権力性，　・時代や文化の権力性

　　○「コミュニケーション過程」・権力性を弱める手続きとて，

　　　　　　　　　　　　　1）指名権を学習者に移す，

　　　　　　　　　　　　　2）「引用」方略の導入

　　○「道具」・・教材，教師の物語，学習者の物語

【五つの過程の概要】

1）1）から3）は，「現実世界」の学習者は，「作品世界」に入り，「物語」の「聴き手」として「作品世界」を体験することになる。

2）「なる過程」。他者の視点をくぐりぬけることで，登場人物や語り手を自分の枠組みから読まないようにする。「行為→意味づけ」「意味づけ→行為」過程を推論する。なぜならば，人は「出来事を筋立てることで意味づけ」，「意味づけに反応して，次の行為をする」からである。

3）「みる過程」。「○○になった私」から少し距離を置いて，もう一人の

私が「○○になった私」を「みる」ことになる。ここでは，評価や批判だけにならないようにする。そうなった場合，登場人物や語り手を自分の枠組みだけから捉えてしまい，「揺らぎ」「ズレ」が生じなくなってしまう。

4）「作品世界」の私と「現実世界」の私を繋ぐために，「作品世界」の出来事から感じたイメージを大事にする。そのイメージに名前をつけ，そのイメージをもとに，「引き出す過程」へと繋がるようにする。

5）4）から5）では，「現実世界」に戻った学習者は，「自己物語」の「語り手」であると同時に，自身の「物語」の「読み手」として，「作品世界」の体験で得た新たな視点で読むことになる。

6）「引き出す過程」。「文学体験をした私」と「そうでない私」が対話をする。「文学体験をした私」は，文学体験で獲得した視点から，自分の経験を捉え直すことが可能となり，「未だ語られぬ」出来事を発見し，引き出すことになる。

7）「意味づける過程」。新たに引き出した出来事によって，どこに連れて行かれるかを考える。つまり，出来事の意味づけをすることになる。終末を設定し，新たに引き出した出来事・今までの出来事を筋立て，新たな「物語」を立ち上げることになる。

1-3 「語り直す力」を育てる文学の授業理論の有効性の検証（目的3）

　第4章では，第3章で構築された理論の有効性を検証した。一つは，〈教室という場〉〈コミュニケーション過程〉〈道具（教材）〉の変化が「作品世界」の「登場人物の自己像・世界像」の語り直しに及ぼす効果を検討した。二つは，「言論の場」の変化が「学習者の自己物語（自己像・世界像）」の語り直しに及ぼす効果を検討した。その結果，〈教室の場〉の権力性を弱めること，対話的コミュニケーションの活用及び学習者の「内部の物語」を揺さぶる教材が，「登場人物の自己像・世界像の語り直し」に有効であ

ることが示された。さらに，「言論の場」の変更が，「作品世界」の読みを
深め，「自己物語の語り直し」に有効であることが示された。

1-4 「語り直す力」を育てる文学の授業の構想（目的4）

　第5章では，第4章の授業実践から得られた実践的な知見，及び，残さ
れた課題の考察を進め，「語り直す力」を育てる文学の授業を構想した。
まず，「語り直す力」を育てる五つの過程，〈コミュニケーション過程〉に
おける各学年の到達目標，及び，〈場・道具〉の発達段階に応じた配慮事
項を示した。さらに，小学校の低学年では，「ニャーゴ」（2年），中学年で
は，「おにたのぼうし」（3年），高学年では，「海の命／いのち」（6年）を
事例に，発達段階に応じた「語り直す力」を育てる文学の「授業モデル」
を示した。

　以上，本研究がどのように4つの目的を達成してきたかを述べた。これ
らの目的を達成できたことが本研究の成果である。

2　課題

本研究に論じきれなかった課題について述べる。

2-1　理論の精緻化

　第4章で行われた授業理論の検証は，研究者自身の実践を検証したもの
が中心である。研究者自身が実践者であるということは，児童の考えの背
景にある状況・文脈を知ることが可能であり，児童の考えを児童の置かれ
た状況・文脈の中で解釈できるという利点がある。しかし，理論の信頼
性・妥当性を高めるためには，今後，他の実践者の事例はもちろんのこと，

他の学年の事例等，多様な事例を検証する必要がある。特に，高学年においては，「作品世界」の登場人物の自己像・世界像の見直しと「自己物語」の語り直しとの関係をより多くの事例から検討する必要があると考える。その際，実験授業の中で残された，教室の流動的なコンテクスト（状況，文脈）を児童がどう捉え，そのことが児童の「登場人物の自己像・世界像」の語り直しに，どのような影響を与えているか，を明らかにする必要もあろう。

2-2　中学・高校生における「語り直す力」の育成

　本研究における「語り直す力」を育てる文学の授業モデルは小学生を中心に構想している。「語り直す力」は，自己を，人生を「物語」と捉え，語り直すことで新たな自己（人生）を生成する力のことである。このような力を直接的に必要とするのは，小学生よりもむしろ，中学・高校生以上といえよう。その点からも，早急に，「語り直す力」を育てる文学の授業の中学・高校生モデルを作る必要があろう。本研究の理論は，中学・高校生にも援用できるものと考えている。中学・高校生以上の「語り直す力」の育成は，五つの過程を繰り返しながら，その質を高めていくものと考えられる。

　小学生から高校生までの授業モデルを構想し，実践を積み重ねる中で，実践方法の工夫及び理論の精緻化を行う。そうすることで，本研究がより社会に貢献できる研究になるものと考える

2-3　「語り直す力」を育てる授業と読書教育

　本研究は，「語り直す力」を育てるための文学教育に焦点を当て研究をしてきた。「語り直す力」を育成するためには，文学が適していると考えたからである。だが，第4章の実験授業では，文学作品（教科書教材）の「読み」に絞って論じられた。「語り直す力」の育成に読書教育はどう関わる

のか，このような視点では論じられていない。このような点は今後の課題
としたい。

参考文献

秋葉英則（1989）『思春期へのステップ：9，10歳を飛躍の節に』清風堂書店，大阪

秋田喜代美（2000）『子どもをはぐくむ授業づくり』岩波書店，東京

秋田喜代美，市川洋子，鈴木宏明（2002）「授業における話し合い場面の記憶——参加スタイルと記憶——」，『東京大学大学院教育学研究科紀要』42，257-273

秋田喜代美，村瀬公胤，市川洋子（2004）「中学校入学後の学習習慣の形成過程——基礎学力を支援する学校・家庭環境の検討」，『東京大学大学院教育学研究科紀要』43，205-233

アウグスチヌス（1976）服部英次郎（訳）『告白（下）』岩波書店，東京

浅野智彦（2001）『自己への物語的接近：家族療法から社会学へ』勁草書房，東京

朝倉　徹（1993）「文学教育における「教師中心主義」——「中心人物」「主題」等を単一化する技術論とその発想を批判する」，『教育学雑誌』27，41-54

芦田恵之助（1987）古田拡他（編）『芦田恵之助国語教育全集』明治図書，東京

あまんきみこ（1969）いわさきちひろ（絵）『おにたのぼうし』ポプラ社，東京

荒木繁（1953）「民族教育としての古典教育——「万葉集」を中心にして——」，『日本文学』2（9），1-10

荒木繁（1955）「文学教育について」，『日本文学』4（9），30-35

荒木繁（1968）「古典教育の課題——『民族教育としての古典教育』の再検討——」，『日本文学』17（12），59-76

荒木繁（1970）『文学教育の理論』明治図書，東京

有元秀文（2006）『「国際的な読解力」を育てるための「相互交流のコミュニケーション」の授業改革』渓水社，広島

幾田伸司（2011）「語られなかった状況を読むことの可能性——物語テクストにおける登場人物の「不在」に着目して——」，『国語科教育』70，28-35

石井直人（2003）「児童文学と文学教育のつながりとずれ」，『日本文学』52（8），57-65

石黒広昭（1998）「心理学を実践から遠ざけるもの——個体能力主義の復興と破綻——」佐伯胖，宮崎清孝，佐藤学，石黒広昭『心理学と教育実践の間で』東京大学出版会，103-156

五十嵐亮，丸野俊一（2008）「教室談話における「発言相互の繋がり」を可視化する分析方法の開発と適用」，『日本教育工学雑誌』32，89-98

井関義久（1972）『批評の文法——分析批評と文学教育』大修館書店，東京

井関義久（1984）『国語教育の記号論——「批評の学習」による授業改革——』明治図書（後に，国語教育基本論文集成（1994）第12巻　明治図書，に収録）

一柳智紀（2009）「教師のリヴォイシングの相違が児童の聴くという行為と学習に与える影響」，『教育心理学研究』57，373-384

一柳智紀（2007）「「聴くことが苦手」な児童の一斉授業における聴くという行為——「対話」に関するバフチンの考察を手がかりに——」，『教育方法学研究』33，1-12

尹　東燦（2009）「文学の社会的機能について，教育研究フォーラム」，『学校法人タイケン学園研究グループ研究誌』1，50-54

ヴィゴツキー，L. S. 柴田義松（訳）（2001）『思考と言語』新読書社，東京

ウォルフガング・イーザー（1978）轡田収（訳）（1982）『行為としての読書』岩波書店，東京

榎本博明（1999）『〈私〉の心理学的探究，物語としての自己の視点から』有斐閣選書，東京

大河原忠蔵（1968）『状況認識の文学教育』有精堂，東京

大河原忠蔵（1970）『状況認識の文学教育入門』明治図書，東京

太田正夫（1987）『新版　想像力と文学教育——十人十色を生かす文学教育』創樹社，東京

太田正夫（1996）『十人十色を生かす文学教育『ひかりごけ』の授業を中心に』三省堂，東京

岡本夏木・池上貴美子・岡村佳子（訳）ブルーナー，J. S.（2004）岡本夏木・池上貴美子・岡村佳子（訳）『教育という文化』岩波書店，東京，311

落合幸子（編著）（2000a）『小学三年生の心理　次へのステップアップ』大日本図書，東京

落合幸子（編著）（2000b）『小学四年生の心理　十歳一二分の一成人式』大日本図書，東京

垣内松三（1933）『実践解釈學考』不老閣書房，東京

柿　慶子，辻河昌登（2008）「小学生の学校のライフサイクルに関する臨床心理学的研究」，『学校教育学研究』20，9-17

ガストン・バシュラール，宇佐見英治（訳）（1968）『空と夢——運動の想像力にかんする試論——』法政大学出版局，東京

勝田　光（2011）「国語科における読みの社会的構成に関する一考察——間テクスト性概念を用いた読者反応の分析を手がかりとして——」，『国語と教育』36，14-26

加藤直樹（1987）『少年期の壁をこえる——九，十歳の節を大切に——』新日本出版社，東京

金子書房編集部（編集）（1952）『生活綴り方と作文教育』教育建設，第3号

鷹田佳典（2005）「死別研究における物語論の可能性と課題——Neimeyer の「意味の再構築モデル」を中心に——」，『法政大学大学院紀要』54，139-150

河合隼雄（2001）「心理臨床における「物語」の意義」，『精神療法』27，3-7

川崎寿彦（1967）『分析批評入門』至文堂，東京

柄谷行人（1986）『探求Ⅰ』講談社，東京

蔵内保明，船瀬安仁，山元悦子（1998）「話し合いの能力の発達に関する研究〜同一課題による小学2・4年の授業分析を通して〜」，『福岡教育大学紀要』47，75-100

国分一太郎（1951）『新しい綴り方教室』日本評論社，東京

興水　実（1966）『国語教育の近代化入門』明治図書，東京

小玉亮子（1996）「語らない子どもについて語るということ——教育「病理」現象と教育研究のアポリア」，『教育学研究』63（3），286-293

小玉重夫（2010）「物語論の公共性に開くために——主体の脱中心化へ向けて——」，『教育思想史学会第19回大会，フォーラム』，31-36

小西甚一（1967）「分析批評の文献解題」『国文学　解釈と鑑賞』5月，至文堂

小浜逸郎（2000）『なぜ人を殺してはいけないのか』洋泉社，東京

小林敬一（2002）「フロア・コントロールを介したリヴォイシング機会の取得，中学校における理科の授業を例として」，『日本教育工学雑誌』26，21-26

小松孝至・紺野智衣里・中條佐和子（2010）「児童期の自己の発達と正月高の教育実践　作文（綴方）・スピーチ活動の心理学的な意味づけ」，『大阪教育大学紀要』591，81-95

西郷竹彦他（編）（1988）「分析批評による文学の授業の見直し」，『文学教育基本論文集』4，明治図書，東京

佐々原正樹，青木多寿子（2012）「話し合いに「引用」を導入した授業の特徴——小学4年生の談話分析を通して——」，『日本教育工学会論文誌』35（4），331-343

佐々原正樹（2013）「引用を導入した学級における「聴くこと・発言形成」に関わる方略の習得——中学年の授業過程の事例的検討を通して——」，『日本教育工学会論文誌』36（4），375-391

佐々原正樹（2013）「「語り直す力」を育てる文学教育——「語り」から「語り直し」へ——」，『広島大学大学院研究紀要』第一部（学習開発関連領域）62，117-126

佐藤公治（1996）『認知心理学からみた読みの世界——対話と協同的学習を目指して——』北大路書房，京都

佐藤公治（1999）『対話の中の学びと成長』金子書房，東京

佐貫　浩（2011）「新自由主義教育改革と学力観の転換——学力概念の批判的再

　構成へ」教育科学研究会編『教育』786，71-79

ジェラルド・プリンス，遠藤健一（訳）（1991）『物語論辞典』松柏社，東京

渋谷孝・菅野朋子（1994）『鑑賞指導と分析批評・授業への応用』明治図書，東京

ジュリア・クリステヴァ（1969）原田邦夫（訳）（1983）『記号の解体学セメイオチケ1』せりか書房，東京

ジョン・ケラー，鈴木克明（監訳）（2010）『学習意欲をデザインする　ARCSモデルによるインストラクショナルデザイン』北大路書房，京都

須貝千里（1999）「「遠く遠くの空へ向かふ」へ――丹藤博文の「よだかの星」の実践を検討する――」，『日文協国語教育』NO. 30　日本文学協会

須貝千里（2000）「『国語科教育法』での研究的模擬授業」全国国語教育学会，自由研究発表

須貝千里（2013）「「言葉ひとつ」、ふたたび　鶴田清司と加藤典洋――」，『日本文学』62（8），13-27

菅原　稔（2009）「戦後生活綴り方（書くこと・作文）教育における「文章表現形体」論についての考察」，『岡山大学大学院教育学研究科集録』141，47-58

杉村靖彦（1999）「物語と自己の探究――物語的自己同一性をめぐって」（秋季シンポジウム：「ポール・リクールの物語理論とその展開」），『フランス哲学・思想研究』（4），68-83，

昌子佳広（2006）「教材『海の命（いのち）論（2）：立松和平「一人の海」との比較をもとに』」，『国語教育論叢』15，27-39

昌子佳広（2013）「文学的文章教材における「挿絵」の機能とその活用に関する考察――言葉・挿絵間の「同一性」・「非同一性」に基づいて――」，『月刊国語教育研究』493，50-57

鈴木啓子（2004）「『ごんぎつね』をどう読むか」，『日本文学』53（8），30-40

住田　勝（2007）「ごっこ遊びから文学の読みへ――入門期文学教材の分析を中心として――」，『月刊国語教育研究』419，46-51

住田　勝（2009）「初等教育入門期における物語の読みの学習指導――「サラダでげんき」を軸として――」，『大阪教育大学国語教育講座，日本アジア言語』52，57-77

住田　勝（2011a）「小中連携国語科学習指導のために一考察――物語教材の系統性の検討を通して――」，第120回　全国大学国語教育学会，京都大会，自由研究発表資料

住田　勝（2011b）「物語教材の系統性に関する一考察――「人物」と「場面」を手がかりとして――」，第121回　全国大学国語教育学会　高知大会　自由研究発表資料

住田勝・山元隆治春・上田祐二・余郷勇次（2001）「文学作品の読みの能力の発

達についての研究〈つづき物語〉の分析を中心として」,『国語科教育』49, 57-64

皇　紀夫（1999a）「人間形成の方法の問題——臨床教育学との関連で」岡田渥美（編）『人間形成論——教育学の再構築のために』玉川大学出版部

皇　紀夫（1999b）「なぜ,〈臨床〉教育学なのか——『問題』の所在と理解」和田修二（編）『教育的日常の再構築』玉川大学出版部

荘島（涌井）幸子（2006）「自己物語論への《語り得ないもの》という視点導入の試み」,『心理学評論』48（4）, 655-667

高垣マユミ, 田爪宏二, 清水　誠（2006）「理科授業の議論過程におけるトランザクティブディスカッションの生成を促す教師の介入方略」,『教授学習心理学研究』2, 23-33

高垣マユミ（2009）『認知的／社会的文脈を統合した学習環境のデザイン』風間書房, 東京

高木まさき（2001）『「他者」を発見する国語の授業』大修館書店, 東京

高橋美恵子（2009）「「生きる力」の教育方法学的検討と実践への課題」,『関東学院大学文学部紀要』116, 127-148

高橋善彦（1978）「「ごんぎつね」（四年）の実践群馬実践国語研究会」,『実践国語研究双書1・言語力をつける読みの授業』明治図書, 116-118, 東京

高森邦明（1975）『児童文学教材の研究』鳩の森書房, 122-123, 東京

田近洵一（1975）『言語行動主体の形成——国語教育への視座』新光閣書店, 東京

田近洵一（1990）「状況認識とその教育　国文　研究と教育」,『奈良教育大学, 国文学会』13

田近洵一（1999）『戦後国語教育問題史』大修館書店, 東京

田島充士（2008）「再声化介入が概念理解の達成を促進する効果, バフチン理論の視点から」,『教育心理学研究』56, 318-329

立木徹, 伏見陽児（2008）「文学作品の誤った読み取りの修正～「ごんぎつね」を取り上げて」,『茨城キリスト教』42, 269-285

立松和平（1991）「一人の海」『jump novel』集英社, 東京

立松和平（1992）伊勢英子（絵）『海のいのち』ポプラ社, 東京

立松和平（1993）「一人の海」『海鳴星』集英社, 東京

田中耕司, 小田真由美, 山口真希枝[他]（2005）「国語科における相互交流型授業の組織化に関する研究——学習過程の組織化が自己の読みの変容と他者の読みの受容に与える影響についての検討」,『読書科学』49（3）, 91-102

田中昌人（1987）『人間発達の理論』青木書店, 東京

田中実（2001）「メタプロットを探る「読み方・読まれ方」——『おにたのぼうし』を『ごんぎつね』と対照しながら——」,『文学の力×教材の力　小学校編

3年』東洋館出版社，8-22

田中実（2005）「「これからの文学教育」はいかにして可能か」，田中実，須貝千里（編著）『「これからの文学教育」のゆくえ』右文書院，425-457

田中　実（2012）「ポスト・モダンの〈読み方〉はいかにして拓かれるか——あとがきに代えて——」田中実・須貝千里（編）『文学が教育にできること——「読むこと」の秘鑰——』331-341，教育出版

丹藤博文（1997）「読むという葛藤——『よだかの星』の実践——」『日本文学』No.530

ダント，A．C．河本英夫（訳）（1989）『「物語としての歴史」歴史分析哲学』国文社

土山和久，所　浩子，浜野智明，森知佐登，小村典夫，野中拓夫（2012）「文学の授業を活性化する言語活動の構築（1）——実践論の基軸としての生産的方法——」，『大阪教育大学紀要』61（1），1-22

鶴田清司（2007）『〈解釈〉と〈分析〉に基づく文学教育論の構築——新しい解釈学理論を手がかりに——』早稲田大学，博士論文

寺田　守（2001）「読むことの学習に関する基礎的研究——間テクスト性概念を手がかりにして——」，『教育学研究紀要』47（2），76-81

寺田　守（2006）「読むことの学習において類似性に基づいた推論が果たす役割——間テクスト概念の検討を中心に——」，『国語の研究』32，31-41

鳶野克己（1994）「『拠り所のなさ』という拠り所——人間形成における『物語』の批判的再生のために」加野芳正・矢野智司（編）『教育のパラドックス／パラドックスの教育』東信堂，135-163

鳶野克己（1997）「物語・教育・拠り所——恫喝としての同一性」『近代教育フォーラム』6，教育思想史学会

鳶野克己（2003）「物語ることの内と外　物語的人間研究の教育学的核心」，矢野智司・鳶野克己（編）（2003）『『物語の臨界』「物語ること」の教育学』世織書房，3-25，神奈川

冨安慎吾（2011）「文学教材における読みの可能性についての検討：立松和平「海のいのち／海の命」の場合」，『島根大学教育学部紀要』教育科学・人文・社会科学・自然科学　44別冊，43-54

中野登志美（2011）「文学教育における批評概念の史的検討——ニュ・クリティシズム・分析批評を中心に——」，『広島大学大学院教育学研究科紀要』第二部60

中村雄二郎（1992）『臨床の知とは何か』岩波書店，東京

滑川道夫（1977）『日本作文綴方教育史1』　明治編，国土社

成田信子（2011）「「ごんぎつね」の教材価値論——〈語り〉の態度——」，第120回全国大学国語教育学会資料

難波博孝（1994）「コード解釈と推論解釈：言語的側面から見た国語科の教育内容」，『全国大学国語教育学会発表要旨集』87回，10-19

難波博孝（1999）『説明文学学習指導の基礎論的研究——テクスト分析論・読解モデル論・言語発達論を中心に——』広島大学　博士論文

難波博孝・三原市立三原小学校（2007）『PISA型読解力にも対応できる　文学体験と対話による国語科授業づくり』明治図書，東京

難波博孝（2008）『母語教育という思想』世界思想社，京都

難波博孝（2009）「国語教育とメタ認知」，『現代のエスプリ』497，至文堂

難波博孝（2010）「論理／論証教育の思想（2）——論理の教育および論証の妥当性について——」，『国語教育思想研究』（2），21-29

難波博孝（2014）「読み聞かせ——一人舞台としての——」，『月刊国語教育研究』No.509，28-31

永田麻詠（2009）「国語教育における自己観の考察：新たな自己観の構築に向けて」，『国語教育思想研究』（1），11-20

永田麻詠（2011）「エンパワメントとしての読解力に関する考察——キー・コンピテンシーの概念を手がかりに」，『国語科教育』70，68-75

西村拓生（2003）「「臨床教育学」的授業研究の試み（1）——大学と附属校園の協働のために——」，『人間文化研究科年報』（19），281-296

布村育子（2008）「『生きる力』の変容と教員養成の課題」，『埼玉学園大学紀要　人間学部編』8，107-117

野家啓一（2005）『物語の哲学』岩波書店，東京

野口裕二（2002）『物語としてのケア——ナラティブ・アプローチの世界へ——』医学書院，東京

野口裕二（編）（2009）『ナラティブ・アプローチ』勁草書房，東京

野平慎二（2010）「生成と物語——語りと語り直しの可能」，教育思想史学会第19回大会　フォーラム，15-30

濱田秀行（2010）「小説の読みの対話的な交流における「専有」」，『国語科教育』68，43-50

浜本純逸（1978）『戦後文学教育方法論史』明治図書，東京

浜本純逸（1993）「シンポジウム提案三　生涯学習時代の国語教育」，『国語科教育』40，30-40

林廣親（2001）「古い革袋に新しい酒は盛られたか——立松和平「海の命」をめぐって——」，田中実・須貝千里（編）（2001）『文学の力×教材の力　小学校編　6年』教育出版，東京

バルト，R. 花輪光（訳）（1985）『記号学の冒険』みすず書房，東京

ハロルド・グーリシャン，ハーレーン・アンダーソン（1992）野口裕二，野村直樹（訳）（1997）「クライエントこそ専門家である」マクナミー・ガーゲン

（編）『ナラティブ・セラピー』金剛出版，東京

飛田多喜雄，野地潤家監修（1994）『国語教育基本論文集成1』明治図書，東京

飛田多喜雄（1977）『国語教育方法論史』明治図書，東京

平井啓之（1968）疎外と文学，高橋和巳編『文学のすすめ』筑摩書房，東京

フィッシュ（1992）小林昌夫（訳）『このクラスにテクストはありますか　解釈共同体の権威3』みすず書房，東京

府川源一郎（1995）『文学すること・教育すること——文学体験の成立をめざして——』東洋館出版社，東京

府川源一郎（2000）『『ごんぎつね』をめぐる謎』教育出版，東京

藤村宣之，太田慶司（2002）「算数授業は児童の方略をどのように変化させるか——数学的概念に関する方略変化のプロセス——」，『教育心理学研究』50，33-42

ブルーナー，J. S.（2004）岡本夏木・池上貴美子・岡村佳子（訳）『教育という文化』岩波書店，東京

ポール・リクール，久米博（訳）（1987）『時間と物語　Ⅰ』新曜社，東京

ポール・リクール，久米博（訳）（1990）『時間と物語　Ⅲ』新曜社，東京

マイケル・ホワイト，デビット・エプストン（1990）小森康永（訳）（1992）『物語としての家族』金剛出版，東京

麻柄啓一（1994）「文学作品の読み誤りとその修正について」，『読書科学』38（1），5-12

マクナミー，カーゲン（編）野口裕二，野村直樹（訳）0（1997）『ナラティブ・セラピー』金剛出版，東京

間瀬茂夫，守田庸一，松友一雄，田中俊弥（2007）「小学生の話し合い能力の発達に関する研究：同一課題による調査を通した考察」，『国語科教育』62，67-74

松居　直（2000）「読んでもらうことの大切さ」光村図書『国語教育相談室』No.30

松尾純子（2010）「体験を語り始める」，『質的心理学研究』9，6-24

松下佳代（2010）「〈新しい能力〉概念と教育——その背景と系譜」，松下佳代（編）『〈新しい能力〉は教育を変えるか——学力・リテラシー・コンピテンシー』ミネルヴァ書房，1-42，京都

松下佳代（2011「〈新しい能力〉による教育の変容——DeSeCoキー・コンピテンシーとPISAリテラシーの検討——」，『日本労働研究雑誌』614，39-49

松橋俊輔（2013）「綴り方教授における「自己」への道——樋口勘次郎の「自発活動」から芦田恵之助の「発動的態度」へ」，『東京大学大学院研究科　基礎教育学研究室，研究紀要』39，97-107

松本　修（2010）「読みの交流を促す「問い」の条件」，『臨床教科教育学会誌』

10（1），75-82

松本　猛（1982）『絵本論——新しい芸術表現の可能性を求めて——』岩崎書店，東京

丸野俊一（2002）「自己表現力と創造的・批判的思考を育むディスカッション教育に関する理論的・実践的研究」平成11年度～平成13年度科学研究費補助金代表・丸野俊一基礎研究（A）研究成果報告書，丸野俊一，堀　憲一郎，生田淳一（2002）「ディスカッション過程での論証方とメタ認知的発話の分析」，『九州大学心理学研究』41，113-148

丸野俊一（2007a）「適応的なメタ認知をどう育むか」，『心理学評論』50（3），341-355

丸野俊一（2007b）「「心の働きを司る『核』としてのメタ認知」研究——過去，現在，未来——」，『心理学評論』50（3），191-203

南　博文（1991）「事例研究における厳密性と妥当性——鯨岡論文（1991）を受けて——」，『発達心理学研究』2，46-47

ミハイル・バフチン，M．M．新谷敬三郎，佐々木寛，伊東一郎（訳）（1988）『ことば対話テクスト，新時代社，東京

ミハイル・バフチン，M．M．桑野　隆（訳）（1989）『マルクス主義と言語哲学～言語学における社会学的方法の基本的問題～』未来社，東京

ミハイル・バフチン，望月哲男・鈴木淳一（訳）（1995）『ドストエフスキーの詩学』筑摩書房，東京

ミハイル・バフチン，M．M．伊東一郎（訳）（1996）『小説の言葉』平凡社，東京

宮西達也（作・絵）（1997）『にゃーご』すずき出版，東京

宮野安治（1998）「戦後教育と子ども理解——関係論の立場より——」，『教育哲学研究』77，41-46

向山洋一（1989）『分析批評で授業を変える』明治図書，東京

無着成恭（編）（1951）『山びこ学校』青銅社

村上呂里（2004）「『おにたのぼうし』（あまんきみこ）再読」，『日本文学』53（8），20-29

村瀬公胤（2005）「授業のディスコース分析」秋田喜代美，恒吉僚子，佐藤学（編著）『教育研究のメソドロジー——学校参加型マインドへのいざない——』東京大学出版会，115-137，東京

村松賢一（2001）『対話能力を育む話すこと・聞くことの学習』明治図書，東京

宮嶋秀光（2010）「人格と『キー・コンピテンシー』教育の目標概念に及ぼすDeSeCoプロジェクの影響について——」，『名城大学学校つくり研究』2，41-56

毛利　猛（1996a）「『物語ること』と人間形成」岡田渥美（編）『人間形成論

──教育学の再構築のために』玉川大学出版部

毛利　猛（1996b）「教育のナラトロジー」和田修二（編）『教育的日常の再構築』玉川大学出版部

毛利　猛（2003）「教師のための物語論」，矢野智司，鳶野克己（編）『『物語の臨界』「物語ること」の教育学』，世織書房，神奈川，29-53

森美智代（2001）「「語られる身体」としての「聞くこと」──「聞くこと」の学びの生成──」，『国語科教育』49，65-72

森美智代（2010）「高等教育における「言論の場」教育の探究」，『鈴峯女子短期大学人文社会科学研究集報』57，31-49

森美智代（2013）「文学体験に関する理論的検討：ルソーによる「解釈から証言へ」の移行に着目して〈論文〉，『国語教育思想研究』（7），42-50

森本正一（1977）『自己変革に導く文学教育』黎明書房，名古屋

文部省（編）（1947）『昭和二十二年度小学校学習指導要領　国語科（試案）』

文部省（編）（1951）『昭和二十六年改訂版小学校学習指導要領　国語科（試案）』

文部科学省（2008）中央教育審議会答申「幼稚園，小学校，中学校，高等学校及び特別支援学校の学習指導要領等の改善について」

矢野隆行（2008）「会話についての会話というシステム」矢野隆行・田代　順（編）『ナラティブからコミュニケーションへ──リフレクティング・プロセスの実践』3-21，東京

矢野智司（2000a）『自己変容という物語──生成・贈与・教育』金子書房，東京

矢野智司（2000b）「生成する自己はどのように物語るのか──自伝の教育人間学序説──」，やまだようこ（編）『人生を物語る──生成のライフストーリー──』ミネルヴァ書房，251-278

やまだようこ（2000a）「喪失と生成のライフストーリー ──F1ヒーローの死とファンの人生──」，やまだようこ（編），『人生を物語る──生成のライフストーリー ──』ミネルヴァ書房，77-111

やまだようこ（2000b）「人生を物語ることの意味──ライフストーリーの心理学──」やまだようこ（編），『人生を物語る──生成のライフストーリー』ミネルヴァ書房，京都，1-38

やまだようこ（2000c）「人生を物語ることの意味──なぜライフストーリー研究か？──」，『教育心理学年報』39，146-161

やまだようこ（2006）「質的心理学とナラティブ研究の基礎概念──ナラティブターンと物語的自己」，『心理学評論』49 No.3，436-463

やまだようこ（2007a）『喪失の語り　生成のライフストーリー』新曜社，東京

やまだようこ（2007b）「質的研究における対話的モデル構成法──多重の現実，ナラティブ・テクスト，対話的省察性」，『質的心理学研究』6，174-194

山元悦子（1996）「対話能力の発達に関する研究〜対話展開力を中心に〜」,『国語科教育』43, 39-49

山元悦子, 稲田八穂（2008）「コミュニケーション能力を育てる国語教室カリキュラムの開発——発達特性をふまえたコミュニケーション能力把握に立って——」,『福岡教育大学紀要』57, 59-76

山元悦子, 稲田八穂（2009）「コミュニケーション能力の発達に関する研究——小学5年生における認知・思考の発達特性——」,『福岡教育大学紀要』58, 113-128

山元悦子, 稲田八穂（2010）「小学校高学年の発達特性をふまえたコミュニケーション能力の育成に関する研究」,『福岡教育大学紀要』59, 119-142

山元悦子, 稲田八穂（2012）「小学校中学年の発達特性をふまえたコミュニケーション能力の育成に関する研究」,『福岡教育大学研究紀要』61, 109-125

山元悦子, 松尾剛, 若木常佳, 稲田八穂, 河野順子, 幾田伸司, 三浦和尚（2014）「小学生の話し合う力をどう見取るか」,『日本教科教育学会誌』37（1）, 53-62

山本欣司（2005）「立松和平「海の命」を読む」,『日本文学教育』54（9）, 53-61

山元隆春・住田　勝（1996）「文学作品に対する子どもの反応の発達：「おにたのぼうし」の場合」,『国語科教育』43, 60-69

山元隆春（1997）「あまんきみこ『おにたのぼうし』論」,『広島大学学校教育学部紀要』第1部　19, 31-38

山元隆春（2002）「コミュニケーション行為としての文学教育：読書行為の三極構成に着目して」,『全国大学国語教育学会発表要旨集』103, 98-101

山元隆春（2011）「文学教育基礎論の構築——読者反応を核としたリテラシー実践に向けて　CD-ROM 改訂版」溪水社, 広島

山元隆春（2013）「絵本を使った理解方略指導の実際——米国の事例を中心として——」第123回 全国大学国語教育学会弘前大会自由研究発表資料

山元隆春（2014）「「読解力」育成材としての絵本の有効性——, Janet Evans（編）（2009）Talking Beyond Page を手がかりにして——」第126回全国大学国語教育学会　名古屋大会自由研究発表

萬屋秀雄（1983）「小学4年　ごんぎつね（新美南吉）」, 浜本純逸他（編）『作品別文学教育実践史事典』明治図書, 東京

ロナルド・D・レイン, 笠原　嘉, 塚本嘉壽（訳）（1973）『経験の政治学』みすず書房, 東京

ロナルド・D・レイン, 志貴春彦（訳）, 笠原　嘉（訳）（1975）『自己と他者』みすず書房, 東京

Anderson,R. C., Chinn, C., Chang, J., Waggoner, M., and YI, H. (1997) On the

Logical integrity of children's arguments. *Cognition and Instruction*, 15, 135-167

Anderson, T. ed(1991) *The Reflecting Team ; Dialogues and Dialogues about the dialogues*, Norton, 鈴木浩二（監訳）（2001）リフレクティング・プロセス ――会話における会話と会話，金剛出版，東京

Berkowitz, M. W., and Gibbs, J. C. (1983) Measuring the developmental features of moral discussion. *Merrill-Palmer Quarterly*. 29, 399-410

Bransford, J. D., Brown, A. L. and Cocking, R. R. (1999) *How People Learn: Brain, Mind, Experience, and School*. Washington, DC: National Academy Press

Bruner, J. S. (1986) *Actual minds, possible works*. Harvard University Press. 田中一郎（訳）（1998）可能世界の心理，みすず書房，東京

Bruner, J .S. (1990) *Acts of meaning*. Harvard University Press. 岡本夏木，仲渡一美，吉村啓子（訳）（1999）『意味の復権――フォークサイコロジー向けて』ミネルヴァ書房，京都

Bruner, J. S. (1997) The culture of education, Cambridge, MS.: Harvard University Pres, 岡本夏木・池上貴美子・岡村佳子（訳）（2004）教育という文化，岩波書店，東京

Butler, J. (2005) *Giving an Account of Oneself*, Fordham University Press 佐藤嘉幸・清水知子（訳）（2008）「自分自身を説明すること」月曜社，東京

Cazden, C. B. (2001) *Classroom Discourse: The Language of Teaching and Learning* (2nd ed.). Portsmouth, NH: Heinemann

Charon R. (2006) *Narrative Medicine ; Honoring the stories of illness*. Oxford University Press, 斎藤清二他（訳）（2011）『ナラティブ・メディスン』医学書院，東京

Connelly, F. M. & Clandinin, D. J. (1999) *Shaping a Professional Identity: Stories of Educational Practice*, New York: Teachers College Press.

Danto, A. C. (1965) Analytical Philosophy of History, The Cambridge Press, 河本英夫（訳）（1989）『物語としての歴史　歴史の分析哲学』国文社，東京

Evans, J. St. B. T. (1989) *Bias in Human Reasoning:Causes and Consequences*. Hove: Lawrence Erlbaum Associates.

Fernandez, M., Wegerif, R., Mercer, N. and Rojas-Drummond, S. M. (2001) Re-conceptualizing scaffolding and the Zone of Proximal Development in the context of symmetrical collaborative learning. *Journal of Classroom Interaction*, 36, 40-54

FormanN, E. A., Larreamendy-Joerns, J., Stein, M. K. and Brown, C. A. (1998)"You're going to want to find out which and prove it": Collective argumentation in a mathematics classroom. *Learning and Instruction*, 8, 527-548

Freeman, M. (1992) Self as narrative: the place of life history in studying the life span. In Brinthaupt T.M. & Lipka,R.P. (Eds.) *The self: definitional and methodological issues*, Albany State University Press. 15-43

Gergen, K. J. & Gergen, M. M. (1983) Narratives of the Self, In T. R. Sabin & K.E. Scheibe (Eds.), *Studies In Social Identity*, Praeger.

Gergen, K. J. & Gergen, M. M. (1984) *Historical Social Psychology*, Eaelbaum.

Goffman, E. (1974) *Frame Analysis*. Cambridge, MA: Harvard University Press

Goffman, E. (1981) *Forms of Talk*. Philadelphia: University of Pennsylvania Press

Goodwin, M. H. (1990) *He-Said-She-Said: Talk as Social Organization among Black Children*. Bloomington: Indiana University Press

Herrenkohl, L. R. and Guerra, M. (1998) Participant structures, scientific discourse, and student engagement in fourth grade. *Cognition and Instruction*, 16, 431-473

Herrenkohl, L. R., PALINCSAR, A. S., DEWATER, L.S. and KAWASAKI, K. (1999) Developing scientific communities in classrooms: A sociocognitive approach. *The Journal of the Learning Sciences*, 8, 451-493

Johnson, R. T., Johnson, D.W. and Holubec, E.J. (1993) *Circles of Learning: Cooperation in the Classroom* (4th ed.). Interaction Book Company

Inagaki, K., Hatano, G. and Morita, E. (1998) Construction of mathematical knowledge through whole-class discussion. *Learning and Instruction*, 8(6), 503-526

Kleinman A. (1988) *The Illness Narratives, Suffring Healing and The Human Condition*. Basic Books, Inc., New York, 江口重幸, 五木田紳, 上野豪志 (訳) (1996) 病いの語り, 誠信書房 東京

Kuhn, D. (1991) *The skills of argument*. Cambridge University Press, Cambridge, UK

Lampert, M. (2000) Knowing teaching: The intersection of research on teaching and qualitative research . *Harvard Educational Review*, 70 (1), 86-99

Mead, G. H. (1934) *Mind, Self, Society* The Univ. of Chicago Pr. 稲葉三千男・滝沢正樹・中野 収 (訳) (1973) 『精神・自我・社会』青木書店, 東京

Means, M. L., and VOSS, J. F. (1996) Who reasons well? Two studies of informal reasoning among children of different grade, ability, and knowledge levels, *Cognition and Instruction*, 14, 139-178

Mehan, H. (1979). *Learning Lessons*. Cambridge, Mass: Harvard University Press.

Mercer, N. (1995) *The Guided Construction of Knowledge: Talk amongst teachers and learners.* Multilingual Matters LTD

Mercer, N. (1996) The quality of talk in children's collaborative activity in the classroom. *Learning and Instruction,* 6(4), 359-377

Mink, L. O. (1974) History and as modes of comprehension , In Cohen, R. (Ed.) *New Direction in Literary History* The Jhons Hopkins Univ. Press

Myerhoff, B. (1982) "Life history among the elderly: Performance, visibility and remembering"In Ruby, J. (Ed), *A Crack in The Mirror. Reflexive perspectives in anthropology.* Philadelphia: University of Pennsylvania Press.

Myerhoff, B. (1986) "Life not death in Venice: Its second life." In Turner, V. & Bruner, E. (Eds) *The Anthropology of Experience.* Chicago: University of Illinios Press.

Nisbett, R., & Ross, L. (1980) *Human Inference: Strategies and Shortcomings of Human Judgement.* Englewood Cliffs, NJ: Prentice-Hall.

O'connor, M.C. and MICHAELS, S. (1993) Aligning academic task participation status through revoicing: Analysis of a classroom discourse strategy. *Anthropology and Education Quarterly,* 24, 318-335

O'connor, M.C. and MICHAELS, S. (1996) Shifting participant frameworks: Orchestrating thinking practices in group discussion. In D. Hicks (Ed.), *Discourse, Learning, and Schooling* 63-103. New York: Cambridge University Press

Organisation for Economic Co-operation and Development(OECD)(2005) The *Definition and Selection of Key Competencies*: Executive Summary. D. S. ライチェン・L. H. サルガニック（編）立田慶裕（監訳）（2006）「キー・コンピテンシー――国際標準の学力をめざして」明石書店，199-224

Palincsar, A. S., and BROWN, A. L. (1984) Reciprocal teaching of comprehension-fostering and comprehension-monitoring activities. *Cognition and Instruction,* 1, 117-175

Polkinghorne,D.E. (1988) *Narrative Knowledge and the Human Science.* New York, NY; State University of New York Press.

Propp,V. (1928/1968) Morphology of the Forktale. Austin,TX: University of TexasPress. 北岡誠司・福田美智代（訳）（1987）『昔話の形態学』白馬書房

Rychen.D.S. & Salganik.L,H. (Eds) (2003) *Key competencies: For a successful life and a well -funtioning society* . Hogrefe & Huber　立田慶裕（監訳）（2006）「キー・コンピテンシー――国際標準の学力をめざして」明石書店，東京

Rogoff, B., and Toma, C. (1997) Shared thinking: Community and institutional variations. *Discourse Processes,* 23, 471-497

Schank,G. & Abelson, P. (1995) Knowledge and memory: *The Realstory,*

Lawrence Erlbaum Assoc Inc.

Schmidt, S.J. (1980) *GrundriB der Enpirischen Literaturwissenschaft*, Bd 1., Braunschweig, 116-123

van Dijk, T. A. & Kintsch, W (1983). S*trateges of Discourse Comprehension*. New York: Academic Press

Wertsch, J. V. (1991) *Voices of the mind: A sociocultural Approach to mediated action*. Harvard University Press, Cambridge, MA（田島信元，佐藤公治，茂呂雄二，上村佳世子（訳）（1995）心の声——媒介された行為への社会文化的アプローチ，福村出版，東京

Wertsch, J. V. and Toma, C. (1995) Discourse and Learning in the Classroom: A Sociocultural Approach. in L. P. Steffe and J. Gale (Eds.), *Constructivism in Education*, Lawrence Erlbaum Associates, Hillsdale, NJ, 159-174

White, M. (1995) RE AUTHORING LIVES ; Interviews & Essays 小森康永・土岐篤史（訳）（2000）人生の再著述者，マイケル，ナラティブ・セラピーを語る，ヘルスワーク協会，東京

White, M. (1997) Narratives of Therapists Lives Dulwich Centre Publications 小森康永（訳）（2004）セラピストの人生という物語，金子書房，東京

White, M. (2007) *Maps of Narrative Practice*, New York: Norton，小林康永（訳）（2009）ナラティブ実践地図，金剛出版，東京

おわりに

　本書は2014年に広島大学に提出した学位請求論文「語り直す力を育てる文学教育」を加筆・修正したものである。当時，香川県で小学校の教師をしていた私は，「実際の教室で起こっている話し合いを研究対象にし，話し合いの質が学習者の思考の深まりとどう関わるのか，このことを明らかにし，現場に貢献したい」という思いから，2007年に広島大学大学院の博士課程後期に入学した。53歳の時である。小学校の教師（当時，学級担任と研究主任をしていた）をしながら，遠い広島大学に通い，研究生活を続けるのは思ったより大変であった。なかなか研究も進まず，苦しい日々だった。もう諦めようと何度も思った。そんな私が，自分の実践・研究の総括として，博士論文にまとめることができたのは，多くの方々のご指導・ご支援のおかげである。

　まず，主任指導教員の難波博孝先生。難波先生には，いくら感謝してもし過ぎることはない。学校と研究の両立が難しく，学校にも迷惑がかかると思い，研究生活一本の生活にするために，2010年に小学校教諭を退職した。しかし，その後，研究の方向性を見失い，広島大学大学院博士課程後期を満期退学。研究を続けるかどうか悩んでいた。

　そんな私に，新しい研究の方向性を示してくれたのが難波先生である。「国語の研究をしてみませんか」とご助言をいただいた。広島大学大学院博士課程後期に再入学し，難波研での研究生活が始まった。これまでの研究は，「話し合いと認知（解釈）の変容」のみを研究対象としていたが，難波先生より「国語教材と話し合いとメタ認知の変容」という視点をいただいた。「文学作品」を媒介（鏡）として，「他者との対話」を通して，「現実世界の読み手自身の自己像・世界像」を問い直し続ける，という文学教育の新たな視点を持つことができた。こう捉えることで，文学教育を日常に生かすこと，生涯教育にも繋げることができると思った。「認知心理学」

や「カウンセリング理論（特に，ナラティブ・アプローチ」を参照し，「語り直す力を育てる文学教育　〜ナラティブを援用して〜」として，研究することにした。また，難波先生には，「しっかり悩んでください。先生は，なぜそれをするのですか」とよく問われた。“何をしたいのか。”“それはなぜするのか”“そのことを明らかにすることで，どのような社会貢献を目指しているのか”研究者としての基礎的姿勢を教えていただいた。

　副指導教員の山崎敬人先生。山崎先生には，論文の書き方・研究の方向性について，丁寧なご指導をいただいた。特に，言葉の曖昧さ，論理の整合性については，厳しいご指摘を受けた。学位論文の一次審査，二次審査，口頭試問での山崎先生のご助言がなければ，本書は完成しなかった。「作品世界」と「現実世界」を繋ぐために，出来事・行為から受ける「イメージを考え，それに名前をつける」という考えは，山崎先生の「生活的概念と科学的概念を繋ぐためには，メタファーやアナロジが必要」というご指導から学ばせていただいた。

　副指導教員の山元隆春先生。山元先生には，研究の方向性について，いつも的確なご指導をいただいた。学位論文の一次審査，二次審査，口頭試問では，論文の抱えている課題はもちろん，論文の持っている可能性まで言及していただいた。山元先生のご助言に支えられ，進むべき方向性を見失わずに，進めることができた。また，「作品世界の登場人物の生き方の見直しが中心であり，自己物語の語り直しまでは十分に研究ができていない」ということに悩んでいた私には，「作品世界の気付きが重要」という励ましをいただいた。文学教育をテーマをここまで研究を続けられたのも，山元先生に，研究の方向性をチェックしていただいおかげである。

　学習開発の諸先生方には，論文の書き方等をはじめ，研究の基礎的な面のご指導をいただいた。必ず原典にあたること，自分のテーマを広げるのでなく，深く深く掘っていくこと，等，多くのことをご教示いただいた。また，広島大学以外の先生方から多くのご指導・ご助言をいただいた。特に，恵心会の愛媛大学の富田英司先生には，ビデオやICレコーダーの機器の支援，研究計画の相談，友人であり，長年のサークル仲間である高松

大学の秋山達也先生には論文の検討を忙しい中していただいた。

　まんのう町立高篠小学校の旭校長先生，環校長先生をはじめ，職員のみな様方には，広島大学での研究を，直接，間接に応援をいただいた。そして，本研究に参加してくれたまんのう町立高篠小学校4年生（平成19年度，平成21年度）の児童のみなさんとの四年間の授業実践がなければ本書は生まれなかった。

　三十年来の仲間，丸亀教育サークルの仲間。三十年間，月に一度のサークル，春と夏と冬の合宿。これらの実践の検討会がなければ，本書は書けなかった。白川顕二先生をはじめ，サークルの仲間から多くのことを学ばせてもらった。

　最後に，家族。長い間，私のわがままを何も言わず許してくれた家族の支えがなければ，本書はない。今も病院で本書を待っている母，その看病を私の代わりにしてくれている姉，妻。本書の読者として感想をくれた娘たちに，この場を借りて感謝を表したい。

2016年10月24日　　佐々原　正樹

人名索引

著　者

佐々原　正樹（ささはら　まさき）

比治山大学　現代文化学部　教授　博士（教育学）
香川県丸亀市出身
広島大学大学院教育学研究科博士課程後期修了
香川県の公立小学校で28年間勤務。2015年より現職。ガイダンスカウンセラー，学校心理士，上級教育カウンセラー，特別支援教育士
sasahara@niji.or.jp

主な著書

『学級通信　とんちんかん　小学3年』（明治図書　1987）
藤岡信勝，鶴田清司（編）『ストップモーション方式による1時間の授業技術　小学国語　文学教材6年』（日本書籍　1989）
冨田英司　中川恵正研究（編）『児童・生徒のためのモニタリング自己評価法　—ワークシートと協同学習でメタ認知を育む』（ナカニシ出版　2015）

「語り直す力」を育てる文学教育の構想
——ナラティブを援用して——

平成29年3月20日　発　行

著　者　　佐々原　正樹
発行所　　株式会社　溪水社
　　　　　広島市中区小町1-4（〒730-0041）
　　　　　電話 082-246-7909　FAX 082-246-7876
　　　　　e-mail: info@keisui.co.jp
　　　　　URL　http://www.keisui.co.jp

ISBN978-4-86327-393-1 C3081